中原 聖乃・三田 貴・黒崎 岳大 編著

聞間 元・小杉 世・島 明美・桑原 牧子
吉村 健司・市田 真理・林田 光弘

核問題の「当事者性」

時間と場所を超えた問いかけ

泉町書房

はじめに　核問題の「当事者性」

中原 聖乃・三田 貴・黒崎 岳大

1 「核被害者」という視点だけでは見えてこないもの

日本は世界で唯一の「戦争被爆国[1]」である。広島・長崎の原爆投下によって1945年12月31日までに21万人が亡くなったとされている。それをはるかに上回る人びとが、現在に至るまで原爆による放射線被害の後遺症に苦しみ続けている。一方で、日本は核兵器禁止条約に参加していない。それはなぜであろうか。

まず日本政府の立場を考えてみよう。日本は、核兵器禁止条約に「核兵器国[2]」が参加していないなかで、日本が参加しても核兵器の廃絶にはつながらないという理由で、核兵器禁止条約には参加しない立場をとっている。さらに核兵器禁止条約よりも、「核兵器国」と非保有国の双方が参加する核兵器不拡散条約（NPT）を強化し、核軍縮に向けてのリーダーシップを発揮していく立場をとっている（日本放送協会 2023）。

日本は非核三原則に基づき、核兵器を保有していない。しかしながら、核兵器が存在する意味を考えると、保有していないからと言って、核兵器と無関係であるとは言いきれない。核保有国の考える核兵器保有の有効性は、かならずしも核兵器を「使用する」ことだけではなく、核兵器の「保有」そのものが他国への威嚇となり、自国への攻撃を他国に思いとどまらせるところにもある（山田 2004：189-190）。

そして核保有国と同盟関係にある国も、自らは核兵器を持っていないとしても、核保有国の核兵器によって守られている事実は忘れてはいけない。この体制のことを「核の傘」と呼んでいる。例えば、日本と米国は、1960年に日米安全

保障条約を締結し、相互の安全保障のために協力体制が定められた。ゆえに日本は米国の「核の傘」によって守られていると言えるだろう。日本が核兵器禁止条約に参加していないのは、核兵器を持っていなくても、核兵器による安全保障体制の枠組みに入っているからなのである[3]。「唯一の戦争被爆国」である日本の場合、本来なら、被爆国として核兵器使用によって引き起こされる悲惨さを伝えながら、核兵器禁止に向けて世界をけん引していくこともできるだろう。

　また、いま「唯一の戦争被爆国」と書いたが、以前は、日本政府は「唯一の被爆国」という言葉を使っていた。この変化は、核兵器の被害は戦争だけではなく、世界で展開された核実験の被害者が自分たちも被爆者だと声を上げたことで起こった。裏を返せば、世界に広がる核被害を日本の「唯一の被爆国」という言葉が覆い隠してきたのかもしれない。日本が「唯一の被爆国」という言葉を使うことで、第二次世界大戦後に世界各地で起きていた被ばくの事実を見えなくしていることに加担していたと言えなくもないのである。

　さらに仮に米国が核兵器を使用した場合、米国の核の傘の下にいる日本は、今度は加害者側の立場に立たされる可能性すらある。すくなくとも現代日本の人びとも、世界の国々や人類に核がもたらす意味を考えるべき状況に置かれているとも言える。望むと望まざるとにかかわらず現代の核問題と関わることになる大勢の人びとが、加害者／被害者という構造を超え、核問題を「自分事＝当事者」として捉えることが、よりよい未来像を地球市民として構築していくために求められていると私たちは考える。

それでは日本が、あるいは一人ひとりが核問題の当事者としてこの問題に向き合うには、何を理解していくことが必要なのだろうか。本書はこの問いを様々な方向から考えていく。

2　核開発をめぐる光と影

　本書では多様な立場の人びとによる、様々な核問題を取り上げている。まずはその歴史から振り返っていこう。

　放射性物質は昔からボヘミアガラスなどに使われていたが[4]、X線の発見以降、科学的な解明が進んでいった。1895年、ドイツのヴィルヘルム・コンラート・レントゲン（Wilhelm Conrad Röntgen）は、人間の手の骨を映し出し、X線の特殊な能力を明らかにした。それ以降、科学者はこぞって放射性物質に秘められた原子レベルでの巨大なエネルギーについての探求を深めていった。その陰で、これらの研究者は、まだその人体への影響が明確に認識されてはいなかったこともあったが、実験を通じて放射線の影響を受ける、すなわち被ばくしていたのである。マリー・キュリー（Marie Curie）やアンリ・ベクレル（Henri Becquerel）は被ばくの影響で死亡したと考えられている（竹本 2017：52、中尾 2017：65-66）。

　その後、健康食品[5]や蛍光塗料といった産業界での利用が拡大していったが、これらに従事する人びとも放射線の影響を受けてきた。1920年代、北米、ヨーロッパを中心に、また日本でも、夜光塗料が時計盤に使われるようになってきたが、この夜光塗料を塗る作業に従事した人びとの中で、骨肉腫や貧血で死亡する人が増えた。放射性物質やその構造に迫る研究については1930年代になると盛んにおこなわれるようになり、様々な放射性同位体を皮膚疾患やガンなどの治療に用いる核医学や、X線装置を用いた病理診断が発展していった（中川 2011：27）。

　産業界から軍事方面へとその利用範囲が広がっていくきっかけとなった大きな出来事が、核分裂の発見である。1938年には、アルベルト・アインシュタイン（Albert Einstein）による「特殊相対性理論」中ですでに予測されていた核分裂が、実験によって確かめられた。それを契機に、放射性物質であるウランを莫大なエネルギー源として利用する「核爆弾」への関心が高まり、その開発

へと向かっていく。米国を中心とした研究者集団からなる原爆開発計画「マンハッタン計画」が秘密裏に進められ、米国ニューメキシコ州のアラモゴードで1945年7月16日に世界初の核実験が成功した（豊崎 2005：29-32）。広島と長崎に投下された原爆による被害については、ここでは改めて詳しく述べる必要はないだろう。原爆投下後、米国は、核戦争の防護計画および放射線医学への応用を目的に、被爆者の治療よりも現地に入って被曝の影響調査に注力した[6]（長澤 2015）。現代の放射線医療は、こうした悲劇を土台に構築されてきたのである。

　戦後になると核開発競争が激化し、世界各地で核実験が行われるようになった。世界の核保有国による核実験は合計2000回を超え、世界中に多くの被ばく者を生み出すこととなった。

　こうした軍事的側面とは別に、産業界でも核物質を利用した研究が行われ、それを利用した様々な技術が人びとの暮らしに更に浸透していった。1953年の国連総会において、ドワイト・アイゼンハワー（Dwight Eisenhower）米国大統領は、国際原子力機関(IAEA)設立を提案し、核技術の平和利用をすすめることを訴えた（「アトムズ・フォー・ピース(Atoms for Peace)」演説）。1957年のIAEA設立以降は、原子力発電、核燃料サイクルの開発、燃料の廃棄などの研究がすすめられるほかに、保健医療、環境、食料・農業、水資源管理、工業適用などへの核の利用が進められた[7]（竹本 2002：53-56）。

　核の平和利用という名の下に生まれた原子力発電（原発）は、核兵器製造の技術と連動して発展してきた。原爆に使うプルトニウムを生産するために稼働した原子炉では、核分裂によって発生する熱は特に利用されずに大気に排出されていた。しかしながら、戦後は、この熱を利用して水を沸騰させてその蒸気を使って発電をする技術が開発された。このようにして原発が誕生したのである。

　軍事や産業界で核を利用することに伴って、被ばくを強いられ健康被害を受けてきた人びともいた。一つは、放射性物質を採掘する場所である。放射性物質であるウランは、これまで、米国、ロシア、ナミビア、オーストラリア、カナダ、カザフスタンなど世界のウラン鉱山で採掘されてきた。ウラン採掘現場で働く労働者やその家族が被ばくし、放射性物質の飛散による周辺環境の汚染も問題視されてきた（中国新聞社「ヒバクシャ」取材班 1991：349-363）。

　また、事故が起きた際の原発立地地域である。とりわけ大惨事をもたらし

た原発事故では多くの人びとが被害を受けてきた。原発の過酷事故としては、1979年、米国のスリーマイル島原発事故、1986年、旧ソ連のチェルノブイリ原発事故、2011年、日本でも起きた福島第一原発事故が挙げられる。これらの事故では健康被害の懸念が生じて地域レベルでの避難が必要とされる事態となり、広範囲にわたって被ばくによる影響が懸念されてきた。原発事故後の処理においても作業員の被ばくと健康への影響が懸念されている。

さらに、医療や産業で放射線を利用する現場である。そこで働く技術者や作業員、そして医療を受ける患者の被ばくは日常的に存在している（高木学校編2014）。原発による被ばくも、事故時だけでなく、運転や定期点検のために作業をする人びとが日常的に被ばくすることを避けられない状況を生み出している。

いま放射性物質は、兵器としてのみならず、経済を発展させるためのエネルギー源、そして医療や産業の場など、様々に利用されている。こうした中で、多くの人が被ばくしているという事実も忘れてはならない。

3 核問題における「被害」の不可視化

しかしながら、こうした核の被害については不可視化されやすい側面がある。その要因はいくつか挙げられる。第一に被ばくをしても五感に感じられないという性質があること、第二に軍事機密とかかわりが深いこと、第三に経済性が優先されやすいこと、第四に加害者／被害者という単純な図式から外れる関係性があることである。

核実験を行ったり原発事故が起きたりしても、放射線や放射性物質は目で見ることや感じることは一般的にはできない（大量の放射線を至近距離で浴びるような状況は除く）。そのくらい放射線は人間の五感に感じにくいものなのである。X線被ばくによる犠牲者が出ていても、その特徴のために、当初は線量を測る単位すらなかった（高木学校編2014：39）。

仮に見える形として現れる疾病が被ばくによって引き起こされたとしても、放射線の影響があることを証明するのは困難である。放射線を浴びたときに発症するとされるガンや白血病といった疾病は、たばこ、食生活、居住環境など別の要因によっても引き起こされ得るものだからである。このような特性から、放射線の影響がわずかであったり、とりわけ核実験や原発事故の被害者が社会

的に弱い立場である人びとの場合に、その影響は無視される傾向にあった。本書で取り上げる太平洋の事例がまさにそうした理由に当たる。

　核開発に関係する情報は軍事上の機密であることから、核実験など核開発によって引き起こされた被害は隠されてしまいがちである。敗戦直後の日本は米国の情報統制下にあったため、広島・長崎の被爆者の健康に関するデータは隠され、両都市の被害の様子も正確には報道されていなかった（高橋2008）。また、マーシャル諸島で行われた水爆実験によって被害を受けた第五福竜丸の名前は知っていても、そのほかの日本漁船の被害やマーシャル諸島の現地の人びとがどれだけの被害を受けたかを知る人は少ないのではないだろうか。その上、ロシア、中国、アルジェリア、インド、キリバスなどで行われた核実験の被害についての情報は、当時、一般の人びとの耳にはほとんど届かなかった。こうした情報は政府が公表することはほとんどなく、報道も限定的であった。

　軍事機密ではなくとも、主に原子力発電に関しては政治的経済的理由によって、被害が見えにくくされている状況が生じている。例えば米国では、放射線影響を受ける現場で働く労働者を管理するための放射線許容線量を考える時、人の健康を守るという名目ではあるものの、むしろ原子力政策や関連産業の発展と効率性の面が重視されてきた（中川2011：41-43）。つまり、こうした論理を主軸とした政策が採られ、現場の労働者の一定の「被曝」を容認していたことにもなる。

　また電力会社を選択する仕組みが長年存在していなかった日本では、仮に市民が原子力エネルギーの問題性を認識していたとしても、そうした誰かの被ばくによって支えられた電力を消費する以外の道はなかった。ウラン鉱山労働者や原発作業員の被ばくの問題は主要メディアで批判的に報じられることはほとんどなく、多くの市民にとってそうした誰かの犠牲のもとで自分たちが電力消費をしてきたことは、福島第一原発事故で原子力の構造や問題が大々的に報じられる前はほとんど意識されることすらなかったのではないだろうか。つまり、核問題をめぐる構造には、原発問題一つをみても、単純に加害（被ばくさせる）・被害（被ばくする）といった区分けでは論じられない複雑な状況が生み出されてきたのである。

　ある枠組みの中に入らないと不可視化されてしまう人びとがいる。例えば、

広島の被爆者の1割は朝鮮人と言われているが[8]、その中には1910年の日韓併合により、植民地から「国民徴用令」の名の下で半ば強制的に日本に連れてこられ、日本全国のインフラ工事、軍需工場、民間工場などで働いていた人びともいた。しかし戦後、日本国内に居住し続けた人も朝鮮半島に帰国した人も、被爆者健康手帳を交付されず、しばらくは被爆者としての存在は不可視化されていた。朝鮮人のほかにも、米国人の捕虜や南米に移住した日本人など、在日外国人や外国で暮らす被爆者の存在は多い。こうした人びとの存在については報道などでもほとんど取り上げられてこなかった。

　このように、核をめぐる状況は五感で捉えにくく、情報が公表されにくく、そのため問題を認識しづらく不可視化されやすいのである。そして複雑で、加害者／被害者というようにわかりやすく分けて語ることは困難なことなのである。では、どういった視点で核の問題を捉えていくべきだろうか。

4 「被害」研究から「当事者性」研究へ

　こうした、核の加害者と被害者が複雑に絡み合う状況、そしてそれが不可視化されている状況は、研究にも深く関係している。ここでは、放射線の影響に関する様々な研究についてみていくこととする。

　自然科学系の研究では、放射線が人間や環境に及ぼす物理的影響を主に扱っている。これに対して、人文・社会科学的視点から考察する研究は、人の感情・発話・行動や、集団に対する影響についての研究が中心となる。これまでの人文・社会科学系研究では、被害者の窮状を明らかにしたり、加害責任を追及したりする研究が多数を占め、加害者による被害の過小評価、情報の隠蔽、適切な謝罪の不在などが指摘されてきた。

　当初、私たち執筆メンバーも、当事者を「放射性物質の利用により放出される放射線の影響を受けた人」、「放射線による直接的な被害を不安に思う人」と定義していた。すなわち「当事者＝被害者」という図式で考えた。そして核問題の「当事者性」を考えるにあたって、被害者が体験した出来事、抱いた感情、身体的な苦痛といった体験・記憶・精神的側面に着目した。そこでは、放射線影響の当事者性についていまだ知らず、あるいは無関心な層に対して、なんとか被害にまつわる問題を広く共有できないのだろうかという問題意識を持って

いた。

　しかしながら後に、放射線の影響を受けた人の立場や関係性は多様であり、単に放射線の影響や被害として語るだけでは核問題の多様性を捉えきれないのではないかと考えるようになった。核問題における当事者は利害関係、立場、考え方が多様であり、誰がどのような当事者性を持っているのかがわかりにくくなってしまっているからだ。

　多様な価値観を持った当事者同士が、ある場合は対立し、ある場合には協調しあっている。こうした核問題をめぐる複雑な当事者性を考察するためには、核問題の様々な当事者や社会を対象とし、その状況を明らかにする必要があるのではないかと考えるようになった。例えば核実験の問題の当事者といった場合に、被ばくによって家族を失い故郷を追われ将来に不安を抱えている人がいる一方で、そうした負の影響がありつつも経済的な恩恵を享受することを優先させてきた人もいる。いずれも核問題の影響を受けた「当事者」である。本書では直接的および間接的に核問題に関係した人びと全般を当事者と呼び、その複雑な当事者性を解き明かしていく。

　このように本書は、核問題とかかわる当事者たちに焦点を当て、その多様な現場の状況を理解することを目的としている。核問題をめぐる「場」においては、価値観、利害、思惑をもった多様な主体が、様々に行動し、関係性を作り上げている。そのプロセスによって生まれるのが「核問題をめぐる場＝現場」である。したがって本書では、必ずしも「当事者＝被害者＝苦しむ人」という従来の図式を採用しているわけではない。「当事者」を「核問題に直接的・間接的に感情的な関心や具体的なかかわりを持つ人、および組織」と定義し、こうした状況をまずは理解することを重視したのである。

5　多様な立場から考える

　本書のもう一つの特徴は、多様で複雑な核問題の当事者のことを扱うため、研究者だけでなく様々な現場で実務・実践に携わってきた者も執筆に加わっていることである。

　核問題の当事者性を理解するためには、単に学術の世界の中だけで議論しているのでは不十分なのではないかと考えている。仮に汚染が生じれば、住民の

立入禁止区域を定めたり、何らかの補償金が支払われる（あるいは支払われない）など、実際に国や地方行政が政策策定をしなければならなくなる。その際には、本来個人や団体を含めて様々な主体間の対話が必要となってくるはずだ。だからこそ研究者や行政組織、市民、産業界、メディアといった様々な主体同士での対話や協働を深めていき、核問題の当事者性というテーマを包括的に捉え、多様なニーズを社会の中に反映させていくべきではないだろうか。

　近年、このような学術の世界と社会の垣根を超え、異分野融合かつ、行政や市民など社会の多様な人びとと連携して、実践を伴いながら研究するスタイルの有用性が議論されるようになってきた。本書は、異分野の研究者と社会に生きる多様な人びととが協働してまとめたものである。本書を通じて、不確実性を伴う放射線影響にまつわる様々な当事者の経験や立場を明らかにし、核の問題に関しての今後の研究の展開に向けた土台となる議論を提供していくことを目指して編纂されたものである。各筆者が自分たちの専門とする分野の中で培ってきた核問題の当事者性をめぐる議論を読者の方々とも共有できたら幸いである。

【注】

1. 本書では、核爆弾の爆発の衝撃を受ける被害を「被爆」と表記し、放射線に晒されることは「被曝」と表記する。両者を分けずに「被ばく」という表記を用いることもある。本書では、それぞれの文脈に応じて異なる表記を用いる。

2. 核兵器不拡散条約（NPT）では、1967年1月1日以前に核実験に成功していた5カ国を「核兵器国」、それら以外の国を「非核兵器国」と定義している。この条約に基づくと米・ロ・英・仏・中がその国に該当することとなる。しかしながら現在では、この5カ国以外にも、インド・パキスタン・北朝鮮・イスラエルの4カ国は、「非核兵器国」に位置付けられながらも、核兵器を保有しているとされている。核兵器国、および実質的に核兵器を保有している国の9カ国を、慣習的に「核保有国」としている（長崎大学核兵器廃絶研究センター2023）。

3. 核兵器を多国間で共有することから、ニュークリア・シェアリングと呼んでいる。ヨーロッパ諸国のなかで核兵器禁止条約を批准しているオーストリアとアイルランドの2カ国は、米国やイギリス、フランスが加盟している軍事同盟である北大西洋条約機構（NATO）に加盟していない（2024年4月現在）。すなわち、ヨーロッパを見る限り、ニュークリア・シェアリングを通して核兵器の「恩恵」を受けている国は、核兵器禁止条約に参加していないのである。このように、核の傘の下にある国は世界に数多く存在している。

4. ウランの利用は18世紀末に始まった。旧東ドイツとチェコの国境をなすエルツ山地の鉱山

からウラン鉱石のピッチブレンド（瀝青ウラン鉱）が、ボヘミアガラスなどのガラス製品や陶磁器に、黄色の色付けのためのうわ薬などに使われていた（野口 2011：31）。

5. 当時は一般に向けて、ラジウムを利用したラドン水をはじめとする健康美容品なども市販されていた（中川 2011：27）。

6. マンハッタン計画の中でも、放射性物質であるプルトニウムが人体にどう作用するかを調べる人体実験が米国内で行われていた（アルバカーキー・トリビューン編 1994）。

7. X線検査、がん治療、害虫駆除、食品の腐敗防止などその利用は多岐にわたっている。

8. 広島平和公園内、韓国人原爆犠牲者慰霊碑の説明文より。

【参考文献】

アルバカーキー・トリビューン編 1994『マンハッタン計画──プルトニウム人体実験』小学館。

原水爆禁止日本国民会議　21世紀の原水禁運動を考える会編 2002『開かれた「パンドラの箱」と核廃絶へのたたかい　原子力開発と日本の非核運動』七つ森書館。

高木学校編 2014『レントゲン、CT検査　医療被ばくのリスク』筑摩書房。

高橋博子 2008『封印されたヒロシマ・ナガサキ──米核実験と民間防衛計画』凱風社。

竹本真希子 2017「国際原子力機関（IAEA）」若尾祐司・木戸衛一編『核開発時代の遺産──未来責任を問う』昭和堂、51-63頁。

中国新聞社「ヒバクシャ」取材班 1991『世界のヒバクシャ』講談社。

豊崎博光 2005『マーシャル諸島　核の世紀　1914-2004（上）』日本図書センター。

中尾麻伊香 2017「放射性物質の小史──ラジウム、ウラン、アイソトープ」若尾祐司・木戸衛一編 2017『核開発時代の遺産──未来責任を問う』昭和堂、64-66頁。

中川保雄 2011『放射線被曝の歴史──アメリカ原爆開発から福島原発事故まで』明石書店。

長崎大学核兵器廃絶研究センター 2023「『世界の核弾頭データ』2023年版を公開しました！」6月5日、https://www.recna.nagasaki-u.ac.jp/recna/topics/43620（最終閲覧日：2024年5月25日）。

長澤克治 2015『小児科医ドクター・ストウ伝──日系二世・原水爆・がん治療』平凡社。

日本放送協会 2023「岸田首相 長崎の被爆者団体と面会 "NPT強化通じ核軍縮リード"」8月30日、https://www3.nhk.or.jp/news/html/20230830/k10014178421000.html（最終閲覧日：2024年4月19日）。

野口邦和 2011『放射能のはなし』新日本出版社。

山田康博 2004「核兵器は戦争を防止するか？──核抑止論批判」磯村早苗・山田康博編『いま戦争を問う──平和学の安全保障論（グローバル時代の平和学　第2巻）』法律文化社、188-209頁。

核問題の「当事者性」
時間と場所を超えた問いかけ
目次

はじめに 核問題の「当事者性」 ……………………………………2
　　中原 聖乃・三田 貴・黒崎 岳大

ひとこと解説 ………………………………………………………15

第I部
いまも困難な状況にある核被災者

第1章　ビキニ事件から「忘れられた」被災者たち ………………………24
　　聞間 元

第2章　核実験に伴う強制移住者たちの生活・社会・文化の変容 ……34
　　マーシャル諸島・ビキニ環礁およびエヌエタック環礁の事例から
　　黒崎 岳大

第3章　太平洋核実験をめぐる当事者性 …………………………………52
　　キリバス共和国クリスマス島の英米核実験を中心に
　　小杉 世

第II部
核被災を「不可視化」する力

第4章　原発事故による放射能汚染の「無被害化」 ……………………72
　　当事者性排除への疑問
　　三田 貴・島 明美

第5章　何についての当事者か ……………………………………………102
　　フランス領ポリネシア核実験の元前進基地ハオにみる当事者性
　　桑原 牧子

第6章　地方紙報道からみる沖縄水産業における1954年 …………122
　　吉村 健司

第III部
グローバルな連帯から考える核問題

第7章　核のゴミを押し付けられる太平洋 ………………………… 144
　　　　中原　聖乃

第8章　太平洋諸島の核実験と地域協力機構 ………………… 152
　　　　太平洋諸島フォーラムの設立と課題
　　　　黒崎　岳大

第9章　帝国のホモ・サケル ………………………………………… 158
　　　　太平洋核実験をめぐる当事者性と芸術の想像力
　　　　小杉　世

第IV部
一人ひとりが当事者として核被災を引き受ける

第10章　ビキニ事件の「当事者」は誰か ……………………… 178
　　　　 分断を乗り越える大石又七の思想を通して
　　　　 市田　真理

第11章　核実験の被害を解き明かす …………………………… 204
　　　　 マーシャル諸島ロンゲラップの人びとはなにを被害として語るのか
　　　　 中原　聖乃

第12章　被爆者と核兵器禁止条約 ……………………………… 222
　　　　 林田　光弘

核問題の「当事者性」関係年表 ………………………………… 230

おわりに …………………………………………………………………… 234
　　　　中原　聖乃

【カバー写真】

左 ： 太平洋の島国・マーシャル諸島のエヌエタック環礁には核実験の汚染土を集めてコンク
　　　リートで覆った直径114メートルの施設「ルニット・ドーム」がある。しっかり固めら
　　　れた巨大コンクリート施設も、近年では経年劣化に伴い至る所に亀裂が見つかっている。
　　　そして、その亀裂から放射性物質が漏れ出しているのではないかと、太平洋諸島で暮ら
　　　す人びとは不安を抱いている。ルニット・ドームの存在は、いくら人類が不都合な歴史
　　　を隠そうとしても、あるいは見ないようにしてきたとしても、核実験が行われたという
　　　歴史的事実は、決して遠く過ぎ去ってしまった出来事ではなく、今もそこにあり、多く
　　　の人びとに影響を与え続けていることを伝えている［2004年、黒崎岳大撮影］

上中：マーシャル諸島メジャト島付近での漁撈活動［2013年、中原聖乃撮影］

右上：広島原爆ドーム［2021年、中原聖乃撮影］

下中：都立第五福竜丸展示館に展示されている第五福竜丸［2016年、三田貴撮影］

右中：福島県飯舘村でフレコンバッグで仮置きされていた除染廃棄物［2016年、三田貴撮影］

右下：世界初の核実験が行われたニューメキシコ州トリニティサイト［2017年、中原聖乃撮影］

ひとこと解説

第I部
いまも困難な状況にある
核被災者

2011年に発生した福島原発事故では、子どもたちの甲状腺がんに対する不安が高まった。このことにより、広島と長崎への原爆投下は決して過去の出来事ではないことが多くの人びとに改めて意識されるようになった。今日でも、多くの人が被爆者であることを証明するための「被爆者手帳」を申請している。そして世界に目を向ければ、いまだに過去に実施された核実験の影響を受けながら、困難な状況に置かれている被ばく者が存在している。そのような人びとの暮らしをまず知り、現在の問題として理解することが「当事者」という捉え方を学んでいく上で重要な第一歩となるはずであろう。

1章——聞間
米国が太平洋で行った核実験では、日本の漁船「第五福竜丸」が被災した。このことから、第五福竜丸の乗組員だけが核の被災者だと考えてしまいがちである。しかし実際にはそうではない。聞間は静岡県で医師として働く中で、第五福竜丸以外の船にも関心を持ち始めていった。聞間自身も「忘れていた」という経験を

踏まえながら、多くの被災船があった事実を掘り起こしてきたことを詳細に述べている。この問題に携わってきた聞間の真剣かつ誠実な姿を見てみよう。

2章——黒崎
マーシャル諸島のビキニ環礁は、第二次大戦後米国の核実験場となった。そこに住んでいた人びとは国内外への移住を余儀なくされ、現在も故郷の島に戻れないままとなっている。一方で、マーシャル諸島ではもう1つ、エヌエタック環礁も核実験場となった。こちらの住民たちも近くの島に一時移住したものの、現在は故郷に戻っている。黒崎は2つの環礁出身の人びとへの長期にわたる聞き取り調査を行ってきた。故郷を離れて暮らす期間が長くなるにつれ、故郷に戻ることへの決断が難しくなり、その結果、代々守り続けてきた社会や文化が失われてしまうということが明らかになった。住民たちの帰島をめぐる決断までの苦悩について、当事者の視点に立って考えてみる。

3章——小杉
太平洋の核実験は、現在のキリバス共和国・クリスマス島でも実施された。小杉はこの場所を訪れ、現地の人びとから話を聞いて研究を進めてきた。そこで小杉が知ったのは、この島での核実験につい

てはマーシャル諸島以上に全貌が知られ
ておらず、またその状況について現地の
人びとの声も国際社会に届いていないと
いう事実であった。クリスマス島での核
被災とそれに関連した環境被害をめぐる
過去・現在・未来について、小杉は入念
な現地調査をもとに現地の人びとの声を
集めて読者に訴えている。

第Ⅱ部
核被災を「不可視化」する力

核の恐ろしさは、一般的には、命を奪わ
れたり、長年にわたる健康被害に苦しめ
られることである。このことはメディア
などを通じて報道されることもあり、比
較的多くの人びとに認識されている。し
かし、それだけではない。多くの場所で
核問題は見えない形で人びとの生活に影
響を与えている。中には、核問題から
生じた様々な影響を巧妙に隠してしま
う「見えない力」が存在することもある。
ここではこの「見えない力」によって人
びとの暮らしがどのように翻弄されてい
るのか、現地での取材や歴史的文献の分
析を通じて明らかにしていく。

4章——三田、島
福島第一原発の事故後、島は、行政が放

射能汚染とその被害を「無いもの」とし
ようとしていることに疑問を感じてきた。
また不十分なデータのみで安全性を主張
し行政をサポートする研究者に対しても
同様に不信を抱いた。一方、三田は非核
憲法を持つパラオでの生活や原発問題へ
のこれまでの活動を通じて、原発事故で
引き起こされてきた社会分断の問題の深
刻さに気付いた。三田は、この問題は日
本の誰しもが当事者であると認識し、学
生が自分事として考える機会を大学教育
を通して提供している。この章は、原発
事故による汚染に関して市民の立場から
疑問を持ち発言していた島と、原発問題
について考え続けてきた研究者の三田が
福島で出会ったことがきっかけで生まれ
たものである。これまでの二人の歩みを
振り返りながら、この問題を当事者とし
て考えるための問いかけをしていく。

5章——桑原
桑原は、長年にわたり南太平洋にあるフ
ランス領ポリネシアでフィールドワーク
を実施してきた。フランス領ポリネシア
はタヒチをはじめ南国のリゾート地とし
ても有名であるが、そこにはフランスが
長年にわたり核実験を行ってきたムルロ
ア環礁やファンガタウファ環礁もある。
桑原が描き出すのは、核実験の前進基地
として経済的恩恵を受けたハオ環礁の人

びとのことである。彼らの住む島は核実験による直接的な被害を受けたわけではない。核実験が行われた地域にありながら、核被害とは異なる次元で暮らしを模索する当事者の動きを見ていこう。

6章——吉村

吉村は、魚をめぐる文化について、特に沖縄を調査地として研究してきた。その中で、1954年当時、日本全国で放射能に汚染された魚が水揚げされたのに、「どうして沖縄ではそうした話を聞かないのだろう」という疑問に突き当たった。吉村は沖縄に住む当時の人びとがブラボー水爆実験をどのように経験したのかを聞き取ろうとしたが、当時のことを覚えている人を見つけることはできなかった。そこで1954年における水産物の核汚染に関する新聞報道を集めていくと、水産物を守ろうとして報道が自重されてしまった「見えない力」の存在に気づいたのである。社会悪を明らかにすることが使命であるジャーナリズムも、「見えない力」に屈せざるを得ないということが起きてしまう可能性があることについて考えてみたい。

第Ⅲ部
グローバルな連帯から考える核問題

核問題があったという事実が「見えない力」で隠されてしまった側面がある。その一方で、核問題を直視し、多くの人びとと協力し合いながら、様々な苦難に屈することなく、国際社会に対して異議申し立てを行ってきた人びともいる。ここでは、核問題をきっかけに人びとが様々な形で団結し、グローバルな連帯が生まれていった事例を取り上げ、人びとが核問題の当事者として問題を意識し、行動に移していった過程を一緒に考えてみたい。

7章——中原

太平洋は、日本の出す核のゴミの投棄場となってしまいそうな時期があった。これに対して、太平洋諸島の人びとは、投棄に反対の意思を示してきた。本章で中原は、太平洋がどのように核のゴミ捨て場として扱われそうになったのかを描いている。ここで扱う核廃棄物をめぐる問題は1970～90年代に起きた事例ではあるものの、決して過去のことではない。福島第一原発事故以降核汚染水が、2023年からは「ALPS処理水」が太平洋に流されている。核の問題において核廃

棄物処理の問題は避けては通れない課題である。私たちの生活は、投棄の場として太平洋を利用することで成り立つのであるとするならば、私たちにも当事者としての責任が生じるのではないだろうか。

8章―黒崎

太平洋の島国の多くは独立の過程で、米国やフランスによる核実験をめぐる動きを意識してきた。核実験と太平洋の独立は不可分のテーマであり、島嶼国にとって核兵器禁止をめぐる問題は地域の団結を進めていく上でのシンボリックなテーマとして認識されてきた。ただし、オーストラリアやニュージーランドを含むこの地域の国々が常に足並みをそろえてこの問題に対処してきたわけではない。そこには太平洋を取り巻く周辺の大国などの影響も大きく関わっている。近年では、太平洋の島国の中でも考え方の違いから、分裂が生じかねない状況も出てきている。黒崎は、第二次世界大戦後、核実験をめぐり太平洋の島国が行ってきた協力・連帯への経緯およびその限界について描いている。`

9章――小杉

太平洋の島々は世界の大都市からも隔絶された場所にあり、第二次世界大戦以前は、多くは大国の支配下にあった。遠く太平洋で起こった核問題について、関心

を持たずに暮らしていくこともできるであろう。しかし他者の身に起こった被害を想像しなければ、その人びとの境遇を改善させることはできない。その力が芸術にはある。小杉はこれまで、このような状況にいる人びとの声を、芸術の力を通じて救い上げることができるのではないかと考えてきた。オセアニアに住む芸術家たちは、核被害を芸術という手段を使い、自分たちの苦悩や想いを表現しようとしている。ある者はガラス・アートの制作を通して、またある者は舞台芸術という形で、さらには詩の朗読を行うことで、人びとの心に語りかけている。芸術は核被害をどのように表現し、人びとに何を伝えようとしてきたのか一緒に考えてみよう。

第Ⅳ部
一人ひとりが当事者として
核被災を引き受ける

グローバルな連帯が進む中、私たち一人ひとりはこの問題に対してどのようにふるまっていくべきなのであろうか。その方法として、当事者に寄り添ってみること、当事者のやり方を学ぶこと、当事者として行動してみることという段階がある。ここでは核問題に対して当事者意識を持ちながら様々な形で活動している人

びとの姿を見ていこう。

10章——市田
市田は、第五福竜丸展示館の学芸員である。市田は、ブラボー水爆実験の被害者である第五福竜丸の乗組員・大石又七に長年寄り添ってきた。市田は時に大石の講演に付き添い、時に彼と一緒に語り、多くの時間を彼と共に過ごしてきた。被ばく者である大石が「第五福竜丸事件」について自らの言葉で語る意義は極めて大きい。それをサポートしてきた市田の役割も同じくらい重要な意味を持っているのではないだろうか。被ばく当事者に寄り添ってきた市田の行動から、私たち読者は何を学べるのであろうか。

11章——中原
核実験による被害は、これまで身体への影響と環境への影響が取り上げられがちであった。しかしながら、実は人びとの文化に与える影響も大きい。中原は、ビキニ環礁での核実験によって被ばくしたマーシャル諸島ロンゲラップ環礁の人びとへの調査を行ってきた。核実験後を生きる一人ひとりが語っていることを、マーシャルの人に代わって伝えている。「様々な物語が埋め込まれている」土地を失っても、人びとは生き続けている。いまもロンゲラップの人びとがつながり続けているのは、文化を柔軟に守り続けてきたからである。いったん失いかけたもののそれを守り続けてきたロンゲラップの人びとの文化はどのようなものだったのかについて本章を読みながら考えてみよう。

12章——林田
林田が詳細に説明しているのは、2021年に発効した核兵器禁止条約の成立プロセスについてである。条約とは、国と国との決まり事であり、ほとんどが二国間か多国間で、当事国の必要性から結ばれている。しかしながら、この核兵器禁止条約は、世界の様々な地域に住む核実験の被害者やその支援者が連帯し作り上げてきたという点で、特別かつ画期的な条約である。この条約が作り上げられていく過程では、様々な困難もあったはずである。当事者として活動をしてきた林田自身の経験を理解しつつ、どのような人びとの協力や行動の下でこの条約が出来上がってきたのかを考えながら読んでみよう。

本書で扱う核問題地図

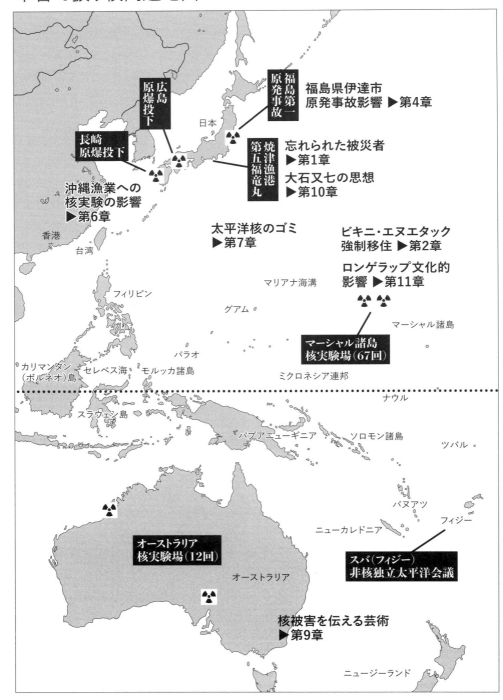

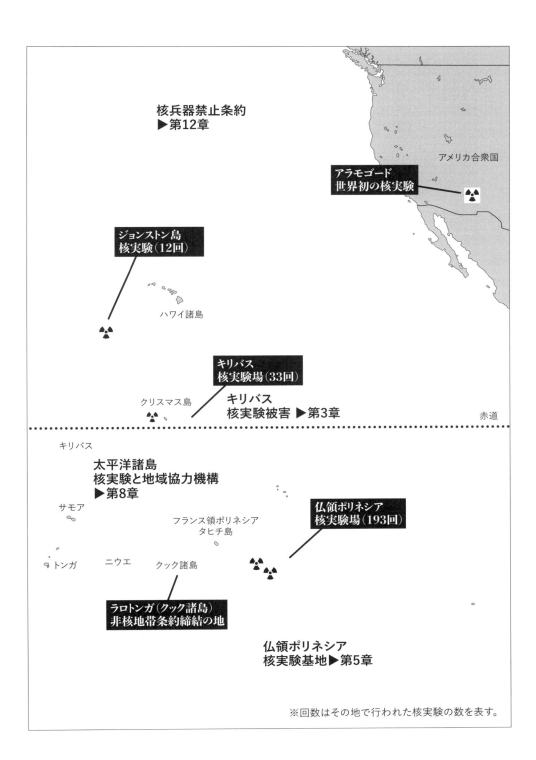

I

第 部

いまも困難な状況にある
核被災者

第1章

ビキニ事件から
「忘れられた」被災者たち

聞間 元

1 │ 忘れられた被災船

1954年のビキニ事件では、被ばく報道のきっかけとなった静岡県焼津港のマグロ漁船、第五福竜丸以外にも被災した漁船が多数存在した。第五福竜丸の場合は3月1日の最初のブラボー水爆実験（15メガトン（Mt）、広島原爆の1000倍）への遭遇であったが、その後3月27日（11Mt）、4月7日（110キロトン（Kt））、4月26日（6.9Mt）、5月5日（13.5Mt）、5月14日（1.7Mt）と計6回の核実験がマーシャル諸島北部で実施された。そのうち5回目まではビキニ環礁で、6回目はエヌエタック環礁で行われた。

核実験後、12月28日までの約10カ月間、政府がマグロ類への放射能検出検査を実施したところ、900隻を超える遠洋マグロ・カツオ漁船の船体や漁具、マグロ類から放射能が検出されることになった。当然漁船員たちの被ばくもあったわけだが、第五福竜丸乗組員以外の船員たちの被ばくは、当時の新聞報道や1983年から高知県の「幡多高校生ゼミナール」[1]が実施した調査（幡多高校生ゼミナール編 1988）で一部が伝えられていたものの、2013年に政府文書が公開されるまでその実態は長く秘められていたままだった。

1954年中に被災した漁船の数については様々な報告がある。水産庁が提示した情報によれば、ブラボー実験で被害を受けた漁船の数は1423隻であった（し

んぶん赤旗 2015）。1955年4月28日の閣議決定では延べ992隻、1954年当時の水産庁の調査では856隻となっていることから複数回汚染マグロを廃棄した船があることになる（近藤編 1958：209）。当時米国の占領下にあった沖縄の漁船や韓国の漁船もフィリピン・沖縄沖でマグロ漁をしており、汚染マグロを廃棄した事実があるがこの数には含まれていない（沖縄については第6章を参照）。そのほかにも南太平洋と日本を往復する貨物船、南極海へ向かう捕鯨船、気象観測船、調査船、水産高校実習船などの船からも放射能が検出されている。

　このように、汚染された船舶の数字はあるが、当時その船に乗っていて何らかの被ばくをしたであろう船員の数は全体としては不明である。マグロ漁船などは一隻あたり20名から30名なので、2～3万人の被災船員がいたと推定される。

2 ｜ 第五海福丸と弥彦丸

　以下、代表的な高知の漁船と船員、岡山の貨物船とその船医の例を紹介する。

（1）第五海福丸

　第五海福丸（157t）は高知県室戸に船籍を置くマグロ漁船である。同船機関士、井上梅春氏（1933（昭和8）年1月10日生）は2013年に悪性リンパ腫で死亡した。

　第五海福丸は1954年2月21日に浦賀を出港し、3月21日からビキニ東方海域で操業した。4月7日の東京帰港時に、船員の手袋から800カウント[2]、ジャンパーから300カウント、船体から300カウント、マグロ類から500カウントが検出され、340本[3]のマグロが廃棄となった。

　「幡多高校生ゼミナール」が当時の機関員であった井上氏に生前に行った聞き取りでは「私は機関員なので航海中は船内にいたが、操業中は昼も夜もずっと外（デッキ）にいた。スコールが来ると皆喜んで裸になって浴びた。テントにも雨水を溜め、洗濯とか洗い物に使った。船内でのおかずはマグロ、刺し身も内臓も食べた」と話している。体調については「それまで健康体だったが、操業直後から全身に痛みが出て寒気がしたり、思考力、記憶力がゼロになった。被災3～4年ころから体が硬くなり、ものすごい痛みが出てノイローゼになった」と証言した（「ビキニ核被災ノート」編集委員会編 2017：75）。被災して56年後の2010年ころから体調を崩し、肛門部悪性リンパ腫と診断され、入退院を繰り

返し2013年に80歳で死亡した。

　2017年までの調査で船員26名中18名の生死が判明したが、12名がすでに死亡し、そのうち7名がガン死であった。2014年に放映されたNHKスペシャル「水爆実験 60年目の真実〜ヒロシマが迫る埋もれた被ばく」の企画で、広島の科学者チームが行った第五海福丸元船員の染色体異常率から換算した被ばく線量は142.2ミリシーベルト（mSv）であった（日本放送協会2014）。

　なお、この第五海福丸について、船員保険部有識者会議の報告書は、当時の米軍公表資料等を根拠に、放射性降下物の到着時刻には汚染地域を脱出していたので外部被ばくは無いとしている（全国健康保険協会船員保険部2017）。

（2）弥彦丸

　弥彦丸（6800t）は岡山の商船会社が所有する貨物船である。同船の船医だった徳島大学皮膚科に所属の山本勤也氏（1922（大正11）年1月4日生）は、乗船から49年後の2003年に白血球減少と貧血、2005年に前立腺ガン、2006年に慢性骨髄単球性白血病を発症し、2008年に骨髄異形成症候群で死亡した（死亡時87歳）。

　同船は、1954年の核実験の時期にリン鉱石運搬のため東京とタヒチ島近くのマカテヤ島間を2往復した。当時の中国海運局の記録には次のように報告されている[4]。

① 航海日誌記載の航跡

　1回目復路の3月5〜6日[5]にビキニ島に最接近し北東530浬（約980km）を航行。

　2回目の記録では、3月22日横浜発、3月27日[6]にビキニ北方1200浬（約2300km）を航行。復路の5月23日もビキニ北方1200浬（約2200km）を航行[7]、5月30日東京着。

② 帰港後の検査の結果

　帰港直後の6月1日に48名が検査を受け、そのうち白血球数3000台が2名、4000台が8名であった。そのうち数値の低かった3000台の1名は東京中央病院へ検査入院した（当時白血球数5000以上を正常としていた）。

　1週間後の6月8日に12名に対し2回目の検査を行い、白血球数3000台を示したものが1名、4000台を示したものが6名いた。そのうち3000台1名、

4000台の5名は岡山大学医学部附属病院へ検査入院した。

所管の中国海運局は「尚、目下宇野港へ入港中の三井船舶所有浅香山丸（世界一周航路に就航）船員31名の白血球検査をして比較対照したところ、弥彦丸船員の白血球減少は単なる疲労の結果ではないことが判った」と報告している[8]。

岡山大学医学部が行った船体の汚染検査の結果では、船橋から200カウント、また防水布から100カウントの検出と記録されている（平木他編 1955）。

当時、山本医師自身がこの航海後の船員の状況を学会報告（図1）しており、「我々の場合も前航海が水爆実験地より比較的近距離を通った事、海水利用を制限したとはいえ、米其の他食料品の水洗は連日海水を使用せねばならなかった事、軽度ながら頭痛、下痢、眩暈等の患者が出た事、血色素上昇性の貧血特に白血球減少者の多い事、職種別にみて日光にさらされる時間の多い甲板関係者に白血球減少症の多い事、更に船体より200カウント検出された事などにより或程度放射能による影響も考えられると思います」と述べている（山本 1954）。

③ その後の状況

この弥彦丸は、被災25年後の1980年1月に朝日新聞西部本社版が元乗組員の調査記事を掲載した。この時点で48名中10名がすでに死亡しており、その後2010年の高知の山下正寿氏ら幡多高校生ゼミナールの調査でさらに4名の元乗組員と山本氏の死亡が確認された。元船長の77歳や山本氏を除くと、死亡時年齢が20代から60代という若さが注目される。

以上、2つの代表的な船のケー

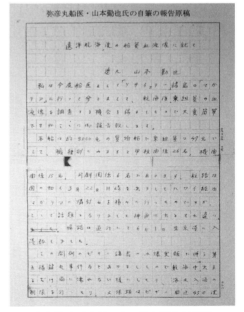

図1 山本勤也氏自筆による学会報告用原稿

スを紹介したが、これは最近までに調査ができたうちの一部にすぎない。

3 なぜ忘れられたか

　ビキニ事件当時はあれだけ新聞等で競って報道されていたにもかかわらず、数万人にもおよぶ被災船員たちの存在がなぜ「忘れられた」のか、問題の背景には何があったのか考えてみたい。

　ビキニ事件当時、放射線被ばくによる健康への長期的影響に関する医学的知見には限界があった。急性被ばく死を免れた生存被爆者の長期的健康影響の調査も1950年に始まったばかりで、米国主導の原爆傷害調査委員会（ABCC）が行っていた調査も妊産婦の異常や遺伝的影響などへの関心が先行し、当時は被爆7〜8年後の白血病の増加が注目され始めた段階であった。このため悪性腫瘍の発生など晩発性障害の調査についてはABCCを引き継いだ1975年からの放射線影響研究所の調査報告を待たねばならなかった。

　6カ月後に死亡した久保山無線長を除く22名の第五福竜丸の乗組員についても、放射線医学総合研究所（放医研）が事件3年後の1957年に発足し追跡調査が始まったが、乗組員のその後に国民的な関心が寄せられることはなく「忘れられた」被ばく者となった。核爆発時の放射線の直接照射とは異なる放射性降下物（微粒子）による被ばくの影響について科学的に追求することに医学界の関心が集まらなかったのである。これは長い間放置されてきた広島・長崎の「黒い雨」問題にも通底する問題である。

　第五福竜丸事件を契機に盛り上がった原水爆禁止運動や被爆者の運動も、結局ビキニ被災船員の問題まで視野に入れた運動にはならなかった。船員の組合組織も決して弱小な組織ではなかったが、全国的な運動にするには距離があったのであろう。ビキニ事件の衝撃で始まった原水禁運動の高揚の中で1957年には原子爆弾被爆者の医療等に関する法律（原爆医療法）が成立し被爆者救済の一歩が始まった。当時、立法に奔走した議員の原案には原爆被爆者と並んで「過去における水爆実験、将来における水爆実験等による被災者」も対象に挙げられていた。しかし当時の対米関係を重視する国内政治の状況からこの部分は早々と削除されてしまった経緯があったという。この点は日本の社会大衆運動の歴史からも再検証すべき問題である。

当時の政府の原子力開発計画の中でも、人体への放射線影響の問題はあまり重視されていなかった。ビキニ事件3年後の1957年5月には日本原子力委員会に放射能調査専門部会が発足した。2年後の1959年5月に部会の編集で報告書（原子力委員会編 1959）を公刊したが、この中にはビキニ周辺海域の放射能汚染調査をした俊鶻丸の調査、核実験により人体内に摂りこまれたストロンチウム90などを解剖標本から調査した結果などが含まれていたものの、ビキニ事件当時に被災した船員等の健康調査に関する記載は見られない。その後部会は開店休業状態になり1972年に廃止されている。日本の科学技術史の中で、核実験被害者の健康調査という視点がなぜ欠落してしまったのか、筆者には現在の福島原発事故とも重なる問題に思える。

当時の政府は、マグロの廃棄処分による漁業界の損失を重視したが、第五福竜丸以外の船員の被ばくについては公式には米国に一切伝えていない。その後2013年になって研究者の請求によって開示された米国の国立公文書館のファイルから、米国も多くの被災漁船・船舶があったことを把握していた証拠が見つかったが、こうした事実は隠され、慰謝料の額を抑えるために早期の政治決着を促していた。そうした政府の態度が漁業界にも圧力となり、被災した船員の健康調査にかかわることはなかった。こうした事実は、マグロの損失補償を優先した結果、被災船員が「忘れられた」のではなく、「忘れることを要求された」とみるほかはない。筆者は、この問題は被災者の人権侵害の問題であると考えている。

加えて、被災した船員たちも当事者としての声を日本国中に伝えることもできなかった。船員の多くは20歳前後の若い漁師たちで、戦前からの独特な家父長制的な漁業の中で弱い立場に置かれていた。彼らには組合運動などの経験もなかったし、マグロの風評被害による経済的損失を恐れた船主たちの口封じ的な言動もあったと聞く。また、船員は一航海ごとの乗船契約が普通で、下船すればみなバラバラであった。こうした事情も手伝って数万人におよぶ被災船員たちも社会的に見える存在にはならなかった。それを見える存在にしていったのが幡多高校生ゼミナールの高校生や教師たちの取り組みであった。

4 │ 忘れられた事実を取り戻す

　伊豆半島の漁村に生まれ、町の映画館で第五福竜丸事件のニュース映画を見ていたはずの筆者も、この事件を長い間「忘れていた」一人であった。なぜ「忘れていた」のかと自問すれば、この事件の重さに気が付くきっかけがなかったからとしか言いようがない。

　1980年ごろから医師として静岡県内の原爆被爆者健診に携わるようになっていたが、「忘れていた」ビキニ事件に関わるきっかけは、1993年に旧ソ連のセミパラチンスク核実験場周辺住民の調査に参加したことである。この調査で筆者は核実験の放射性降下物による被ばくの実態や被災者の実情を初めて認識した。そういえばわが静岡県には第五福竜丸事件という核実験被災事件があったが、その乗組員たちは今どうしているだろうか、と気が付いたのである。

　その2年後、被爆50年のNGO国際シンポジウム（広島）の準備の中で「忘れていた」第五福竜丸の元乗組員への訪問調査を行う機会が訪れた。当時刊行されていた大石又七氏の著書『死の灰を背負って』（1991）の中で、元乗組員に肝臓病やガンが多発し、すでに半数近い人が死亡していることも知った。このときに訪問した県内居住の元乗組員からは、仲間が肝臓病で亡くなったのは飲酒癖が原因であるかのように見られてつらかったと聞いた。その元乗組員は胃ガンが見つかって幸い手術できたものの、その後見つかった慢性肝炎の治療で苦労していた。

　第五福竜丸の元乗組員たちには、年1回は放医研による検査（実態調査）への案内があるが、日常の肝炎治療には何の補償もないことを知った。筆者は早速放医研に出かけて実態調査の担当医と会い、生存している元乗組員のすべてにB型肝炎への罹患歴があり、大多数がC型肝炎に罹患していることも確認できた。これは1954年当時の急性放射能症の治療のための輸血による感染と考えられるが、この肝炎罹患については元船員には伝えられていなかったのである。この調査の中で初めてお会いした大石氏自身も肝ガンが見つかり手術をして生き延びた1人である。

　その後、筆者は元乗組員の慢性肝炎の船員保険労災の申請を手伝い、当初却下されたものの再審査請求で開かれた社会保険審査会での公開審理を経て労災

第Ⅰ部
第1章 ビキニ事件から「忘れられた」被災者たち

支給が認められた。その後すでに肝臓病で死亡していた元船員の遺族給付も大石氏らの尽力で実現している。

その後、2回にわたってマーシャル諸島のロンゲラップ環礁島民の調査にも出かける機会もあり、最大の被害を受けたマーシャルのビキニ核実験被ばく者の実態にも触れることができた。

ビキニ事件から66年を経て、高知県内でビキニ被災元船員と遺族によって、全国健康保険協会船員保険部と国を相手とした訴訟が始まった[9]。船員保険部に対しては元船員4名と遺族8名が、罹患したガンなどの疾病が1954年の被ばくに起因した可能性があるとして、船員労災の認定を求めている。

国に対しては元船員8名と遺族11名が、米国への損害請求権を放棄したことによる損失を補償せよと求めている。ビキニ事件は、1955年1月の日米政府間の交換公文によって、米国が日本政府に200万ドルを慰謝料として支払うことで日本国民の損害請求に対する最終的な決着とされた。この政治決着で第五福竜丸の乗組員にはそれなりの慰謝料が支払われたが、その他の船員たちは何もなかったこととされ、将来にわたる損失を米国に請求する権利を失ったのであり、この訴訟はその損失を国が補えというものである。

当時の被災マグロ漁船の3割が高知県船籍である。すでに40年前から、幡多高校生ゼミナールによる調査の蓄積がある。筆者が訪問した元船員たちは「当時は学校を出てすぐの若造だったし、放射能のことは何も聞かされなかった。その後、多くの同僚がガンなどで早死にしているが、今思うとどんなに無念だったろう」と口をそろえて言う。そして「何故長い間知らされなかったのか、その理由を知りたい」と語った。

原爆被爆者の援護法のように、ビキニ被災者には国家補償的な救済法はない。なぜ今になって労災請求なのかといえば、船員たちはビキニ海域での漁撈中に核実験に被災した事実があり、船員たちが核実験からの放射性降下物の影響を受けてガンなどを発病した可能性が否定できないからである。被害請求は認められないかもしれないが、船員の健康被害に関する「消滅時効」はないのである。

そして国内、国外の核実験被災者の調査から見れば、核実験被害はまだ終わっていない、というのが筆者の実感である。

【注】

1. 幡多高校生ゼミナールは、1983年高知県幡多地域の高校生の自主的なサークルとして発足し、ビキニ水爆実験の被害などについて独自に調査を行ってきた。

2. カウントとは、1928年に開発されたガイガー・ミューラー計数管（通称はガイガーカウンター）で測った数値である。電離放射線がこの装置を通過した回数を数値としたものである。ちなみに、ブラボー水爆実験後太平洋の魚が水揚げされる際、1分間に100カウントの放射線を検出すれば廃棄処分とされた（公益財団法人第五福竜丸平和協会 2014：24）。

3. 「本」とは、マグロの数の単位である。

4. 本資料は、筆者が裁判にかかわる過程で閲覧した。

5. これは、3月1日にビキニ環礁で15Mtの核実験が行われた後のことである。

6. この日ビキニ環礁で、11Mtの核実験が実施された。

7. これは、5月5日の13.5Mt、14日の1.7Mtの2回の核実験が行われた後のことである。

8. 本資料は、1954年（昭和29年）6月18日付の玉野支局長から本局船員部長充ての報告書であるが、筆者は裁判にかかわる過程で一部を閲覧した。

9. 提訴は2020年3月30日、追加提訴が2022年1月31日であった。

【参考文献】

大石又七 1991『死の灰を背負って　私の人生を変えた第五福竜丸』新潮社。

原子力委員会編 1959『放射能調査の展望』通商産業研究社。

近藤康男編 1958『水爆実験と日本漁業』東京大学出版会。

全国健康保険協会船員保険部 2017『ビキニ環礁水爆実験による元被保険者の被ばく線量評価に関する報告書』。

日本放送協会 2014「水爆実験　60年目の真実〜ヒロシマが迫る埋もれた被ばく」（『NHKスペシャル』8月6日）。

幡多高校生ゼミナール編 1988『ビキニの海は忘れない』平和文化。

「ビキニ核被災ノート」編集委員会編 2017『ビキニ核被災ノート——隠された60年の真実を追う』高知新聞総合印刷。

平木潔他編 1955「我々の取扱ったビキニ水爆症の血液竝に骨髄所見について」『綜合臨牀』4（11）90–99頁。

山本勤也 1954「遠洋航海後の船員血液像に就て」『第10回日本皮膚科泌尿器科学会四国地方会』（6月27日）報告用原稿（筆者が山本勤也氏遺族より直接入手し、本書で発表することについて了承を得た資料）。

しんぶん赤旗 2015「ビキニ核実験　被災は1423隻　文書に記載」（2月22日）https://www.jcp.or.jp/akahata/aik14/2015-02-22/2015022201_03_1.html（最終閲覧日：2024年6月16日）。

公益財団法人第五福竜丸平和協会編 2014『第五福竜丸は航海中——ビキニ水爆被災事件と被ば

く漁船60年の記録』（川﨑昭一郎・黒田征太郎著）公益財団法人第五福竜丸平和協会。

第**2**章

核実験に伴う強制移住者たちの
生活・社会・文化の変容
マーシャル諸島・ビキニ環礁および
エヌエタック環礁の事例から

黒崎 岳大

1 | はじめに

　1946年から58年にかけて、マーシャル諸島では2つの環礁において核実験が行われた。ビキニ（Bikini）環礁とエヌエタック（Enewetak、エニウェトクとも表記）環礁である。2つの環礁はマーシャル諸島の中でも、北東部の比較的人口の少ない地域であり、核実験を実施する上で住民を移住させるコストの観点から比較的容易であったので選ばれたと言われている。米軍も両地域の住民を説得し、核実験中に移住する代替地を用意し、実験終了後に故郷に戻れることを約束した。これを信じ、両環礁民とも自分たちの島を離れ、強制移住の生活を送ることになった。

　ところが核実験の終了後、両環礁は別々の道を進むことになる。ビキニ環礁民は、現在新たな移住先での生活を続けているのに対して、エヌエタック環礁民たちは、故郷の島に戻って生活を始めている。このように異なる選択をした理由を考えていくとき、実施された核実験の違いや、実験後の故郷に戻るまでの米国との交渉の流れ、ならびに新たな移住先の環境などと関係があると思われる。

　本稿では、マーシャル諸島で行われた核実験に着目し、実験が実施された2つの環礁住民たちが、現在の生活を選んだ理由について、上述のような条件を

34

比較しながら考察する。

2 マーシャル諸島の核実験の経緯と2つの環礁

　第二次世界大戦後、米国は冷戦を迎える中、新たな核保有国となったソ連との核の性能向上をめぐる競争の中で、引き続き核実験を行う必要があった。日本との戦いの中で、核爆弾を利用したことに対しては、「母国の若者の犠牲を最小限にとどめ、早く終結させるためには必要であった」と米国政府並びに国民の間で認識されていたものの、広島・長崎での被災状況が米国内にも報道される中で、その甚大な被害を直視すると、国内での核実験実施に対しては心理的にもコンセンサスを得ることが難しい状況にあった。

　そうした中で、日本の委任統治領であった南洋群島と呼ばれたミクロネシア地域を、第二次世界大戦後国連の信託統治領として施政下に置く中で、米国は他国からの入域を制限するという「動物園政策」も利用しながら、この新たな土地で核実験を行うことを決めた。とりわけ、人口も少なく、他の地域からも遠く離れていたこのマーシャル諸島の遠隔地が選ばれた。当時の国務長官であったヘンリー・キッシンジャー (Henry Kissinger)が次のように語ったことが印象的である。「あそこには10万人しか住んでいない。かまうものか」[1]。

　こうした事情の中で、新たに選ばれたのが2つの環礁——ビキニ環礁とエヌエタック環礁である。この2つの環礁は、マーシャル諸島西部の南北に連なるラリック (Ralik)列島の北東部に位置し、マーシャル諸島全体で見た時、大きなラグーン (礁湖)を持つ比較的大きな環礁であるものの、南部地域と比べて降水量も少なく、もっとも人口の少ない地域として位置づけられている。その意味で、米国が戦後の核実験のためのサイトとして選んだものと思われる。両環礁に住んでいた住民は米軍の説得の下で、自分たちの島で核実験を実施することを受け入れ、故郷を離れた。

　核実験が終了し、マーシャル諸島は、1986年に米国との間で自由連合協定を締結することにより、独立を果たした。このとき、同協定締結に当たっては、核実験に対する補償についても交渉がなされ、両環礁と、ブラボー核実験で核汚染があったことが認定されたロンゲラップ (Rongelap)環礁ならびにウトリック (Utlik)環礁の4つの環礁が対象とされ、15年間で総額7500万ドル (約110

億円)の補償金が支払われた。また住民に対しての個人補償金も支払われた。

　マーシャル諸島の核実験をめぐる多くの研究においては、この両環礁の強制移住の経緯について詳細にかつ別々に説明されることは少なく、多くの場合はビキニ環礁での核実験のみが代表的に語られることが多い[2]。その理由としては、両環礁で核実験が行われていたとはいえ、マーシャル諸島の核実験というと、1946年7月第二次世界大戦後初めて行われた核実験と1954年3月の世界初の水爆実験ばかりが報道等で取り上げられることにある。とりわけ、1954年の水爆実験はその規模の大きさと、他環礁の住民(特に隣接するロンゲラップ環礁住民)や近くで操業していた日本のマグロ漁船・第五福竜丸の事件が注目された。そのため「マーシャルでの核実験＝ビキニ環礁」という印象を与えることになっていたと思われる。一方、実際の核実験の数で比較するならば、ビキニ環礁の23回に対して、エヌエタック環礁は43回とはるかに多い。また、両環礁の住民の中には、核実験が実施されていた時は自分の島を離れていたという事実が意識されず、各島で実施された核実験の時に被曝したと間違って認識されている場合も多い。ましてや、彼らの強制移住先での生活や、核実験終了後の状況については、両地域の専門家でもない限り、ほとんど顧みられていないというのが正直なところであろう。次節では2つの環礁の住民と核実験に伴う生活の変化や意識への影響について述べていきたい。

3 ｜ ビキニ環礁民の強制移住の歴史

(1) ビキニ環礁の人びと

　ビキニ環礁は、ラリック列島の北西部に位置する、国内では8番目の広さのラグーンをもつ環礁である。住民たちは環礁内の2つの大きな島、ビキニ島とエニウ島に分かれて住んでいた。人びとは、アウトリガー(船の横につける浮き材)と呼ばれるカヌーに乗り、他の島々も季節ごとに採れるココヤシや果物(バナナやパンダナス)、あるいは魚(サメやリーフフィッシュ)や鳥などを追いかけ、豊富でバリエーションの富んだ食物に囲まれて、自給自足の生活を送っていた[3]。とはいえ、南部地域と比べ降水量が少ないため、島は多くの人口を抱えられる収容力を持ち得なかった。

　マーシャル諸島の多くの島々の伝統的な身分制度並びに土地制度と同じよう

に、ビキニ環礁全体はラリック列島全体を支配下に置く4つの伝統的首長（イロージ）家の下に置かれていた。しかし、あまりにも遠くに離れていたため、伝統的首長がやってくることはめったになく、その下に置かれた世襲化されていた土地管理人（アラップ）が事実上の島のリーダーとして、住民たちをまとめ上げており、家族同士がほとんど親戚関係であったため、仕事も儀式も協力して行うなど、極めて緊密な関係でつながっていた。

　第一次世界大戦後に、日本の施政下に入ったものの、コプラ（ココヤシの実からとれる油）を収集するためにジャルート（Jaluit）環礁に住む商人が数カ月に一度やってくる以外は日本人と接触することはほとんどなかった。当時ビキニに住んでいた住民によると、第二次世界大戦のときに、守備隊として5〜6人の兵隊がビキニにいたが、戦乱に巻き込まれることはなかったという。

（2）強制移住の歴史

　こうした生活が一変するのは第二次世界大戦後である。日本軍を破り、マーシャル諸島を支配下に置いた米国政府は、1945年12月、クワジェリン（Kwajalein）環礁基地の司令官を派遣し、住民たちに「人類の平和と未来のために」ビキニ環礁を核実験サイトとして使用することを求めた。現地の人びとは、マジュロから来た英語のできるマーシャル人通訳を介して説明を受けたが、その時の模様を親から聞いたというビキニ環礁民によれば、ほとんど意味を理解できなかったという。しかし、当時のリーダーであったキング・ジュダ（King Juda）は「すべては神の手のもとに」と言って、米軍側の要望を受け入れ、翌1946年3月に167名の全住民を連れて島から退出した。

　米軍も10年間の実験での使用と、その後の放射能物質の除去（除染）を行ったらすぐに返還すると約束し、その間は近隣にある小さな無人の環礁であるロンゲリック環礁で生活するように手配した。しかし到着してすぐに住民たちは、同島でビキニと同じような自給自足の生活を始めたが、そこで獲れた魚から微量の毒（シガテラ）が検出されたことで、半年後にはその島を立ち去ることになった。一時はクワジェリンの米軍基地内で難民のようなキャンプ生活を余儀なくされた後、ラリック列島南部を統括するイロージが所有するキリ（Kili）島という無人島に移り住むことになった。

しかし、キリ島はジャルート環礁の近くにある小島で、ビキニやロンゲリックと違い、ラグーンを持っていなかった。そのため、島で自給自足の生活をすることは困難で、かつ雨季になると周辺の海が荒れて、カヌーを出航することができない。住民たちは、雨季に製作したココヤシやパンダナスの皮で作ったバッグ（キリバッグ）などの手工芸品をジャルートに運び、それで手に入れた現金で食物や日用品を買って戻り、雨季の間は限られた食事で飢えに耐える生活を送っていた。このため、故郷ビキニに戻る思いが強くなると同時に、何度も移動を余儀なくされる原因を作った米国に対して、人びとは不信感を高めていった。

　核実験が終了し、10年にわたるクリーンアップが終わり、1968年に、米国政府から帰島の許可が下り、住民たちは故郷に戻る準備をした。ところが1972年に、米国原子力委員会の発表で、ビキニに生息するヤシガニから残留放射能が検出され、住民たちの間で混乱が生じた。住民たちで構成される地方自治体であるビキニ環礁地方政府議会では、米国に対する不信感からキリにこのまま滞在する残留組と、ビキニ環礁に戻り、昔の生活に戻るという再定住組に分かれてしまった。議会での審議並びに議決の結果、住民全体で戻ることは否決されたものの、個人ベースでビキニ環礁に戻るということは認められたため、全体の3分の1の住民は、キリ島の家財道具を全て処分し、1975年にビキニに戻った。

　住民たちが再定住を始めた直後、再び混乱が生じた。米国連邦政府がビキニ島やエニウ島で生活する上での状況調査を進める中で、住民たちが飲料に使用する井戸からストロンチウムが検出された。更なる調査を重ねた結果、住民たちを居住させるのは危険だということで、1978年に住民に対しビキニ環礁からの再退去命令が宣言された。退去した住民たちは、議会での対立などもあり、キリに戻ることができず、後にマーシャル諸島共和国初代大統領となるマジュロ環礁の伝統的首長であるアマタ・カブア（Amata Kabua）の仲介で、マジュロ環礁内の小島であるエジット（Ejit）島に移住した。こうしてビキニ環礁住民の多くは、キリ島とエジット島に分かれ生活することとなった。

(3) ビキニ環礁民の現在

　マーシャル諸島独立後、ビキニ環礁の住民はどのような生活を送っているのだろうか。上述の通り、ビキニ環礁から強制移住を余儀なくされた住民たちは、その大半はキリ島とエジット島に分かれて生活している。強制移住者の大部分が居住するキリ島は、当初ラグーン（海や湖の一部が砂州や沿岸州、サンゴ礁などによって隔てられた浅い水域）を持たない小さな島であったため、一年の半分を島から出ることのできない、厳しい生活を送っていた。しかし、自由連合締結後、米国から核実験に対する補償金を入手するようになり、その状況が変化する。米国からの支援を得て、キリ島での生活環境が向上していく。ビキニ地方政府は獲得した補償金をもとに、キリ島に発電所や海水淡水化装置を設置し、住民に対しては無償で電気や水を提供する。キリ島では自給自足の生活を送ることは困難であったが、年に2回米国農務省がジャガイモや缶詰などの食料を無償で届けている。また、マジュロにある地方政府庁舎で個人補償金を入手し、スーパーマーケットなどで買い物をするため、国内航空便もキリ島へのフライトのスケジュールを優先させるよう取り計らっている[4]。人口も当初は100人程度であったが、現在は800人以上がこの島に住んでいる。

　もう一つの居住地であるエジット島はマジュロ環礁内の小島であり、300人の住民たちの生活は、マジュロ市内と強く結びついている。電力やケーブルテレビなどのライフラインは主島から届けられている。またエジット島は干潮の時にはマジュロの中心部と陸続きになり、住民たちはマジュロ市内まで歩いて通学や通勤することができる。その意味では、エジット島の住民はマジュロに住むのと同じ生活をしているという感覚のようである。キリ島に住むビキニ環礁民とエジット島に住む住民はもともと同じビキニ環礁出身者であることから、冠婚葬祭などのイベントがあると協力し合う。キリ島住民は、補償金を手に入れるために四半期ごとにマジュロにやってくるが、親戚関係のつてをたどり、エジット島に滞在させてもらうこともある。ただ、近年は離れて生活して世代が下ってきたこと、並びにビキニ環礁への再定住をめぐり対立した経緯もあり、関係は希薄化してきている。若い世代からするとお互いに「（キリ島の住民は）離島に住んでいる親類」および「（エジット島の住民は）マジュロに住んでいる

親戚」と認識していると言っていた。

　米国政府は除染事業を徹底して行った結果、1998年に国際原子力機関（IAEA）から提出された報告書にもとづくと、現地の植物（ココヤシや果物）またはそうした植物を食べるヤシガニやカメを食料として利用しない限り、長期滞在（つまり再定住）しても問題ないことが確認された。しかしながら、現実にビキニ環礁に再定住することに対しては、キリ島並びにエジット島の住民は慎重な姿勢を崩していない。もちろん、これまで核実験に伴う強制移住の経緯の中で、米国政府に裏切られ続けたことに対する反発や疑念があるのも事実である。しかし、現在は世代も移り変わり、新たな理由が大きくなっている。現在、キリ島やエジット島に住んでいる住民の中で、ビキニ環礁での生活を経験した世代（第1世代）は、10人以下となっている。彼らは確かにビキニ環礁に対して自分の故郷という意識をもっており、故郷で過ごした日々に対する思い出もしっかりと持っている。ゆえに、再定住を望む気持ちも強い。しかしながら、現在両島の住民の大多数は、ビキニ環礁を出てから生まれた住民（第2世代）やその子供・孫たち（第3・4世代）である。彼らは、現在の米国の支援を受け、補償金を手に入れた近代的な生活を所与のものとしている。伝統的な知恵や技術を活かしながら海とともに暮らしていくかつてのような生活を取り戻したいのであれば、大きなラグーンのあるビキニ環礁で再定住生活を送る方がよい。しかし、補償金を利用した近代的な生活という視点で考えると、ビキニ環礁は決して好ましい環境ではない。マーシャル諸島の中心地であるマジュロ環礁までは、国内航空便を使うと、途中のクワジェリン環礁を経由して片道3時間かかる。一方、現在の居住地であるキリ島からは航空便では45分でマジュロ環礁まで行くことができる。ましてやエジット島はほぼマジュロ市内と同じ環境である。このような状況では、第2世代や第3世代が現在の居住地を捨ててまで、ビキニ環礁に戻りたいという意識を持つだろうか。

　このように第2世代より下の世代では、現在の居住地での生活を続けるという選択をするのも当然であろう。とは言え、彼らはビキニ環礁をもう自分とは関係ない島と認識しているわけではない。彼らは子供のころから第1世代たちから、故郷であるビキニ環礁での日々について聞かされてきた。また小学校の高学年になると学校のプログラムとして1週間程度ビキニ環礁を訪れ、自給自

足生活を体験する。こうした経験を通じてビキニ環礁を自分のルーツの地であることが意識づけられる。

　実際住民たちは、故郷であるビキニ環礁の再定住化を進める代わりに、自分たちのアイデンティティを強めるシンボルとしての役割を担わせる様々な取り組みを行ってきた。一つはビキニ環礁をダイビングスポットとして観光地化する取り組みである。ビキニ島にダイバーたちのためのコテージやホテルを建設し、核実験が実施されたラグーンに米国の空母サラトガや日本の戦艦長門を沈め、沈船ダイビングツアーを実施している。交通網が整備されていないため大量の観光客への対応はできないが、米国や豪州からは珍しい自然と貴重な歴史を体験したいダイバーたちが訪れている。

　もう一つは、ビキニ環礁の世界遺産登録である。ビキニ環礁の水爆実験後に残ったブラボークレーターは、2010年「負の世界遺産」として世界遺産リストに登録された。このことについて、当時のビキニ環礁地方政府の市長は次のように話してくれた。「この世界遺産登録によって、人類の平和と未来のために島を離れ、最後まで故郷に帰れなかった親たちの世代に対して、世界から『忘れられない歴史上の事実』として刻み込まれたんだと胸を張って伝えられる」。

4 ｜ エヌエタック環礁民の強制移住の歴史

（1）エヌエタック環礁の人びと

　エヌエタック環礁は、ビキニ環礁よりもさらに西に位置する、国内ではラグーンの面積が4番目に大きな環礁である。エヌエタック環礁は、他のラリック列島とは異なり、この環礁独自のイロージを有している。同環礁は、ラリック列島に位置し、同じマーシャル語を話すが、方言が強く、他の地域の人びととの交流も少ないことから、マーシャル諸島南部はもちろん、ビキニ環礁民たちからも、少し異質な人びととして意識されていた。

　歴史的にも日本の委任統治領の時代には、マーシャル諸島のほとんどが属していたヤルート庁ではなく、言葉も文化的にも異なるポンペイ庁の下に置かれていた。第二次世界大戦時には、ハワイと日本の帝国艦隊の基地が設置されていたトラック諸島（現在のチューク諸島）の中間に位置しているということで、日米両軍の激戦地となり、エヌエタック環礁住民からも犠牲者が出ている。他

の環礁の多くは戦闘がない、または激戦地となった場合も前もって地元民は他の島に疎開に出されることが多かった。それに対し、エヌエタック住民の間では、当時生まれていた人びとの間で第二次世界大戦について他の地域以上に重く苦しい記憶として残っている。このように、エヌエタック環礁は他のマーシャル諸島の環礁と歴史の上でも異質な経験を持ってきたという点はあげられるであろう。

(2) 強制移住の歴史

　エヌエタック環礁の戦いで日本軍が玉砕した後、エヌエタック環礁は日本から米国に施政権が移るが、その際、同環礁の土地は米軍に接収される。同環礁最大の島で、住民の大半が住んでいた南部のエヌエタック島には、マリアナ諸島やフィリピンに向かう航空機の中継地となるための長い滑走路を持つ空港や軍関係施設が次々と建設され、住民も食糧支援を受けつつ、環礁内の2つの島に強制移住させられる。その後、同環礁が核実験場に決まると、住民たちをエヌエタック環礁からさらに西に位置するウジェラン環礁に再度移住させることとなった。

　ウジェラン環礁は、もともとエヌエタック環礁の住民の所有する離島として認識されており、アウトリガーを使った長期の漁撈の遠征で出かける際に、食料や水を補給する基地として使われていた。第一次世界大戦以前にマーシャル諸島がドイツの植民地だった当時、民間会社によりコプラのプランテーション経営が行われ、日本の委任統治領時代には30人程度の住民もいた。このようにもともと自給自足生活の中で利用していたという経験と、プランテーション経営が行われていたこともあり、核実験で強制移住先としてウジェラン環礁が選ばれた時も、住民たちは生活をするイメージができていたので、ビキニ環礁民の場合と比較し、当初の抵抗感は少なかった。

　1947年12月、145名の住民はウジェラン環礁へ移住させられた。しかしながら、実際の生活は予想以上に苦しいものであった。ウジェラン環礁の陸上面積はエヌエタック環礁の3分の1しかなく、ラグーンも15分の1にも満たない。マーシャル諸島の中心地からあまりに距離的に離れているため、コプラを販売するためにアウトリガーで運ぶこともできず、島民に対しては不定期にやってくる

米軍の船がもたらす食料支援に依存せざるを得ない生活を送ることを余儀なくされた。住民たちは、自給自足をするためのアウトリガーを製作するために使う木材や帆などの資材を米軍に提供するように求めたが、米軍はそれを使って住民たちが他国と交流を持つことを懸念し、なかなか許可を出さなかった。この米軍の対応に住民は不快感を示す。イロージは、「カヌーがなければ我々が守ってきた伝統的な食生活や文化が失われてしまう」と非難の声をあげている。1960年代になると、人口の急激な増加やネズミなどによってもたらされた感染症の蔓延などで、住民の間ではウジェランから早くエヌエタックに戻りたいという意見が高まっていき、マジュロや信託統治領の首府があったサイパンに行き、帰島を許可するよう求め始める。その動きを受けて、1970年代には再定住に向けた具体的な動きが出るようになる。

　1974年9月、米国政府より「エヌエタック環礁での除染、再生、再定住に関する査定報告書」が提出され、核実験場だった北部の島々に住むことはできず、汚染除去で出た放射能に汚染された土壌や物質は、環礁内中部のルニット島に設置されたコンクリート製のドームに格納され管理することとなった。1977年3月に、ウジェランに住んでいた住民の半分がエヌエタック南部のジャプトン島に戻った。同年より、エヌエタック島で本格的なクリーンアップ作業が開始され、1980年3月に218百万米ドル（約320億円）の費用の下で除染は終了した。翌4月からすべての住民が再定住に向けエヌエタック環礁に戻った。しかし、残留放射能が多いという理由で、多くの住民の故郷である北部の島々に再定住することができず、北部の島々のクリーンアップのための予算を計上することはできなかった。

（3）エヌエタック環礁民の現在

　現在、上述の通り、エヌエタック環礁の住民は、ウジェラン環礁から戻り、エヌエタック環礁南部の島々（メドゥレン島、ジャプタン島、エヌエタック島）に住んでいる。帰島した住民たちは、自分の島に戻ることができたものの、北部の島々での生活はできないことから、不完全な再定住であるという意識を持っている。

　上述の通り、北部の島々の除染のための多額の予算に対しては、米国から認

められていない。また放射性物質を格納したルニットドームも一時投棄ということで設置されたが、プルトニウムの半減期は2万4千年であるのに対して、その後の処分計画も立っていない。むしろ耐用年数は100年ほどと言われ、ひび割れができ始めている。加えて、2017年には豪州の新聞社の報道で、気候変動の影響でルニットドームが波で浸食されて、放射能漏れの危機が迫っているとその危険性が報告された。しかしながら、コロナ禍の影響もあるが、この問題に対して米国側も具体的な対策については明確にしていない。こうしたこともあり、住民の間には故郷の島を破壊しながら、元の形で返還しない米国に対する不信感が強まっている。

　さらに、除染終了で表土が削り取られてしまったこともあり、30年経った現在も食物とする植物が生えてこない。広大なラグーンでの漁業に関しても、ルニットドームからの放射能漏れの懸念から、再定住で叶えられる元のような自給自足の生活を送ることは困難になっている。住民の中には、「故郷に戻って来られたが、そこはもう自分たちの望んだ故郷ではなかった」と批判する声も大きい。

　一方で、住民の間では、米国と交渉をして、ビキニ環礁地方政府のように米国からの経済援助をより引き出すことを望む者もいる。ビキニ環礁は、現在のキリ島やエジット島での近代的な生活を送れるようにするため、発電所などのライフラインの整備のインフラに補償金を利用し、住民の現在の生活向上に尽力した。しかし、エヌエタック環礁は、元の環礁の姿に戻して、以前のような生活を送ることを望んだ。しかし、ウジェラン環礁での生活の中で、米国からの支援に依存する生活に慣れてしまった。とりわけ、エヌエタック環礁で伝統的な自給自足生活を知らない若い世代は、補償金を北部の島々の除染に使うよりも、南部の居住地での近代的な生活のために使うべきだという意見が高まっている。

　再定住の始まった1980〜90年代はイロージたちが地方政府の市長や国会議員として、住民をまとめ上げていたため、住民の生活向上の前に、自分たちの土地の原状復帰を求める意見が強かった。そのため、この時期はエヌエタックでの生活に希望を持てず、マジュロやハワイに移り住む住民もいた。

　この状況が変化したのは、2000年代に入ってからである。ウジェラン環礁

での米国からの支援生活の中で育ってきた、第2、第3世代が地方政府で力を持つようになると、従来のエヌエタック政府の方針を変更するようになる。その象徴的な変化を示す出来事になったのは、ハワイで育った双子の政治家であるアディング兄弟がエヌエタック地方政府のリーダーとなったことであろう。2003年に、弟のジャックソン・アディング（Jackson Ading）が市長となり、2009年に兄のジャック・アディング（Jack Ading）が国会議員（すぐに財務大臣に就任）となると、米国育ちで培った高いコミュニケーション能力を利用して、米国や他の国々から住民の生活向上のためのインフラ支援を引き出していく。彼ら二人も引き続き、米国政府に対しては特別予算で除染の費用を計上することは求めるものの、エヌエタック島での生活環境の整備の方が最重要課題と認識している。また、社会インフラが整備された後は、ビキニ環礁のような観光促進に対しても意欲を持っている。アディング市長へのインタビューでは、次のような計画を示してくれた。

「エヌエタック環礁は、マーシャル諸島全体では西のはずれに位置しているが、これは日本を含めたアジアに近いということを意味している。また米軍が残していった、3000メートル級の滑走路もあり、現在でも米国や日本の航空便の緊急着陸用に準備されている。こうした過去の資本を利用して、観光産業を促進し、住民の生活をより良くすることが私と兄の夢なのだ」

5 ｜ 考察——2つの環礁民を分けたものは

2つの環礁民の核実験に伴う強制移住経験がもたらした生活や意識の違いを述べてきた。この2つの環礁の住民の対応の違いを、生活・生業の変化、社会・コミュニティの変化、文化・アイデンティティの変化という三層の面から比較してみたいと思う。

生活・生業の変化とは、自分たちの食料を入手するなどの、生活の様式の変化である。我々が新たな場所に移動したとき、そこでの衣・食・住などはすぐに変化を余儀なくされることが多い。最初は戸惑うものの、人間として備わった適応力を活かして、そこでの生活に慣れていくという特徴が見られる。

この点で言えば、ビキニ環礁民もエヌエタック環礁民も、故郷での自給自足の生活から、強制移住先であるキリ島やエジット島、あるいはウジェラン環礁

で、飢餓などに苦しんだ経験の後、米国から食糧支援などに頼る生活を送ってきた。その点では、両者とも同じような環境にある。しかし、ビキニ環礁民が、元の故郷と全く異なるほぼ初めての環境での生活を余儀なくされ当初からネガティブなイメージを持っていたのに対し、エヌエタック環礁民の場合はウジェラン環礁をある程度は自分たちの庭として利用してきた経験があった。そのため彼らはウジェラン環礁に対して、生活できる環境であるという具体的なイメージを持つことができた。その結果、移住当初からウジェラン環礁での生活に円滑に適応することができた。

　現在に至るまでビキニ環礁に戻れない日々が続くビキニ環礁民は、世代が代わる中で、自給自足を捨てて、現代的な生活へと適応している。その結果、キリやエジットの便利さを捨てられない世代へと移り変わっている。一方、同じようにウジェラン環礁での生活に慣れたものの、1980年には再定住を成し遂げることができたエヌエタック環礁住民は、引き続き米国からの支援を受けつつも、エヌエタック環礁での生活に再度適応しようとインフラ整備なども進めている。このように生活・生業の変化は、短い期間であれば、その環境の中に適宜適応していけるが、年代が経つと新しい環境に飛び込むことに二の足を踏みがちになるようだ。

　次に社会・コミュニティの変化についてである。生業や生活習慣の変化が短期間で適応していくのに対して、この変化はもう少し長い期間で徐々に変化していく。新しい環境に長く住む中で、新たな社会環境の中で新しいネットワークがつくられるうちに、親族関係などの社会的なつながりにも変化が生まれる。ビキニ環礁民の場合は、長い強制移住の生活の中で、再定住をめぐりキリ島とエジット島に分かれて生活するようになった。上述の通り、両島の住民は伝統的に構築されてきた緊密な親族関係を現在も受け継いでいる。しかしながら、キリ島というインフラ整備が進んだとはいえ離島である生活空間とマジュロという都市での生活に分かれる中で、その関係は徐々に希薄化している。一方、ウジェラン環礁で生活をし、エヌエタック環礁での再定住の流れにあるエヌエタック環礁民は、イロージを中心とした伝統的な社会関係を維持してきた。エヌエタック環礁の生活に戻れたということは、住民たちに元の社会・コミュニティ関係も維持できたということである。ただし、そのことで従来型の伝統

的首長制度が新たな再定住という社会的文脈の中にまで引き継がれてしまった。環礁の除染に執着する形につながり、結果、補償問題での外部との交渉が上手く進まなかったことに影響してきた。むしろ、再定住という新たな環境に対して、若者たちは新たな形での社会・コミュニティの構築を望み、それがアディング兄弟を選択することにつながったのだろう。

　最後に、文化アイデンティティの変化である。さらに強制移住の時期が続き、元の故郷での生活を知らない世代に引き継がれた時、その人びとと故郷との間にあった文化やアイデンティティが喪失されていく。エヌエタック環礁民の場合は、1980年に再定住が叶ったことで、土地と結びついた伝統的なアイデンティティも継承できる機会を得た。ただし、その時に戻ってきた故郷の島は、元の故郷の島ではなく、不完全な形での島に変わってしまった。北部の島での生活はできず放射能で汚染されてしまったことで、目の前にある故郷は現実には元通りにはならないことを直視させられている。エヌエタック環礁民は結果として、元通りの故郷に戻ることができず、そのことに気づいた一部の住民たちは、「自分たちの故郷の文化はもはやない」として、マジュロやハワイへと移り住んだのである。

　一方で、ビキニ環礁民は、強制移住から70年以上経て、ほとんどの住民は故郷での生活を記憶としても持っていない世代となっている。戻るという選択ができなかったことで、島と結びついた航海術や自然の動植物に関する伝統的知識も受け継がれていくことが困難になる。こうした状況でビキニ環礁民たちは、むしろ意図的に継承させるためのシステム（小学校高学年でのビキニでの伝統的生活研修）を作り出したり、観光開発や世界遺産登録を通じて理想化した形での自分たちの象徴に昇華させるという新たな戦略を実施している。むしろ、ビキニ環礁民にとっては想像の中の故郷とすることで、良い記憶を構築し、次世代に語り継ぐことができるのかも知れない。

6 ｜ おわりに

　本章では、マーシャル諸島で米国による核実験が行われた2つの環礁、ビキニ環礁とエヌエタック環礁の強制移住させられた住民たちの歴史を振り返り、またそれに伴う生活、社会、文化の変化について両者を比較して述べてきた。

両環礁民とも、マーシャル諸島の人口密集地域からは遠く、主要地域である南部の人びととの交流が希薄であったことから、親族関係を中心に構築してきた地域社会の中で生活を送ってきた。また、米国の核実験に応じた両環礁は、強制移住先で、それまでの自給自足の生活を満足に行うことができず、米国からの支援に依存する生活を送るようになった点でも共通している。さらに、マーシャル諸島が独立後、米国の自由連合協定に伴い核実験の補償金を入手すると、それを利用し、離島とは思えないような社会インフラを整備している。その意味では、両方の環礁とも、核実験に伴う故郷を追われるという経験の中で、他の離島の住民とは全く異なる生活環境の変化を受けることになったのである。

　一方で、両者の間では、大きな違いもある。1980年代に再定住が実際に進んだエヌエタック環礁では、故郷のエヌエタック環礁に戻ったことで、以前の生活・生業様式、社会・コミュニティ関係、そしてそこでの文化を維持しようと努めた。しかし、現実のエヌエタックは、以前とは異なる環境となっており、当初のもとに戻るという選択を諦め、若い世代を中心に新たな環境としてそこでの生活に適合させるための環境整備を進めている。他方、ビキニ環礁の場合は、米国との交渉における不信感から、現在でも故郷に戻ることはできない状況にある。いやむしろ、若い世代にとっては強制移住先のキリ島やエジット島が自分たちの故郷という意識が芽生えていると思われる。ただし、そのことで、ビキニ環礁を捨て去ったわけではない。再定住をする代わりに、観光開発や世界遺産登録という手続きを通じて、意図的に理想化したアイデンティティを作り上げたのである。

　本章では、核実験が実施された2つの環礁の事例を紹介したが、核実験場にはならなかったものの、マーシャル諸島には米国の核実験の影響で自分たちの土地や海が汚染されたり、住民自身も被曝した環礁も存在している。ここで扱った環礁と同時に、米国政府によって補償の対象となったロンゲラップ環礁やウトリック環礁は、4つの環礁の頭文字をとってERUB、またはファーストフォース（First Fours）と呼ばれている。どの環礁も補償金をもとに社会インフラ整備や住民の生活保障を実施している。またどの環礁も、放射能汚染のクリーンアップを進めるため、住民が強制移住を経験している点も共通している。これらの2つの環礁の住民が歩んだ強制移住の歴史や、それに伴う生活・社会・

第Ⅰ部
第2章 核実験に伴う強制移住者たちの生活・社会・文化の変容

文化の変化を比較することも必要だろう。さらに、米国によって認定されていないが、その周辺に位置し、ブラボー実験で被災した可能性があると言われている4つの環礁・島もある（リキエップ、ウォッソ、アイルックの各環礁およびメジット島、セカンドフォース（Second Fours）と呼ぶ）。このような忘れられた島々の影響も比較することで、マーシャル諸島の核実験の諸相を明らかにすることができるはずであろう。

ビキニ環礁もエヌエタック環礁も核実験に対する補償問題はすでに過去のことになったわけではない。米国政府は、1986年の自由連合協定締結に伴う補償をもって「最終的かつ完全な解決」と述べ、これ以後の交渉については認めていない。それに対して、マーシャル諸島政府は、この問題の中にある「環境変化に伴う修正条項」を適用することを要望している。これは、同じ核実験で被害を受けた米国内ネバダ州の住民への支援額と比べて半分以下であるということと比較し、これは新しい事実を知った場合には新たに交渉を実施できるとした項目に適用するとして、米国に訴訟を持ちかけた。2014年には、米国を含めた9つの核保有国を相手にオランダ・ハーグの国際司法裁判所に訴えた。これは却下されてしまったが、太平洋諸島の小国が、大国にチャレンジしたとして国際社会で評価された。核実験をめぐる問題は決して過去の問題ではなく、現在も大きく関与しているのである。

【注】

1. ディブリン（1993）参照。

2. ビキニ環礁の強制移住者の生活に関しては、ロバート・カイストによる一連の研究（Kiste 1968；1974；1985）やトービン（Tobin 1953）、ヘーゼル（Hezel 2001）の現地住民へのインタビューなどを掲載した研究がある。またエヌエタック環礁民の避難生活に関しては、カルーチの著書（Carucci 1997）が詳しい。また同国の被爆者の現状についてはアレキサンダー（1992）も参照ありたい。

3. 「ビキニ」という名は現地語で、「ココヤシの皮」という意味である。現地の人びとはココヤシの実の周りの堅い皮を皿代わりに使い、それが何個も使われるほどたくさんの食べ物に囲まれていたことを指しているという。

4. 国内航空会社マーシャル航空は国内にある飛行場とマジュロを結ぶ便を運航している。通常離島地域の便は週1便であるが、キリ島は利用客が多いことから週2便優先的に運航している。

49

【参考文献】

アレキサンダー、ロニー 1992『大きな夢と小さな島々——太平洋島嶼国の非核化にみる新しい安全保障観』国際書院。

黒崎岳大 2013『マーシャル諸島の政治史——米軍基地・ビキニ環礁核実験・自由連合協定』明石書店。

ディブリン、ジェーン 1993『太陽がふたつ出た日——マーシャル諸島民の体験』(沢田朋子・松村美也訳)紀伊国屋書店。

中原聖乃 2012『放射能難民から生活圏再生へ——マーシャルからフクシマへの伝言』法律文化社。

Carucci, Laurence. M. 1997. *Nuclear Nativity: Rituals of Renewal and Empowerment in the Marshall Islands.* DeKalb, Illinois: Northern Illinois University Press.

Hezel, Francis. X, S. J. 2001. *The New Shape of Old Island Cultures: A Half Century of Social Change in Micronesia.* Honolulu: University of Hawaii Press.

Kiste, Robert C. 1968. *Kili Island: A Study of the Relocation of the Ex-Bikini Marshallese.* Eugene, Oregon: Department of Anthropology, University of Oregon.

Kiste, Robert C. 1974. *The Bikinians: A Study in Forced Migration.* Menlo Park, California: Cummings Publishing Company.

Kiste, Robert C. 1985. Identity and Relocation: The Bikini Case. *Pacific Viewpoint.* Vol 26, No 1, pp.116–138.

Niedenthal, Jack. 2001. *For the Good of Mankind: A History of the People of Bikini and their Islands.* Majuro, Marshall Islands: Micronitor Publishing.

Tobin, Jack. A. 1953. *The Bikini People, Past and Present.* Majuro, Marshall Islands: Marshall Islands District.

第Ⅰ部
第2章 核実験に伴う強制移住者たちの生活・社会・文化の変容

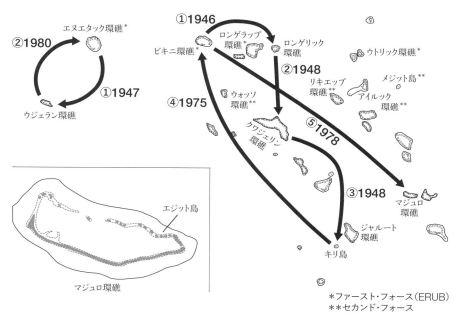

図1 ビキニ環礁及びエヌエタック環礁からの強制移住者の変遷
(Niedenthal 2001)をもとに筆者作成

表1 マーシャル諸島の環礁（ラグーンの大きさの順）

	環礁名	ラグーンの広さ(km²)	陸上面積の広さ(km²)	人口（）内は調査年
1	クワジェリン環礁	2,174	6.3	15,000 (2016)
2	ロンゲラップ環礁	1,000	8.0	0 (2011)
3	マロエラップ環礁	973	9.8	856 (1999)
4	エヌエタック環礁	932	6.9	820 (1990)
5	ミリ環礁	763	16.0	1,032 (1999)
6	アイリンラプラプ環礁	742	14.5	1,959 (1999)
7	ジャルート環礁	690	11.3	1,669 (1998)
8	ビキニ環礁	630	8.8	0 (2011)
9	ウォッチェ環礁	624	8.0	859 (2011)
10	リキエップ環礁	419	10.1	482 (1999)
参考	マジュロ環礁	295	9.7	27,797 (2011)

筆者作成

第3章

太平洋核実験をめぐる当事者性

キリバス共和国クリスマス島の英米核実験を中心に

小杉 世

1 | はじめに

　放射線の目に見えない影響は、容易に無視され忘却されるか、逆に一生涯、あるいは世代を超えてもなお続く非常に大きな心理的不安を人びとに与える。目にみえず、因果関係を証明することの医学的にも非常に困難な低線量放射線の影響は、その当事者にとっては、当事者が生きる日常に大きな影響力をもつ。筆者はこれまで表象研究の領域から、太平洋の核実験や核の問題について検証してきたが、同時にオセアニア地域でフィールドワークにも長く携わってきた。本章では、オセアニアの核軍事化が及ぼした影響を英米核実験が行われたキリバス (Kiribati) 共和国ライン (Line) 諸島のクリスマス (Kiritimati) 島に焦点をあてて考察する。第9章で論じるように、芸術家の仕事が、見えないものを可視化し、声のないものに声を与えることであるとすれば、フィールドで現地調査する研究者にできることは、忘れてはならないことを人びとの記憶にとどめるために文字化することである。日本でも被ばくの体験を語れる第一世代が少なくなっているが、かつて核実験が行われた太平洋地域のなかでも、同様のことがいえる。本章では、太平洋核実験のなかでも周縁的な位置におかれてきたキリバスでの英米核実験をめぐる当事者性について考察する。

　本書の「はじめに」で述べられているような〈当事者〉間の権力差は、被ば

第3章 太平洋核実験をめぐる当事者性

く者同士の間にも存在する。たとえば、太平洋地域における核実験場のなかでも、マーシャル諸島、フランス領ポリネシア、オーストラリアで行われた核実験に比べて、現在のキリバスにあたるクリスマス島、モールデン (Malden) 島で行われた核実験の被ばく者たち、なかでもキリバス民間人の被ばく者の声は、ごく最近までほとんど聞かれることがなかった。核実験の「当事者」のなかで、司令官や従軍した兵士たちの物語は語られても、民間人の被ばくや彼らが受けた心理的、文化的影響は、顧みられることが少ない。

本章では、太平洋核実験と非核太平洋をめぐるニュージーランドの複雑な当事者性について概観し、筆者が聞き取り調査を行ったクリスマス島の核実験から60年余りを経た現在、キリバス人の核実験当事者がおかれた不確定な現実について、当事者の語りを通して考察する。

キリバス共和国は赤道付近に横たわる広大な海域を占める国家であり、おもな産業は漁業である。漁業を通して日本ともつながりが深い[1]。同じ国でもタラワ環礁の位置するギルバート諸島と、クリスマス島やモールデン島が属するライン諸島とでは、3000km以上も離れており、首都タラワ (Tarawa) からクリスマス島へは直行便がなく、フィジーやハワイを経由する国際便を乗り継ぐ必要がある。広大な排他的経済水域をもちながらも、陸地面積はわずかなキリバスにとって、人口過密の首都圏のタラワ環礁が気候変動の影響にさらされているなか、世界で最大の環礁クリスマス島は重要な土地である (図1)。

魚が豊富に生息する大きなラグーンと無数の塩湖をもち、日本にも輸入されている天日塩 (クリスマス島の塩)[2] の生産や、ゲームフィッシング、バードウォッチングなどの観光業でも知られる。オーストラリアや米国、日本からはリピーターのゲームフィッシャーが

図1 ロントンの海岸と外国漁船 (筆者撮影)

訪れており、筆者も空港でリピーターのゲームフィッシャーに偶然再会することもあった。キリバス政府は数年前から、サステナブルな観光業の促進をめざし、空港の整備を手始めに、水と電力のインフラ強化など長期開発計画に取り組んでいる。「開発」という言葉が使われるとき、しばしば「復興」のナラティブもそうであるように、歴史のなかのネガティブな要素が解決済みのものとして無視されがちである。クリスマス島に在住するキリバス人のなかには、現在も原因を特定できないさまざまな健康問題を抱えながら、「被ばく」とは認められず、補償も医療も受けられずに不確定な状況におかれた1世や2世、3世が存在することを忘れてはならない。

2 | 太平洋核実験におけるニュージーランドの当事者性——非核太平洋に向けて

　クリスマス島とモールデン島でイギリスの核実験が行われることになった経緯と、その後の非核太平洋に向けての動きにおけるニュージーランドの当事者性についてここでふれておきたい。現代アートや舞台芸術、詩における太平洋核実験の記憶の表象については第9章で詳しく論じるが、1960年代のニュージーランドでは、J Force（ジェイ・フォース＝英連邦占領軍のうちニュージーランド軍をさす）の一員として広島の原爆投下直後の惨状を自らの目でみた記憶と冷戦期の太平洋で行われていた核実験とを重ね合わせて、静かな抗議の詩を書いたマオリの詩人ホネ・トゥーファレのほかジャネット・フレイムやコリン・マッカーンなどの白人作家やアーティストが、やがて非核太平洋へと向かう時代の感情構造の形成に関わっていた[3]。地球上で年間に行われた核実験の回数が頂点に達した1962年（クリスマス島で米国の核実験が行われた年でもある）には、ニュージーランドのオークランド地方新聞の記事で、イタリア南部で189ピコキュリーのストロンチウムがミルクから検出されたことが報道され（The Auckland Star 1962）、1963年6月3日の記事では、放射性降下物ストロンチウム90が1年で2倍、2年前の4倍になったという報道も見られる（The Auckland Star 1963）。こういった新聞記事の切り抜きがオークランド大学に所蔵されている核軍縮キャンペーン（CND）オークランド支部のマニュスクリプト資料のスクラップブックにあることからも、当時のニュージーランドで反核運動に携

わっていた市民が核実験の影響をめぐる世界の状況に注目していたことがわかる。ニュージーランドの反核運動は、ミルクに含まれるストロンチウム値の変化に不安を覚えた主婦たちの草の根の運動に支えられて展開していった。しかし、現在では、世界で最も徹底した非核国として知られるニュージーランドも、最初から非核国であったわけではなく、1987年の非核立法の成立までの道のりは複雑なものであった。

　豊富なウラン資源を国内にもつオーストラリアが自国内でイギリスが核実験を行うことを受け入れたのは、イギリスに協力することが自国の核兵器開発に利になるかもしれないという期待があったからであるが(Lowe 2021：95)、オーストラリアと違って核兵器保有には関心をもたなかったものの、イギリス植民地時代のニュージーランド生まれで原子物理学の父とよばれた科学者アーネスト・ラザフォードを誇るニュージーランドは、放射線医療にも力を入れており、ニュージーランドの科学者は、マンハッタン計画やイギリスの核開発にも関与していた。ニュージーランドのイギリスの核開発への協力のひとつは、ウラン濃縮の減速材に使用される重水を生産するという1950年代のワイラケイ重水工場計画であった。また、ニュージーランドでは1940年代からウラン鉱脈の探査を行っており、1955年に南島西海岸でウランが発見されたのちは探査がブームとなった。経済的に採算のとれるだけのウラン資源が見つからず、1979年に探査が打ち切られるまで35年以上にわたり、ウランを探し求めていたことについて、レベッカ・プリーストリー(Rebecca Priestley)は*Mad on Radium: New Zealand in the Atomic Age*で詳述している(Priestley 2012)[4]。プリーストリーによれば、イギリスの核開発に協力したニュージーランドの科学者たちは1950年代終わりごろまでには、反核を表明するようになったが、ニュージーランドの初期の反核運動はおもに核兵器開発に対するもので、原子力の平和利用やウラン探査に対しては向けられていなかった。無念に終わったウラン探査と、国内の天然ガス資源の発見によって、原子力の未来の夢を捨てた1970年代終わりから非核立法が成立した1987年までのわずか10年足らずのうちに、ニュージーランドは劇的に非核国のアイデンティティを獲得していった。このような劇的な方向転換をもたらした要因のひとつは、この時代に政治の舵をとった世代が冷戦期の核実験最盛期の記憶を青年期にもつことだろう[5]。ク

リスマス島とモールデン島でイギリスが1957年に行った核実験に従軍したニュージーランド兵もこの世代にあたる。核実験に従軍したニュージーランド兵の被ばくの問題がニュージーランド国内ではじめてテレビのドキュメンタリーでとりあげられたのは、1983年であり、30年も経てやっとニュージーランド退役軍人たちの健康被害の問題が明るみにでるようになった（Douglas 2001：4-5）。さらにこの1世代前には、サワダ（2017）が論じるように、J Forceとして原爆投下直後の広島の惨状を目のあたりにした世代がいた。

　ビキニ環礁でのブラボー実験で米国が世界に核の力を見せつけた後、独自の水爆の開発を進める必要性に迫られていたイギリスは、原爆実験を受け入れたオーストラリアに水爆実験の可能性を断られ、その隣の小国ニュージーランドに圧力をかけた。すでに同じ太平洋地域の裏庭（マーシャル諸島や隣国オーストラリア）で、英米の核実験が行われていたことを脅威に感じていたニュージーランドは、自国から1000kmのケルマデック諸島を水爆実験に使用させてほしいというイギリスの要望を断る代わりに、イギリスの核実験に適した候補地を探す探索船を出すことに合意する。太平洋の裏庭の少しでも自国から遠いところに実験場をもっていきたかったニュージーランドは、調査の結果、クリスマス島とモールデン島をイギリスに推薦した。ニュージーランドは自国の551名の兵士（Maclellan 2017：1）を核実験場に送り、気象観測と放射性降下物の観測を担って、ニュージーランド兵たちは、この実験に従軍したイギリス兵、フィジー兵、そして、クリスマス島のキリバス人たちと同様に、被ばくすることになる。したがって、ニュージーランドは加害と被害の両方の当事者性をもっている。そうであるからこそ、1980年代後半において、徹底した非核国への変貌をとげることができたのである。

3 ｜ クリスマス島の英米核実験とキリバス民間人被ばく者の不確定な現実

　イギリスは1957年と1958年にモールデン島とクリスマス島で9回の実験を行い、米国は1962年にクリスマス島で24回の実験を行った。これらの実験に従軍した兵士たちの体験談は、任務部隊司令官であったイギリス人の回顧録（Oulton 1987）、1999年のフィジー兵のインタビュー集（Salabula, et al. eds.

1999；Maclellan 2017）や、2000年のニュージーランド兵の聞き取り調査など
をはじめとして、比較的早くから注目されてきたが、実験当時、島に在住した
キリバス民間人の体験については、ほとんど語られることがなく、歴史的・
医学的な検証がなされることも最近までなかった。イギリス核実験から60年
の2017年以降、海外からの研究者がクリスマス島を訪れるようになり、いく
つかの研究が出てきている（Broderick and Jacobs 2018；Bolton 2018；Alexis–
Martin, et al. 2021；Jacobs 2022）。ここでは2016年から2019年にクリスマス島
で行ったインタビュー調査に基づき、核実験当時を記憶するキリバス民間人の
語りを通して、帝国の核軍事活動が島民の生活に及ぼす影響について考察する。

　キリバスは、2019年9月26日、核兵器禁止条約に批准した。太平洋核実験の
行われた国のうち、世界で4番目のウラン生産国であるオーストラリア、独立
国となっていないフランス領ポリネシア（およびフランス本国）、米国との軍事
的関係性が現在も強いマーシャル諸島、これらの国・地域は、いずれも批准し
ていない。しかし、イギリス核実験で被ばくした退役軍人を抱えるフィジーや
ニュージーランドに加えて、民間人の核実験被害者を抱えるキリバスも批准し
た。そのことは、核被害国側の経験を世界に発信し、医療面や環境調査面での
国際協力を受ける可能性が開かれる重要な転機となるものと期待される。

4 ｜ 核実験当時の生活

　核実験が行われた当時、モールデン島は無人島であったが、クリスマス島に
は、イギリスがギルバート諸島から移住させたキリバス人のコプラ・プランテ
ーション労働者たちとその家族がいた。核実験場の建設が始まると、コプラ産
業は一時休止し、コプラをつくるキリバス人労働者たちは、基地建設の物資の
積み荷おろしや運搬、清掃、給仕、その他の雑用を担っていた。

　1957年の最初の3回の実験は、安全を期するため軍司令部の置かれたクリス
マス島から676km南東のモールデン島で行われた。この間は、クリスマス島
にいたキリバス人たちは、ギルバート諸島のタラワ環礁、フィニックス諸島
のカントン島、ライン諸島のファニング島（タブアエラン）の3カ所に3カ月の間、
避難させられた。しかし、その後、クリスマス島で行われたより規模の大きな
水爆実験では、呼び戻された島民たちは、再び避難させられることはなかった。

1.8メガトンのGrapple X実験、3メガトンのGrapple Y実験では、島民たちは沿岸の船に実験前夜から早朝の核爆発数時間後まで避難したが、その後の実験では、妊婦と子供のある家族の一部のみが船に避難し、キリバス人労働者とその家族の多くは、マネアバ（キリバスの伝統的集会所）の隣にあるテニスコートのオープンスペースを避難所として実験前夜に集められ、早朝の実験終了後、家に戻り、通常の生活を続けていた。インタビューのなかで、複数のキリバス人は、当時の生活をふりかえり、この避難所と家との往復を指して、これが実験期間中の我々の生活の「日課」だったと語っている。さらに1962年の米国の実験では、4月25日から7月11日までの2カ月半の間に24回の実験を行っており、2～3日から5日くらいの間隔で実験が繰り返されていた。さきに述べた体験談の「日課」という言葉からは、これらの異常な日々がいかに日常のものになっていたかがうかがえる。

　オープンスペースの避難所に集まったキリバス人たちは毛布と耳栓のワックスを与えられ、子連れの母親は子供を抱いて配布された毛布をかぶったが、子供は嫌がって毛布の外へ出ようともがき、母親の耳栓が外れて、聴力を失った女性もいる。当時12歳であったキリバス人男性は、「火のそばにいるかのように熱を感じ、（爆発の瞬間）地面がまるでボートに乗っているときのように揺れるのを感じた。（中略）火のようなキノコ雲がどんどん高く立ち昇って、クリスマス島全体を覆うのが見えた」（筆者による2016年インタビュー）と語っている（小杉 2024）。この男性は成人して結婚したが、最初の5人の子供はいずれも生まれて数日で亡くなっている。

　イギリスが行った実験のうち、規模の小さな2つの実験は、当時キリバス人たちが居住していたロントン村から45～50kmほどの島の南東端で、コンクリート板の錨に繋いだ高度450m

図2　クリスマス島南東端の爆心地でバルーンを係留したコンクリート板（筆者撮影）

のバルーンに核爆弾をつるした状態で爆発させるという方法がとられた（図2）。

　その他、島の南東端沿岸の上空の比較的高高度で行われたメガトン級の実験のうち、最大のGrapple Y実験は広島型の原爆の187倍以上の3メガトンであり、南東端の陸上で行われた2回の規模の小さい核爆弾も広島に投下された原爆（16キロトン）の1.5倍程度である。爆発の高度は広島の原爆の地上600m、長崎の500mより、やや低い。山に囲まれた日本の地形と異なり、クリスマス島のように海抜1.5〜2mほどの平坦な土地では、爆風を妨げるものはほとんど何もなく、大阪と京都間くらいの距離で行われた核実験が島民に及ぼした心理的な影響はいかに大きなものであったか想像に難くない。島の南東端沿岸上空2000m以上の高高度で行われたメガトン級の水爆実験のなかには、実際には予定の半分くらいの高度での爆発となったものもあり、Grapple X実験では爆心地から40kmほどの実験施設の強化ガラスが割れ（Maclellan 2017：213）、3メガトンのGrapple Y実験では爆心地から約48km離れたメイン・キャンプの建物の構造にも損傷をもたらした（Busby and Williams 2010：9）。避難所に移動するとき島民たちは家が爆風で破壊されないようにドアと窓を開けておくように指示されていたので、放射性物質を含む微細な塵は家のなかにも当然入りこんでいたはずだ。

　英語が達者で軍人や科学者と親しかったあるツバル系キリバス人T. F.の手記を転記したキリバス人男性T. E. C.のノートブックには、「Halliard 1（0.8メガトンのイギリスの水爆実験）は、島のすぐそばで爆発し、タボン・テ・コロタと呼ばれる島の南東端からMサイト（島の南岸の中間にある観測点）まで焼け跡を残した。今日もその跡がみられる」（括弧内は筆者注記）という記録もある。また、T. E. C.のノートブックには、上記と同じT. F.の手記からの抜粋の頁に「最も危険なのはα粒子を放出するプルトニウムだ、プルトニウムはモールデン島とクリスマス島で実験が行われた水爆の7つに起爆剤として用いられた」という言葉が記されている。T. F.は駐在していたイギリス人の科学者の一人ととくに親しく、よく釣りに行っていたといわれており（Sheers 2008）、「友よ（My friend）」という呼びかけで始まるこの一文が、イギリス人科学者から直接聞いた言葉なのか、後に公開された手紙や文書からの引用なのかは不明だが、ここで「危険」と言われているのは、α粒子を粉塵などと共に吸引したり、何ら

かの形で体内に取り込んだ場合の内部被ばくの危険性である。

　オーストラリアやマーシャル諸島、フランス領ポリネシアで行われた大気圏核実験は、地面から2〜3mで爆発させるグラウンド・バースト（ground−burst）と呼ばれる地表面実験であったため、砂漠の砂や、サンゴ礁の破片と海水などを大量に巻き上げ、それらが大量の放射性降下物となって直に降り注ぐことになった。それに対して、モールデン島とクリスマス島で行われた英米核実験は、その多くが高度2000m以上で炸裂させる高高度実験（air−burst）であったため、理論的には大地の放射化は生じないとされた。広島・長崎市中への原爆投下の場合のような爆心地から半径1km以内での熱線による人の焼死や致死量の高線量外部被ばく、ビキニ環礁のブラボー実験で近隣のロンゲラップ島や第五福竜丸号などで発症したような急性放射線障害が起こることはなかったため、島民の健康被害はなかったものとされ、広島・長崎・マーシャル諸島とは違って、実験後に島民から医療サンプルがとられることもなかった。イギリスと米国は、核実験で従軍した自国の退役軍人たちに対する医療保障は行っているが、核実験の影響を受けたと訴えるキリバス民間人の補償を現在にいたるまで認めていない。放射線影響は、長い年月をかけて発症するものであるゆえに、「遅い暴力」の典型とされるが、そのなかでもクリスマス島のキリバス人のおかれた状況は、最も目に見えにくい低線量被ばくの例であり、あるいは「被ばく」であるかさえも明らかにされていない。

　高高度実験とはいえ、放射性降下物の影響を受けないわけではないことは、ニュージーランドの退役軍人が発表した放射性降下物のマップで、大きなラグーンの全体と当時キリバス人たちが居住したロントン村もすっぽりその範囲内におさまっていることからもわかる（Wright 2003）。また別のシミュレーションでも、Grapple X実験では爆発後3〜4時間以内に放射性降下物がロントン村とラグーン全体、メイン・キャンプなど風下の島の西側全体を覆っていたであろうことが示されている（Busby and Williams 2010：4-5）[6]。

第Ⅰ部
第3章 太平洋核実験をめぐる当事者性

5 | 核実験後の環境と健康の問題

　従軍した兵士たちは、のちに甲状腺癌その他の癌、白血病、心臓病、子供ができないなど、さまざまな健康被害を経験したが、それらの問題が認識されるようになったのは、1980年代以降であった[7]。兵士たちは、実験が終了すると引き上げたが、キリバス人の島民たちは、実験後も廃棄物の大量に残された島にその廃棄物を再利用しながら住み続けた。そして、彼らもまたさまざまな健康の問題を抱えている。ここではある住民が行った健康調査についてふれておきたい。

　2016年に筆者がクリスマス島で行ったインタビューのおりに、あるキリバス人男性が（前節でT. E. C. として言及した）が、2008年から2011年にタバケア（Tabwakea）村のタバケア第1地区[8]の議員（councillor）であった当時、この地区のキリバス人家族12世帯をまわって、健康状態の記録をつけていた手書きのノートブックを見せてくれた。写真撮影したその手書きノートブックをインタ

表1　クリスマス島タバケア村の移住家族に関する情報（その1）

	出生地 （夫/妻）	出生年 （夫/妻）	クリスマス島 移住年	没年 （夫/妻）	子の人数 （うち死亡した 人数）
家族A	ノノース	不明/1932	1960	2008/2018	6(2)
家族B			1959	2000/2002	4(1)
家族C	ベルー	不明/1939	1954	1998/2014?	6(3)
家族D	ニクナウ	1934/不明	1952	2015/1969	12(7)
家族E	ベルー	1932/1933	1954	2010/2011	3(1)
家族F	ニクナウ	1924/1928	1956	1989/不明	5(3)
家族G	マイアナ	1923/1929	1954	1993/存命	11(3)
家族H		1936/1945		2016/2005	7(1)
家族I	ツバル/マラケイ	1927/不明	1956	2009/1989	7(3)
家族J	ベルー/オノトア	1938/1940	1952/1964	2012/2015	10(5)
家族K				2001/2015	8(3)
家族L	タビテウエア	1927/不明	1955	1981/不明	10(5)

※筆者によるデータのアップデートは2019年9月時点のものである。

ビューに立ちあったキリバス人女性エリス・テカバイア（Ereti Tekabwaia）の
協力を得て編集し、さらに筆者が表に抽出したものが表1、表2である。表1か
らわかるようにクリスマス島には、他の環礁のさまざまな島から移住したキリ
バス人が在住している。タバケア村に住む核実験体験者とその家族は被ばく者
協会[9]を構成しており、この12世帯の多くもそのメンバーである。

　このノートブックからは、実にさまざまな健康問題を住民たちが抱えている

表2　クリスマス島タバケア村の移住家族に関する情報（その2）

	死に至る疾患・死因 夫／妻	疾患のあった子または孫 および疾患名	子あるいは孫の没年 （亡くなった年齢）
家族A	夫：足の腫物・炎症（sres）：全身に広まり、憔悴して死に至った 妻：存命	第2子：不明 第6子：不明	かなり前（年齢不明） 2016年
家族B	夫：背中と首の後ろに腫物ができて、体調が悪くなり、死に至った 妻：不明	第3子：心臓発作*	2019年（60才）
家族C	夫：不明 妻：不明	第3子：手に障がい 第4子：白血病 第5子：白血病 第6子：吐血／肛門からの出血	没年不明 2003年（41才） 1994年（27才） 存命
		孫（男子）：精神障がい	1988年（年齢不明）
家族D	夫：食物を飲み下せない （unable to tolerate oral feeding） 第1の妻：膣からの異常出血と痛み・糖尿病* 第2の妻：糖尿病*	第1子：不明 第2子：吐血と肛門からの出血 ——白血病 第3子：腹痛で死亡 第4子：心臓発作 第7子：心臓障がい 第8子：早産で生まれる 第11子：吐血、体中の痛み	没年不明 没年不明 2011年？（50才） 2002年？（38才） 没年不明 1973年 没年不明
家族E	夫：不明 妻：心臓麻痺* （1956~61年に3人の子をもうける。核実験終了時、30才と29才であったが、その後は子ができなかった）	第1子：乳癌 第3子：心臓発作*	存命 2016年（55才）
家族F	夫：白血病（背中の腫物から出血し、死に至った） 妻：心臓発作	第1子：癌 第2子：不明——吐血 第3子：糖尿病*	2000年（45才） 没年不明 2017年（66才）
家族G	夫：白血病？（亡くなるとき、耳・鼻・歯茎・爪からの出血） 妻：存命	第4子：不明 第5子：目に障がい 第6子：卒中* 第11子：肝臓疾患*	没年不明 存命 没年不明 2014年？（40才？）

第Ⅰ部
第3章　太平洋核実験をめぐる当事者性

ことがわかる。例えば、表1のいくつかの世帯（C, D, F, J, L）では、子供の半数
か半数以上が亡くなっている。子供や孫が比較的若い年齢で亡くなっている家
族も多い。さらに表2では、出血が止まらないなどの血液関係の健康問題、心
臓疾患、肝臓疾患、早産、卒中、食物を飲み下せない症状（クリスマス島の医師
によると咽頭部に腫瘍などができている可能性があるという）、子ができないなど
のほか、「癌」や「白血病」という用語も繰り返し出てくる。このノートブッ

家族H	夫：嘔吐・食物を飲み下せない（unable to tolerate oral feeding）* 妻：不明	第1子：不明 第5子：胃の腫瘍	2004年（42才） 存命
		孫（女子）：乳房の腫瘍	存命
家族I	夫：肝臓疾患* 妻：膣癌	第1子（1956年生）：乳癌、白血病 第2子（1958年生）：癌* 第3子：卒中 第7子（1972年生）：不明	没年不明 2012年（53才） 存命 没年不明
		孫（女子）：不明 孫（男子）：不明	没年不明（19才） 没年不明（4才）
		孫（1973年生）：足の障がい 孫（1977年生）：白血病 孫（1981年生）：白血病	存命 存命 存命
家族J	夫：脳卒中* 妻：不明	第1子：早産で死亡 第3子（1968年生）：高熱、肺炎 第5子・第6子：早産で死亡 第8子（1978年生）：不明	1965年 1985年（17才） 1971~73年頃 数年前
		孫（男子）：心臓疾患、聴覚障がい	存命
		孫（男子・2012年生）心臓疾患	存命
家族K	夫：心臓疾患 妻：不明	第1子：腹部が腫れて死亡 第3子：心臓発作	2000年（40才） 2013年（48才）
		孫：聴覚・発話障がい 孫：心臓疾患	存命 存命
家族L	夫：心不全* 妻：不明	第1子：心臓発作* 第2子：白血病*──喘息、肺炎、肝臓疾患も 第3子：心不全──睡眠中に死亡 第8子：不明 第9子：結核*	2001年（54才） 1963年（15才） 2016年（67才） 2018年（54才） 1986年（21才）

※下線部は小杉によるアップデート（2019年9月時点）
※ *印は役所のデータに基づくアップデート

63

クは英語とキリバス語の記述が混在しているが「白血病」は、キリバス語では
bakatitiであり、地元のキリバス人たちはこの言葉を出血が止まらなくなる症
状一般をさして使用するため、西洋医学の診断でいうところの「白血病」では
ないこと、また、「癌」と表記されているものも、癌なのか良性の腫瘍なのか
は不明であることも申し添えておかねばならない。下線をほどこした部分（筆
者が2019年に役所の記録で補った部分）を除いては、必ずしも病院の正式な診断
書に基づくものではない。

　新生児の死亡率が高いキリバスでは最近まで平均寿命が50歳代であり、被
ばくのあるなしに関わらず、B型肝炎その他の感染症で、年齢を問わず、人が
急死することはごく日常的である。しかし、住民たちは自分たちの抱えるさま
ざまな健康問題を被ばくと関連づけてとらえている。国外からのジャーナリス
トやかつて核実験に従軍した退役軍人の訪問によって国外における被ばくの事
実が知られるようになる21世紀初頭から10年ほどたったころに行われたT. E.
C.の聞き取り調査で、核実験を体験したこれらの家族の家長たちが家族の抱
える健康問題について、癌や白血病といった言葉を多用していることには、彼
らが抱えていた大きな不安が如実に反映されているともいえる。それから10
年たった現在、筆者が滞在中にインタビューや健康調査のアップデートのほ
か、日常のコミュニケーションのなかで聞くところでも、核実験当時、島に居
住していた家族の2世以降の若い世代も含めて、月経が止まらないという症状や、
青あざができやすい、歯茎からの出血などの症状や、喘息や心臓疾患を抱える
若者が多く、かつて睡眠中に死亡した家族がいる例も少なくない（小杉 2023）。
調査初年度のインタビューでとくに健康の問題がないと言っていた人が、その
後、消化器系の不具合であっけなく急死することもあった。本書の「はじめに」
でも述べられているように放射線影響によって引き起こされるさまざまな疾病
は、通常の生活習慣病とも区別がつかず、因果関係を特定しにくいものである
ことに加えて、キリバスの場合、医療インフラの不足が核実験を体験した当事
者とその子孫の置かれた状況をより不確定なものにしている。

　キリバスでは、白血病をはじめとする癌の診断は予備診断しかできず、白血
病の最終診断を受けるには国外の病院に骨髄抽出サンプルを送らなくてはなら
ない。そのため、クリスマス島のロントン病院には、白血病や癌の診断結果は

64

残っておらず、役所の出生死亡記録（そもそも役所は一部しかデータを有していない）においても「白血病」と記録されているのは、筆者が調べた限りでは、まだイギリス軍が駐在していた1963年の1件だけだった。クリスマス島のロントン病院で2000年前後に医療に従事していた医者のなかには、被ばくに関連すると思われる病気の可能性を島民たちに認める医師もいた[10]が、診断の記録は残っていない。したがって公的文書の次元では、クリスマス島には癌や白血病の患者はいないということになり、それが統計的な「事実」にされてしまう。またクリスマス島の病院に勤務するのはおもに首都圏のタラワ環礁から派遣される医師であり、過去にクリスマス島で医療に従事した医師たちからの情報は現在の医師に引き継がれてはいないことがロントン病院での医師たちとのやりとりからわかる。核実験を体験したキリバス人とその子孫は、漠然とした不安を抱えたまま不確定な現実を生きてきた。

　筆者はT. E. C.のノートブックに記されている家族を実際に訪問し、アップデートをおこなった。2016〜2019年の個別インタビューと、このアップデート作業のなかでわかったことは、それが被ばくに起因するかどうかはわからないが、人びとの抱えるさまざまな健康問題にはあきらかに一種の類似性やパターンがあるということだ。

　核実験終了後、島にはラジウム計器付の軍用車の山のほか、大量の廃棄物が40年以上も放置されていたことを先に述べた。イギリスはこれらの廃棄物が環境におよぼす影響はないとしている。しかし、2004〜2008年に廃棄物を撤去する除染が行われることになったのは、バリー・ヒューギルの記事によれば、オーストラリアの調査団による調査で重金属による地下水の汚染などが疑われ、その結果を受けて、当時のキリバス大統領であったテブロロ・シト（Teburoro Tito）がイギリスに問題を提起したという経緯がある（ヒューギル 2024）[11]。

　2004〜2008年の除染では地上の廃棄物や一部残っていた実験施設は解体されて撤去されたが、ラグーンはもとより、島全体に多数ある大小の塩湖などは、そもそも除染のしようもない。廃車の山は島民がミルクフィッシュを釣っていた池のそばにもあったことを回想する島民もいる。またロントンから車で数時間の島の南東端の爆心地近くの塩分濃度の高い塩湖のミルクフィッシュは淡水で育つものに比べてとくに脂がのっておいしいことが知られており、自然保護

地区であるこの塩湖に（法律では10オーストラリアドルの入域料金を払うことになっているが柵があるわけではない）、ミルクフィッシュを釣りにいく島民もいる。1981年にニュージーランドが行った放射線調査では、この塩湖の近くで基準値をかなり上回るラジウム226が検出されたが、天然のラジウム塩として考察対象外とされている[12]。また、かつての放射線調査でプルトニウムが検出されながら、とくに対策がとられなかったことも最近の先行研究で指摘されている（Alexis-Martin, et al. 2021）。現在はかつての爆心地である島の南東端も含めて通常のガイガーカウンターで計測されるガンマ線の線量は、日本の平均よりもむしろ低い。しかし、紙一枚で遮断できるα粒子を放出する核種の存在は地中に埋まっていると通常のガイガーカウンターでは計測できないが、何らかの形で体内に取り込まれると、長く続く内部被ばくをもたらす可能性があり、α粒子による内部被爆の影響は非常に証明が困難であることは一般にも指摘されている[13]。核投下直後のサンプル採取の航空機の除染パッドなどは今も空港の敷地内の地下に埋まっており、空港は最近、拡張工事も行っているが、除染業者の関係資料には繰り返し、埋められているものが掘り出されたりしない限り「安全」と書かれている。

6 ｜ おわりに

　核実験の影響は、必ずしも放射線による被ばくだけではない。実験当時に大型タンクから流出した加鉛航空燃料の鉛などが、貴重な淡水レンズの地下水を汚染した可能性がある。現在もロントン地区のもと加鉛燃料のオイルタンク・エリアがあった周辺の地下水は汚染されているため、飲用には使用されていない[14]。それ以外にも、実験当時多用され、その後も島にストックが放置されたDDTなどの残留性有機汚染物質や、アスベストなどの発癌性物質、腐食したバッテリーなどの廃棄物の環境への影響も懸念される。

　このことからも太平洋の軍事化が環礁の環境におよぼす影響が長期間にわたることがわかる。さらには、軍事化がおよぼした環境へのさまざまな影響に加えて、環礁の土地が野菜の栽培に適さず、野菜は輸入品で高価なため、野菜不足の食生活であることなど、環礁の従来の生活の特徴なども、おそらくは、人びとが抱える健康の問題に、複雑に絡んでいる可能性がある。こうした状況を

丁寧にときほぐしていくことで、改善できることもあるはずだ。

　本章の冒頭でも述べたように、クリスマス島とモールデン島で行われた英米核実験に関しては、イギリス、ニュージーランド、フィジーの退役軍人の健康問題を除いては、これまで医学的・環境学的な調査や分析が十分に行われてこなかった。かつての核実験場をめぐる状況は、世界でも地域によってさまざまである。おしなべて一元的な基準で対策をはかるのではなく、丁寧な調査によって現地の状況を正確に把握し、公的な医療データだけではなく、現実の人びとの語りを分析する必要がある。

　キリバスは2019年に核兵器禁止条約に批准し、2021年には旧ソ連の核実験場セミパラチンスクが位置するカザフスタンと共同声明を発表した。核兵器廃絶国際キャンペーン（ICAN）の川崎哲によれば、核被害援助と環境修復（カザフスタン・キリバス）のワーキンググループはすでに活動を始めている[15]。これをひとつの転機として、今後、国際的な協力を得られやすい環境が築かれていくことで、キリバス政府そのものが主体的に動いていく新たな局面を迎えることが期待される。また、筆者自身も研究者として、人びとの記憶の継承とさまざまな情報をつなぐ作業に微力ながら参与していけたらと思う[16]。

【注】

1. 太平洋で被ばくした日本のマグロ漁船のなかには、マーシャル諸島近海のみならず、ライン諸島のクリスマス島、モールデン島の近海を通過したものがある。NNNドキュメント『クリスマスソング　放射線を浴びたX年後』（伊東英朗ディレクター、2020年5月24日放送）は、イギリス退役軍人と日本の漁師のその後を追跡している（日本テレビ 2020）。このドキュメンタリーでは、クリスマス島の住民の話は出てこないが、背中に大きな腫物ができたという日本の漁師の証言は、本章で論じる健康調査のなかで言及される症状とも一部類似している。

2. 現在生産されているクリスマス島の塩は、放射能検査で安全性が確認されていることを申し添えておく。この天然塩には、カリウム40その他のミネラルが豊富に含まれている。カリウム40は放射性同位体であるがヒトの体内にも一定量存在し、その一定量を超えると尿として排出されるので蓄積しない。しかし、透析患者にはカリウムの摂取制限があるように（血中のカリウム濃度が高くなると不整脈や心停止を引き起こす可能性があるため）、腎不全など腎臓の機能障害があれば、うまく排出が行われないので注意が必要である。

3. 小杉（2017）、サワダ（2017）参照。

4. プリーストリーについては、オーストラリア・ニュージーランド文学会創立40周年大会（於日本女子大学、2019年11月2日）でのデイヴィッド・ロウ氏（David Lowe）の特別講演のコメ

ンテイターとして、サワダハンナジョイと小杉が触れている。

5. 非核立法を成立させたデービッド・ロンギ（David Longe）は、大学生当時、オークランド郊外で見た核のオーロラ（1962年のジョンストン島での高高度実験によって起こった現象）を、後に非核運動に向かうことになった原風景として記憶している（ロンギ 1992）。詳細は小杉（2017）を参照してほしい（p. 138）。

6. NOAA（National Oceanic and Atmospheric Administration）、HYSPLIT（The Hybrid Single Particle Lagrangian Integrated Trajectory Model）に基づいたシミュレーションマップ。

7. 3節で述べたように、ニュージーランド国内ではじめてニュージーランド兵の被ばくの問題がテレビのドキュメンタリーでとりあげられたのは1983年である。クリスマス島の核実験被ばく兵士の疫学調査の先行研究としては、斎藤（2002）のフィジー人兵士に関する調査があげられる。

8. タバケア村のなかで最初にできた地区で、核実験当時から島に在住していた家族がこの地区に多く住んでいる。

9. 被ばく者協会の正式名称は、The Association of Cancer Patients Affected by the British and American Bomb Tests（ACPBAN BT）である。現在の会長であるテーウア・テコナウ（Teeua Tekonau）の家族もこの表に含まれる。

10. たとえば、表2の家族Cの白血病で比較的若くて亡くなった第4子と第5子は、家族によれば、当時クリスマス島のロントン病院の医師が白血病だと診断したことを強く主張している（2019年の聞き取り調査による）。英オブザーバー紙のバリー・ヒューギル記者（Barry Hugill）の1997年10月26日の記事でも、当時のクリスマス島ロントン病院の医師が被ばくと関連すると思われる健康問題が島民に見られることを認めている（ヒューギル 2024）。

11. テブロロ・シトは現在、国連キリバス大使として、キリバスの核兵器禁止条約の批准にも貢献した。筆者が2021年3月にZoomで行ったインタビューでは、除染の経緯について、クリスマス島に在住する親族や知人から長く廃棄物の撤去を求められていたこと、ミルクフィッシュなどの魚の安全性についての確認も重要であると考えたことを語っていた。

12. オーストラリアが行った調査では、この値をサンゴ礁の環礁に自然に存在するものであることに疑問を呈している。

13. 例えばJacobs（2021）などを参照してほしい。

14. 2019年ロントンの環境省の職員から聞いた話による。航空燃料タンクのオイル漏れについては、除染関係の業者の資料にふれられている。

15. ピースボート主催の第1回SDGs講座（2021年10月14日）で報告された。

16. なお、本章で触れたインタビューの詳細とT. E. C.のノートブックの編集版は、別途、資料（インタビュー集）として今後発行予定であり、そちらも併せて参照してほしい。

【参考文献】

Alexis-Martin, Becky, Matthew Breay Bolton, Dimity Hawkins, Sydney Tisch, Talei Luscia Mangioni. 2021. Addressing the Humanitarian and Environmental consequences of Atmospheric Nuclear Weapon Tests: A Case Study of UK and US Test Programs at

Kiritimati (Christmas) and Malden Islands, Republic of Kiribati. *Global Policy* 12 (1), pp.106–121.

The Auckland Star. 1962. "'Hot' milk has Italy worried" (February 15).

The Auckland Star. 1963. "Fallout level doubles in 12 months" (June 3).

Bolton, Matthew, Sydney Tisch, and Dimity Hawkins, with research assistance from Alice Osman. 2018. Fallout on Countries Downwind from French Pacific Nuclear Weapons Testing: Aotearoa New Zealand, Australia, Cook Islands, Fiji, Niue, Samoa, Tokelau, Tonga and Tuvalu. International Disarmament Institute, Pace University, pp.1–30. https://ny.fes.de/fileadmin/user_upload/Pacific-Downwind-PosObs-Country-Report-12-2h0qcbp.pdf（最終閲覧日：2024年1月26日）。

Broderick, Mick and Robert Jacobs. 2018. Global Hibakusha Project: Nuclear Post-colonialism and its Intergenerational Legacy, *Unlikely*, Issue 5. https://unlikely.net.au/issue-05/the-global-hibakusha-project（最終閲覧日：2024年1月26日）。

Busby, Chris and Dai Williams. 2010. Meteorogical Records, Airflow and Other Factors Affecting Local Fallout from British Nuclear Tests at Christmas Island in 1957–58. Aberystwyth: Green Audit. https://issuu.com/raimondsakmens/docs/testhysplitrept（最終閲覧日：2024年1月26日）。

Douglas, Karen Jane. 2001. *New Zealand Sailors and the British Hydrogen Bomb Tests of 1957 and 1958* (Thesis of Master of Literature-History). University of Auckland.

Jacobs, Robert. 2021. "How Internal Exposures to Radiation Make People Invisible" [lecture video] (March 12) https://globalhibakusha.com/page/page-2/?permalink=how-internal-exposures-to-radiation-make-people-invisible-video（最終閲覧日：2024年1月27日）。

Jacobs, Robert A. 2022. *Nuclear Bodies: The Global Hibakusha.* Yale University Press.

Lowe, David. 2021. Atomic Testing in Australia: Memories, Mobilizations and Mistrust. In S. Berger, S. Scalmer, and C. Wicke (eds.), *Remembering Social Movements: Activism and Memory.* Routledge, pp.95–112.

Maclellan, Nic. 2017. *Grappling with the Bomb: Britain's Pacific H-Bomb Tests.* Acton: ANU Press.

Oulton, Wilfred E. 1987. *Christmas Island Cracker: An Account of the Planning and Execution of the British Thermo-Nuclear Bomb Tests 1957.* London: Thomas Harmsworth Publishing.

Priestley, Rebecca. 2012. *Mad on Radium: New Zealand in the Atomic Age.* Auckland University Press.

Salabula, Losena Tubanavau, Josua M. Namoce, and Nic Maclellan, eds. 1999. *Kirisimasi: Na Sotia kei na Lewe ni Mataivalu e Wai ni Viti e na Vakatovotovo Iyaragi nei Peritania mai Kirisimasi / Fijian Troops at Britain's Christmas Island Nuclear Tests.* Suva: Pacific Concerns Resource Centre.

Sheers, Owen. 2008. "Bomb Gone" *Granta* 101 (August 1). https://dev.granta.com/bombgone/（最終閲覧日：2019年10月2日）。

Wright, Gerald Curtis. 2003. *Operation Grapple: A Study of R.N.Z.N. Ship Movements in Relation to Nuclear Test Fallout Patterns During Operation Grapple*. Royal New Zealand Navy.

小杉世 2017「ジャネット・フレイム——アルファベットの外縁から見た世界」三神和子編著『オーストラリア・ニュージーランド文学論集』彩流社、135–179頁。

小杉世 2023「キリバス共和国クリスマス島における英米核実験——太平洋の核軍事化と先住民共同体」『日本の科学者』Vol.58（8月号）、32–33頁。

小杉世 2024「クリスマス島での英米核実験をめぐる記憶——キリバス人の被ばくの「語り」による再構築」風間計博、丹羽典生編『記憶と歴史の人類学——アジア・オセアニアにおける戦争・移動・他者接触の経験と語り』風響社、325–346頁。

斎藤友治 2002「イギリスの核実験被害はまだ闇の中——フィジー核実験被ばく兵士の健康調査を行って」『民医連新聞』（7月11日）https://www.min-iren.gr.jp/?p=1476（最終閲覧日：2024年1月26日）。

サワダハンナジョイ 2017「広島を目撃したマオリ詩人ホネ・トゥファーレ」三神和子編著『オーストラリア・ニュージーランド文学論集』彩流社、235–256頁。

日本テレビ 2020「クリスマスソング　放射線を浴びたX年後」（伊東英朗ディレクター・南海放送制作）（テレビ番組：『NNNドキュメント』5月24日）。

ヒューギル、バリー 2024「生涯つづく『クリスマスプレゼント』——論議を呼ぶ1958年のイギリス水爆実験」原水爆禁止日本協議会（日本原水協）ホームページ https://www.antiatom.org/GSKY/jp/Rcrd/Politics/-99/9712_uk-testXmas.htm（最終閲覧日：2024年1月26日）。

ロンギ、デービッド 1992『非核——ニュージーランドの選択』（国際非核問題研究会訳）平和文化。

第 II 部

核被災を
「不可視化」する力

第 **4** 章

原発事故による放射能汚染の「無被害化」
当事者性排除への疑問

三田 貴・島 明美

1 | はじめに

（1）**本章の目的──排除される当事者性を取り戻す**

　2023年3月で福島第一原子力発電所の事故から12年が経過した。これまでに、政府や福島県、市町村の各レベルにおいて復興のための施策が策定され、放射能汚染対策がなされてきたものの、そのことに関心を持ち続けてきた当事者の視点からは、様々な疑問が湧く。福島県の計画では環境回復策として「生活圏や農林地における除染の推進」が示され（福島県企画調整部復興・総合計画課2015：26-31）、市レベルの復興計画でも「徹底した放射性物質の除染による安心・安全な生活圏の確保」（伊達市 2012d：2）が謳われてきた。しかしながら、事故発生から現在に至るまで、放射性物質で汚染された地域に居住する住民は、場所によって汚染の度合いは異なるものの、土地を離れて暮らすという選択をした者以外は、無用の被曝リスクを「許容」させられて生活を続ける以外に、事実上、選択肢はなかった状況にある。そのため汚染された地域に居住する住民の中には、自分たちの「生活圏」においては、「徹底した」除染がなされぬままの環境の中で、生活を強いられていると感じている人もいる。

　被曝に対する考え方は住民間で、「受け止め方」あるいは「受け入れ方」が多様である。本来的には、「避難」「居住」のどちらの権利も認められ、どちら

を選択しても誰からも非難されない社会であるべきだ。ところが、福島第一原発の事故後の汚染に関しては、そこに存在するリスクが行政機関や電力会社から完全にあるいは積極的に示されたことはなく、その後に実施されてきた「除染」に対する人びとの感受性の違いは十分に考慮されてこなかった。そのため、住民の側から能動的な行動を起こさない限り、リスクを十分に知ることもできなければ、そのリスクに起因する脅威に対して、例えば放射線防護を念頭において事態に向き合うことも困難である。

　そればかりか、行政による除染関連事業によって、おそらくは本来的な意味とは異なる形態の説得的コミュニケーションが「リスクコミュニケーション」の名のもとに実践され、本質的な汚染のリスクから目を背けさせている可能性すらあることが、行政機関の記録から読み取れる。換言すれば、公的な事業展開のなかで、あたかも被害が「無かった」かのごとく取り扱われることにより、「無被害化」とも言える状況が生み出されてきた。このことは、「徹底した除染」という基本方針から外れている可能性があるばかりでなく、当事者の当事者性を奪う行為となり得る。

　本章は、こうした状況を踏まえて、2つの目的をもつ。1つは、前半で、原発事故による放射能汚染の被害を受けた福島県伊達市のなかでも、汚染のレベルが比較的低いとされ除染が限定的にしか実施されなかった「Ｃエリア」と呼ばれる地域における除染の行政方針が、放射能汚染被害当事者である住民の当事者性を排除し「無被害化」の方向へと向けられている状況を示す。行政の除染方針ならびに関連事業に対する住民の認識の乖離を示し、除染事業完了後の現在でも課題がなお存在することを議論したい。具体的には、伊達市が策定・実施した（1）除染エリア区分と除染方針、（2）Ｃエリア除染調査、（3）低線量地域詳細モニタリング事業について、関連資料を用いて、「住民対策」とも言える状況が発生していることを示す。

　2つ目は、本書の土台となった共同研究は核被害に関する当事者性を問うものであることから、筆者2名の当事者性を前面に出して、福島第一原発の事故とその後の伊達市の状況に対する疑問を提示することで、読者にも未来を問うことである。核被害に関する問題に対しては、住民の中にも多様な立場と感性

が混在する。本章の著者それぞれの当事者性をあらわにし、それぞれから湧き出る疑問を提示することで、核事故後に広がる問題性を世に問いたい。

(2) 筆者2人の背景

本章の筆者2名は特殊な組み合わせである。伊達市のCエリアに居住し被曝防護に対して当事者として高い関心を持ってきた島と、政治学（未来研究）を専門として太平洋諸島地域と大国との国際関係や非核の問題に向き合ってきた三田は、それぞれの思いを背負い、2013年以降、被曝防護をめぐるこれまでの状況に関し批判的に議論を交わしてきた。

島は、地域社会における住民の持つ素直な視点から生じた疑問に関し、数多くの情報公開請求を行政に対して行い、その解を得る努力を、汚染された地域に住む当事者として取り組んできた。三田は、非核憲法を持つパラオと40年以上に渡って関わり合い、世界における非核化の文脈と、チェルノブイリ原発事故後の日本社会のあり方を憂慮し続けてきた。福島第一原発事故以降は、大学教育の中で、事故後の社会分断状況を検討するための教育実践を展開してきた当事者としての視点を持つ。

著者2人の協働は、原発事故の2年後に三田が伊達市を学生とともに訪問した際に島のインタビューをしたことから始まった。それを機に、島は「市民研究者」として、本書の元となった研究会に参加することとなった。2人はそれぞれの立場や経験は異なるが、民主主義を基盤とする社会であるはずの日本において、それが原発事故によって揺さぶられることに強い関心を持ち続けてきたことを共通性として持つ。

(3) 本章での研究アプローチ

前述のとおり、本章の内容には2つの異なるものが含まれる。1つ目は、伊達市における放射能汚染被害地の除染事業が「住民対策」、すなわち本質的な問題解決ではなく住民の心情をなだめることで問題解決を図ろうとしてきたことが疑われる例として、「Cエリア除染調査」ならびに「低線量地域詳細モニタリング事業業務」の2つを取り上げ、それらに関連した行政ならびに事業者の資料、記者会見発言記録、筆者（島）による行政への照会の回答、行政が

実施したアンケート調査の回答から得ることができた視点を提供する。資料は、インターネット上で公開されている情報以外のものは、筆者が伊達市に情報開示請求を行い入手したものを参照する。

　特に「Cエリア除染調査」ならびに「低線量地域詳細モニタリング事業」の対応結果内容に関しては、住民の声が記録されていることから重要度が高い。これらは、2014年から2020年にかけて、合計30回以上に渡って情報開示請求を行いその記録を入手したものである。本来的には、調査事業の結果（住民による回答）から明らかになったアンケート回答内容の要点や共通性を抽出して解説を行うことで、有用な情報を提示することが可能となる。しかしながら、市が実施したこれらのアンケートは、回答者である住民としては行政が対策を取るために協力したものであり、研究の材料として取り扱われることには同意をしていない。また、アンケート調査結果の内容については、氏名や地域を特定しない形であっても、集団の特性として個人を特定することは不可能とは言い切れず、そこから特定の住民への第三者からの嫌がらせなどの予期せぬ結果を生む可能性が予見できる。したがって、「Cエリア除染調査」の住民の回答ならびに「低線量地域モニタリング事業」の対応結果を本章で直接的に引用・参照することは研究倫理上の問題を生むことから、本章では全体の過程を解説するにとどめ、結果を引用・参照することはあえて行わない。これは、これまで原子力に関わる問題で、それを推進する立場とは異なる態度を持つ者に対して様々なバッシングが存在してきた歴史が日本社会に根深くある（海渡 2014）という事実も重視し、筆者が判断したことである。

　2つ目として、オートエスノグラフィー的アプローチを用いて筆者自身が当事者としての経験と疑問を提示し、当事者と社会状況の相互作用の理解を進める。オートエスノグラフィーとは、研究者・筆者自らが自分のことを研究対象として、「主観的な経験を表現」する手法である（井本 2013：104）。放射能汚染という一つの事象に関しても、本章の2人の筆者それぞれが異なる経験をしている。その経験やそこから派生する感情は一般化できない多様性を含んでいる。原発事故をめぐる経験は、個人によって大きく異なる。筆者には、一人ひとりが異なる当事者性を持つのだから、誰もが発言・発信することをためらわないでほしいという思いがあり、このアプローチはそれを自ら実践したものである。

2 | 福島県伊達市「Cエリア」における 除染と課題

　伊達市は福島県の北部に位置し、2011年の福島第一原発事故により放射性物質によって汚染された地域である。同市は「警戒区域」や「計画的避難区域」、あるいは「緊急時避難準備区域」には指定されなかったものの、「特定避難勧奨地点」に指定された地域を含んでいる。特定避難勧奨地点とは、「「計画的避難区域」や「警戒区域」の外で、計画的避難区域とするほどの地域的な広がりはないものの、事故発生後1年間の積算放射線量が20ミリシーベルト (mSv) を超えると推定される地点」と定義された場所である (首相官邸 2011)。つまり伊達市は、原発事故による放射能汚染は存在するものの、特定避難勧奨地点の避難者と一部の自主避難者を除き、大多数の住民は避難せずに元の場所で生活している地域であるという特徴を持つ。

　伊達市は、市内を汚染の度合いに応じて、Aエリア、Bエリア、Cエリアという3つの区分を独自に創設した (伊達市 2012c)。Aエリアは、特定避難勧奨地点 (年間20ミリシーベルトを超える地点) を含む場所ならびに比較的線量の高い地区で、約2500世帯が対象地域に含まれる。BエリアはAエリアに隣接し、年間5mSv以上の地区で、約3700世帯が該当する。Cエリアは年間5mSv以下の地域で、約1万5600世帯が該当する (伊達市 2012c：9-10)。

　この区分創設と区分ごとの除染を進めたことによって、他の自治体と比べても除染が早期のうちに実施されたと、当時の仁志田昇司伊達市長自身が評価している (仁志田 2016)。また、「リスクコミュニケーション」が機能して除染が早く進んだとの評価もされている (藤長 2019)。

　原発事故後の福島県内の汚染地域の除染の状況と課題に関する研究は、川﨑興太によるものが包括的かつ詳細に分析されており、全体像を把握することに対して特に有用である (川﨑 2011、川﨑 2013、川﨑 2014)。本章が取り上げる伊達市のCエリアに関しては、川﨑 (2018) は、伊達市が実施したCエリア除染調査の結果から除染に関する住民の不安の存在を示すとともに、放射線防御の観点から除染という方法を採用し続けることの有用性の限界を議論している。

　藤長 (2019) は、伊達市住民のインタビューを行い、原発事故後のリスクコ

ミュニケーションにとって大切なことを検討した。その結果、放射線量など、入手を希望する情報が不足していたこと、安全と危険に関して両極端な情報に分かれていたことへの不満が住民にあったことが明らかにされた。除染については不満の声が目立つ結果も示された（藤長 2019）。この調査を踏まえ、藤長（2019）は、情報は不確かなものでも早期に公開することの重要性を主張している。

（1）被曝防護対策

　伊達市は、レベル別にエリアを策定して除染するという方針に加え、市民の被曝を抑える施策として、いち早く市内のすべての小中学校・幼稚園・保育園へのエアコン設置事業を始めるなど、多様な事業を実施した（表1を参照）。

　健康管理対策としては、外部被曝検査としてガラスバッジを全市民に配布し（伊達市 2014b：160-161）、内部被曝検査としてホールボディカウンターを導入（伊達市 2014b：162-163）した。

　また、放射能汚染関連の対策として、自家消費用農作物のモニタリング検

表1　伊達市における主な被曝対策事業

事業	出典
市内のすべての小中学校・幼稚園・保育園へのエアコン設置（2011年6月から8月の間に設置）	（伊達市 2014b：89）
給食の食材調達上の配慮ならびに給食の含有放射性物質量の測定（2011年12月から実施）	（伊達市 2014b：104-105）
Aエリアの特定避難勧奨地点のある地区の学校への通学のためのスクールバスとタクシーによる通学支援策（2011年6月開始～順次対象地区を拡大）	（伊達市 2014b：98-99）
小学生を対象とした長野県におけるサマースクール（2011年7月）	（伊達市 2014b：98-99）
小学生の一部の児童を対象に新潟県見附市へ移動授業「スタディキャンプサポート事業」（2012年度開始）	（伊達市 2014b：254-255）
屋内子ども遊び場整備事業（2012年度設置）	（伊達市 2014b：256-257）
小中学校の教職員を対象にした「放射線ワークショップ」（2011年度開始）	（伊達市 2014b：253）
学校の児童・生徒ならびに保護者を対象とした「放射線教育出前授業・講演」を実施（2012年度開始）	（伊達市 2014b：253）
放射線教育副読本の作成（2013年度9月完成）	（伊達市 2014b：252）

査（伊達市 2014b：164-166）ならびに井戸水検査（伊達市 2014b：167）を実施している。樹体洗浄などによる果樹除染といった取り組みも行われた（伊達市 2014b：174-175）。2011年に伊達市は除染支援センターを開設し（翌2012年に伊達市除染推進センターと名称変更、2013年に伊達市放射能相談センターと名称変更）（伊達市 2014b：150-155）、除染や健康相談の事業を展開した。その中には、除染HOW TO事業や放射線量測定器貸し出し事業も含まれる。2012年1月には伊達市除染支援事業協同組合を設立し、除染事業に関係する80社が加盟した（伊達市 2014b：156）。

　これらの事業により、伊達市が他市に先駆けて除染に取り組んだと国内外から注目されるようになった。

（2）リスクコミュニケーションとしての放射能対策

　こうした一連の施策は被曝から人びとを遠ざける意味合いがある一方で、行政からは「安全」「安心」というキーワードが使用されたメッセージが頻繁に発せられてきた。こうした市の除染事業や被曝対策関連事業は、実質的なリスクを低減するのではなく、リスクコミュニケーションによって人びとを不安から目をそらすようにする目的があるのではないかという疑問が生じる。

　リスクコミュニケーションとは、本来はプラスの情報もマイナスの情報も可能な限り開示し、透明で公正な形で伝えることである（木下 2008）。それを通して、住民が、放射線被曝防御を含め、的確な行動を選択することにつなげなければならない。その意味において、リスクコミュニケーションは健全な社会の構築のためには有用であるはずだ。

　しかしながら、行政機関からは「安全、安心」という側面のみがより強調され続けてきた。市の放射能対策課が発行する広報啓発資料（『だて復興再生NEWS』）の第1号（2013年4月発行）から第32号（2017年11月発行）までの記述からは、住民を安心させることが主眼に置かれ、危険回避を促す内容は限定的であったことがみてとれる。さらに市長は、「心の除染」という言葉を用いて（仁志田 2014：1）、実質的な被曝防御よりも、「怖がらない」という精神面を重視する姿勢すらみえた。教育現場では「放射線教育」が行われたが、これは安全であることを伝える教育であり、危険を前提とした被曝防護のための啓発活動や

教育ではない点を指摘する必要がある。

　こうした状況の中で、原発事故による放射能汚染地域に居住する被害当事者（住民）は、汚染と被曝に関して、どのような被害実態があり、それをどのように解釈し行動したらよいか判断しにくくなるばかりか、事故と汚染があたかも存在しなかったように感じさせられる場面に繰り返し遭遇してきた。汚染された土地の被害の問題は、いつしか個人が主観的に「気にするか」「気にしないか」という精神論上の課題であるかのごとく扱われるようになった。行政の施策は、汚染被害に対する実効性のある対策ではなく、「住民対策」へと移行し、「無被害化」が促進されているのではないかと筆者は強く懸念するようになった。それを確信させる出来事のいくつかを次節で検討する。

（3）伊達市Cエリア除染関連事業

　伊達市では周辺自治体同様に市が除染事業を遂行してきたが、他の市町村とは異なる区分を設けたことにより、汚染被害を受けた当事者が混乱を経験している。とくに、宅地除染については、Cエリアと区分された地域の大部分で除染がされなかったため、市内各地にCエリアの除染を求める立て看板やのぼりが立てられるなど、市民から懸念の声が上がった。

（4）除染エリア区分と除染方針

　伊達市は、2012年（平成24年）8月に「伊達市除染実施計画（第2版）」を策定し、宅地に関し、放射線量（毎時の空間線量から年間積算線量を算出した環境省の基準）に応じて、3つのエリアに区分した（伊達市 2012c）。

　この区分に基づき、市はAエリアならびにBエリアにおいてはいわゆる「面的除染」を実施した。それに対してCエリアでは、市による除染に先行し、住民たちが自主的に自宅敷地内を除染した。それに加えて、通学路など生活圏となる場所の除染を行う住民もいた。自主除染をする場合、市の除染推進センターが必要な道具の貸与や支給をした。市からの貸与品の中には、自宅敷地内で取り除いた土壌を一時的に保管するために、ドラム缶型のプラスチック製で円筒状の「除染太助」というものもあった。自宅敷地内に保管されていた土壌は、2014年3月までに市が回収した。

図1 伊達市放射能相談センターの除染太助
（2024年筆者提供）

Cエリアの全世帯を対象とした除染は、「ホットスポット」のみを除染する方式で実施された（伊達市2012c）。そのやり方は、該当する地区の住民が市から貸与を受けた線量計で計測し、地表面1cmの高さで3.0マイクロシーベルト/毎時（μSv/h）以上の値を示した場合、市が該当世帯を訪問するというものであった。敷地内の放射線量測定により汚染が確認されると、それが土壌の場合は市が一定の広さ（50cm四方）の土壌を取り除き、土壌以外の場所（雨どいや建物、木々など）の除染は行われなかった。また、地上1mの高さでの測定値が、国のガイドラインの0.23μSv/hをはるかに超える値であったとしても、除染対象とはされなかった[1]。同様に、雨どいや屋根などに高線量が確認されてもそれらは除染の対象とはならなかった。つまり、地表面以外に汚染された場所があったとしてもそれは放置されたままとなった。いわゆる面的な除染もされなかった[2]。

このように市によるホットスポットの除染は進められたものの、包括的な方法を用いた除染ではなかったことから、全世帯数のうち約7割を占めるCエリアの住民から除染に関して不安の声があがった。その例として、市長と市民が対話したときの記録では、ある住民は「Bエリアの上保原では、0.5μSv/hでも全面除染をしているのに、私の自宅の庭は0.5μSv/hあっても除染してもらえない。なぜしてもらえないのか？ 同じ税金ではないのか？ いつまで待たせるのか？」と懸念を表明している（和田2014）。

また伊達市議会議員は、一般質問の中で、Cエリアの除染方針に関して質問した。「除染についてよくわかっていない高齢者をつかまえて『除染しなくてもだいじょうぶ』だと説得しているのではないか？ 職員が何人も家に訪問し、『この数値だったら安全だから、除染する必要はない』と言われてしまえば、『不

安だからそれでも除染してほしい』と反論できる市民は、なかなかいないのではないか？」といった疑問が提示された（伊達市2014a）。

除染を巡って、住民側の論理では理解しえないことが数多く起きている。除染にかかる費用は予算化すれば国から支払われ

図2　除染中の土壌が置かれた
　　Ｃエリア内にある公園（写真 筆者撮影）

るにもかかわらず、住民や議会から要望があっても市は「科学的に安全」だという主張を繰り返し、市独自の除染基準を変更せず、対応はしなかった。Ｃエリアのみ地表面1cmで毎時3μSvを基準とする根拠を筆者が尋ねても、担当課職員は答えなかった。地域での説明会では、除染問題に関する市政アドバイザーは、「Ｃエリアの汚染は健康に影響はなく面的な除染は無意味」（福島民友2014）であり、除染を進めることで電気料金への転嫁や税負担が上がるとの主張を展開した。被害者であるはずの住民があたかも加害者になるかのような言葉をなげかけられるということも発生した。このように、放射能汚染に対する受容度の違いによる住民間の分断が生じた。

(5) エリア除染調査

Ｃエリアは年間5mSv以下の放射線量に収まる地域と推定されている地域で、除染に関しては前述の通りＡエリアやＢエリアで採用された面的除染ではなく一定の線量以上の場所を部分的に除去する「ホットスポット除染」が実施された。しかしこの方針に関して、住民から「ホットスポット除去」のみでは不安であるなどとの声が寄せられたことで、市は新たな対応に迫られた。

そこで、Ｃエリア住民を対象とし、どのような放射能対策を望むのかを調査する「Ｃエリアフォローアップ調査（以下、Ｃエリア除染調査）」が実施されることとなった。この調査は、伊達市放射能対策課が実施母体となり、民間の委託

業者がその実施を請負い、2014年1月17日に、宛名なしでCエリア地域の全戸に郵送できる地域指定郵便によって調査票が市長名で発送された。調査の回答期日は、同年2月10日までで、記入した調査票を郵便ポストに投函する方式で回収した。調査票には、(1)Cエリア除染対策への態度(回答選択肢1：安心、2：どちらかと言えば安心、3：どちらかと言えば不安、4：不安)、(2)さらなる対応の希望有無、(3)さらなる対応を希望する場合その内容(自由回答)、(4)放射能に関して不安に思うことの有無(自由回答)、(5)今後の放射能対策で希望することの有無(自由回答)となっている(伊達市 2014d)。Cエリアの全対象世帯数1万6262のうち、回答があったのが4750世帯であり、回収率は約29%（伊達市放射能対策課 2014）にすぎなかった。

　市の集計結果によると、Cエリア除染対策への態度(安心か不安か)については、29.7%が安心と答え、不安と回答した者が68.0%に上った(伊達市放射能対策課 2014)。

　この調査の結果の全貌は、伊達市が保管する調査票を分析することによって解明できる。開示請求をして入手した個別の調査票を確認したところ、周囲との不平等感、健康への不安、子どもたちの将来への心配が多数書き綴られていたことを確認した。なかにはアンケート用紙だけでは足りず、数枚の紙に不安や伊達市政への異議、今後の対応への疑念、世界の「被ばく」の歴史や健康被害についても記述した住民もいた。その一方で、市長へのねぎらいや、選挙への激励や当選後のお祝いの言葉などが書かれていたものもあった。

　この調査では、放射能対策で希望する内容についても明らかにされている。対策を希望する3283名のうち、「除染」が最も多く1499名(45.7%)、「モニタリング」が360名(11.0%)、「健康対策」が249名(7.6%)、「賠償」が162名(4.9%)、「食品・風評被害対策」が116名(3.5%)、「その他」が897名(27.3%)となっている(伊達市放射能対策課 2014)。このように、回答者の多くは賠償を求めるわけではなく、除染による原状回復を望んでいたと考えられる。

　しかしながらこのCエリア除染調査については疑問が残る。アンケートの実施方法が、個人や世帯宛てとせず地域指定配達で郵送したため、宛名のない郵便物を重要性がないと判断して破棄したり回答しなかった住民がいたであろうことが推測できる。実際に、回答率は29%と非常に低い。この調査方法の問

題性については、伊達市議会でも取り上げられた（伊達市 2014a）。

（6）低線量地域詳細モニタリング事業

　伊達市のＣエリア除染調査に回答した4864世帯のうち、懸念が示された世帯への対応をするために、伊達市放射能相談センターが事業主体になり「低線量地域詳細モニタリング事業」（通称「フォローアップ除染」）が、2014年6月から2015年3月の期間に実施された。同事業は伊達市が企画し、事業の実施自体は民間業者に委託された。この事業の業務内容は、「放射線量の測定による線量確認」と「不安解消のための個別訪問」とされている（伊達市 2014c）ように、除染や被曝防御対策が主要目的にはなっていなかった。

　具体的な実施方法としては、「低線量地域詳細モニタリング事業仕様書」（伊達市 2014c：2）によれば、受託業者は、以下の手順でこの事業を遂行することが定められた。

①住宅等の除染を希望する世帯を個別訪問する
②これまでの線量測定や除染活動の経緯と、除染についての説明をする
③各住宅における放射線量の測定を実施する（以下、省略）
④公的施設の除染を希望する世帯は電話によるご意見のヒアリングを実施し、個別訪問する
⑤除染以外の放射能対策を希望する世帯には、電話によるアドバイスを基本とするが、必要に応じて個別訪問する
⑥「訪問レポート」の記載内容に基づいて、データベースを入力・更新する
　説明に対する理解、線量測定を実施の場合は結果などを「訪問レポート」に記載の上、除染に対する不安解消に納得された経緯、若しくは必要な追加措置等の理由を記入

　この仕様書からは、モニタリング事業は、リスクコミュニケーションという手法を用いて、不安を抱える人びとに対し、市が考える「正しい」放射線・放射能の知識を伝え、不安を解消させることが目的となっていると読み取ることができ、ここは住民側の感情や希望と乖離する。

こうした方針のもとで事業が遂行された結果として、電話対応で完了したケースが1423件、戸別訪問を実施して完了したものが1850件、イレギュラー（納得させられなかったケース）と分類されたものが150件であった（株式会社電通2015a）。訪問した中で、除染センターに引継がれた件数が99件で、そのうち除染を実施したものが94件あった（株式会社電通2015b）。

　フォローアップ除染は、Ｃエリア除染調査の段階で不安を表明した住民の側からすると、被害状況を軽減させる措置が取られると期待したものの、多くの事例で、電話や戸別訪問によりＣエリア除染基準の周知が再び徹底されることにとどまっていた。追加的除染が実際に行われたケースはわずか94件であり、それは全体の中では少数であった。

　低線量地域詳細モニタリング事業に関しては受託業者が作成した業務計画書には業務の詳細な実施方法と対応の方法が記載されている。また個別の訪問の結果を記した個別対応記録には、どのように対応を完了したのかが記されている。しかしながら、本章では、これらの内容を直接公開することはしない。なぜなら業務計画書の公表をすることは、受託業者の業務実施技術を公開することとなり、当該企業の利益を損ねる可能性があるからである。

　また、個別対応記録の内容を本章で詳細に公表することは、現時点では住民のプライバシー保護の観点から好ましくないと判断している。しかしながら、個別対応記録からはＣエリアにも相当程度の汚染が存在していたことも読み取れる。また、Ｃエリア除染調査で回答した約29％の世帯の中だけでも、例えば毎時のマイクロシーベルト数が2桁となる（ともに地表面での計測と思われる）といった場所が存在していることもわかる。半減期が2年のセシウム134の減衰や自然環境中での放射性物質の移動により放射線量が減じる分を加味しても、現在でも無視しえないレベルの放射線の影響が残っている世帯が存在していることになる。

　本来であれば、これらの情報は原子力災害発生時の行政組織の対応のために即座に活用されるべきであった。また、行政に加えて市民団体やジャーナリストによって知見が整理され、実質的な人権・生活圏保護をする観点から活用されるべきであった。個別訪問の結果を調査依頼者である市が今からでも分析・公開することで、Ｃエリアの住民が抱えている問題に市として対応することが

可能となる。

　もう一つ指摘しておくべき問題として、市は根本的な放射能汚染の状況把握を十分にしていなかったことである。なぜならば、そもそもCエリア調査該当世帯のうち約71％が無回答であったがそれに対して市は何も対応をしなかったからである。つまりCエリア地域の多くの世帯に対して調査をしなかったことになり、そこに仮に高濃度の汚染が存在していたとしても対応されずに放置されていることとなる。

　この事業はCエリア除染に関する調査に返信があった世帯（不安・不満・懸念を能動的に表明した世帯）のみに対して実施されるものであり、Cエリアにおけるすべての汚染地域を除染することに結びつけることを目的としていない。これは被曝や除染に対しての事実上の「クレーム対応」であり、将来に向けたビジョンや一定の基準に基づいた放射線防護のための実効ある対策ではなかった。つまり、アンケートの回答から見えてくる住民の不安と要望とは初めからかけ離れた目的と内容を持つ性質の事業であったと指摘できる。

3 ｜ 当事者としての筆者の視点

　本章が特に原発事故並びに放射能汚染に関して筆者自身の当事者性を対象としていることから、この節では、筆者2人の当事者性を前面に出し、それぞれの持つ視点と疑問を提示する。当事者性意識と現代的事象を自己の視点で結び付けて検討することにより、現時点における出来事の記録として蓄積しておくべきと考える。この書を手にした読者の皆さんにも、ここで2人の著者がそれぞれ抱いている疑問についてどう感じるか考えていただけると幸いである。

（1）長年原発事故を憂慮し続けてきた当事者　三田

原発への疑念

　三田は中学生の約2年間を太平洋の島国パラオで生活した経験を持つ。パラオは19世紀後半から、合計4か国から植民地支配を受け、第二次世界大戦後は米国に統治されながらも脱植民地化の過程をたどった。パラオの人びとは1979年に独自の憲法を制定し、1981年からは自治政府の運営を始めた。その憲法には核兵器や化学兵器、原子力発電を禁じる条文が含まれ、「非核憲法」

として世界から注目を浴びてきた。パラオの人びとが核を拒絶するには理由があった。一つには、広島と長崎に落とされた原爆のことをよく知っていたからだ。原爆が使用された当時、日本はパラオの宗主国であり、その日本が直面した事態をよく理解していた。もう一つはマーシャル諸島における核実験を身近に感じたからだ。マーシャル諸島とパラオは同じミクロネシア地域にあるだけでなく、それぞれの自治政府が運営されるまでの期間は、米国の信託統治領として同一の政治的区域にあった。そのため、パラオの人びとにとって、マーシャル諸島の人びとの健康被害や居住地の問題は他人事ではなかった。広島・長崎とマーシャル諸島の出来事によって、パラオの人びとにとって核兵器に対する高い当事者性を持ち合わせていたことが、自国が独立する準備をするための憲法制定においては譲れない部分となった。

　三田がパラオで生活した80年代半ばは、パラオの人びとは国を二分させながらも国づくりに注力していた時代であった。三田はまだ中学生であったが、パラオが非核憲法をめぐって米国との関係性をどのように構築していくのか模索する状況を見ていたことから、日本の原爆の経験や原子力発電に関心を持つようになった。帰国後しばらくして、三田は旧ソ連のウクライナでチェルノブイリ原発が事故を起こしたというニュースに触れる。しかもそこから漏れた放射性物質が雨で日本にも降下すると報道されていた。1986年の大型連休のある日、三田は友人とサイクリングに出て、帰り道に1時間ほどその放射性物質が含まれていると言われた雨を浴びてしまう。無防備にその雨に打たれ続けたことに子どもながら恐怖を覚え、帰宅後には1時間以上シャワーを浴びて体を洗い流した。その必要性や、やり方は誰からも習わなかったが、それが本能的に取った行動であった。この経験を境に、三田はパラオでは憲法で禁じている原発の存在にも大きな疑問を持つようになった。日本の原子炉は壊れないのか、事故が起きた時に住民は避難ができるのか、処理しきれない放射性廃棄物を長期的にどのように管理するのか、ウラン鉱石採掘者や原発作業員の被曝対策はどうなっているのか。疑問は絶え間なく湧き出てきた。こうした疑問を追究するために、三田は高校生の仲間たちと原発問題に関する勉強会を何度も開き、複数の学校で文化祭展示を作成し、電力会社に質問するなどして、同世代とともにこの問題を深く考え続けた。しかしその後、当時の原子力専門家やマスメ

ディアは、「あのような事故はソ連だから起きた。技術力の高い日本では起きない」「原発は地震にも耐えられる」「飛行機が落ちてきても大丈夫」と、あたかも他人事のように扱うとともに安全性のみが主張されていたことを三田はよく記憶している。そういった風潮の中で、原発に懐疑的な人たちも、「日本でも原発事故が起きない限り原子力は推進される」と、なかば諦めるような悲観的な態度を示す程度にとどまり、積極的な反対はしてこない時代を経験した。

それから20数年間、幸い壊滅的な事故もないままに時が経過していたが、2011年3月11日、突然の東日本の大地震によって発電所への送電設備が倒壊し電源供給を絶たれた福島第一原発は、津波によって非常用電源装置さえも使用できず、冷却する手段を失い、その日のうちにメルトダウン（炉心溶融）が起きてしまった。同日深夜には、放射性物質が漏洩しているというニュースに触れながら、いよいよ日本も旧ソ連のように覚悟を決めなければならないときが来たのかと、三田は危機意識を高めていた。福島県内や東京周辺の友人からは、「避難すべきか」という相談が複数入った。情報が限定的で断片的であり事態の把握がしにくい以上、安全策を取ることが命と健康を守ることにつながるということを三田は説明し、福島県内に居住していた友人は子どもを連れて新潟県に避難した。東京の友人は仕事や学校を理由に避難には至らなかったが、強い危機感を三田に表明していた。人びとの選択は困難を極めた。それは、政府や電力会社からは放射能汚染の実態がありのままに公開されなかったためである。情報がつかみにくいまま、三田は、外国政府や在日米軍の動向から事態の深刻さを察知し、警戒を強めた。祖国日本でシビアアクシデント（過酷事故）が起きてしまったことで、自分たちの置かれている危険性を考えて行動しなければならないと思うと同時に、日本の有権者・納税者として、外国に対して深刻な核事故を起こしたことをどのように説明し責任を取るべきなのか悩み苦しんだ。

被害者か加害者か

日本における原発事故を目の当たりにし、三田自身は、被害者・加害者のどちらの当事者でもあると考えるようになった。被害当事者である理由は、原発事故により今でも無用な被曝を強いられたり、放射線防御のための余計なコストを払わせられたり、将来の事故に備えた対策を強いられているからである。以前と同様には暮らすことができなくなってしまったのだ。三田は親が東北と

北関東出身で、自らも長年東京、千葉、神奈川で暮らした経験がある。そのため、故郷や懐かしい場所、家族や友人が暮らす場所で次々に汚染の実態が明らかにされていくことに、悔しさと怒りの感情が沸き上がった。

　同時に、加害当事者でもあると考える理由は、原発政策が推進されてきた国の有権者であり納税者であったからに他ならない。しかも原子力発電の負の側面をあれほど理解し反対運動までしていたにもかかわらず、この国の政治の暴走あるいは政治的無関心層の拡大を止められなかった責任の一端を担うと考えたからだ。

　被害当事者としては、誰もが無用な被曝を心配せずに暮らせる社会の実現を強く思う。加害当事者としては、将来に渡って被曝被害者を出したくない、また、農業や漁業ができなくなるような環境を増やしたいとは思わない。さらには、外国の人びとに影響を及ぼすことへのうしろめたさを三田は感じた。

教育実践

　原発事故が起きた当時、三田は、大阪大学で教員として勤務していた。2011年、担当していた授業では原発事故のことは特に取り上げないままでいた。しかし年度の後半になると、原発事故の問題は健康被害や環境破壊にとどまらず、共生社会を揺さぶる問題であると感じるようになっていた。そんなとき、多文化共生に関する授業を受講していた留学生が、日本の原発事故と放射能汚染について強く懸念を持っていることを授業中に語りだした。その学生の発言とその後の対話は大きな転機となり、それ以降、授業の中で原発事故と社会的分断に関して取り上げ、学生に討議させる機会を設けるようにした。原発の問題とは、原子力工学や医学を専門にもつ者だけが扱うべきものではなく、社会的な側面の議論をする必要性を感じ、三田自身も教育の現場においてこの問題を扱うべき当事者であると考えるようになった。それからは、学生を連れて、福島県内で放射能汚染された地域にフィールドワークにも出かけた。三田が島と出会ったのはその時である。さらには、原子力工学を専門とする教員と合同で授業を開発し、福井県の原発銀座を訪問するフィールドワークも行った。原発推進派と反対派の双方の当事者の声を聴くことから、大阪と福井の関係性を直視し、未来を検討する内容であった。福島の川俣高校の生徒を大阪大学に招聘し、大学院生とのワークショップも企画した。教育に携わる仕事の中で、原発事故の

問題の当事者には電力消費地の住民を含めて、この国に住む者全員が該当すると強く思うようになった。

* * *

こうした経験を踏まえ、日本における原発事故とその後の状況に関し、現在、三田は数々の疑問を持っている。それらの中から根源的な問題として以下の3点を示す。

疑問1　政策が無用の被曝を受けさせないことに向かないのはなぜか

不幸にして原発事故が起き放射能汚染が広がってしまったいま、それ自体はもとに戻すことは不可能である。しかし、そこから人間が受ける被曝をできるだけ少なくすることは可能である。汚染の状況に関する情報公開・情報提供をし、無用の被曝を避けるための施策を前面に出せばよい。しかしながら、原発事故当初から今に至るまで、情報は十分に提供されず、あるいは隠蔽され、安全性のみが不当に強調されてきた。本章で示した伊達市の状況はその典型的な例である。本来、どこの住民であれ一切被曝する必要はないのだから、多少でも汚染が存在するのであれば、それは可視化し、人が近づかないようにすべきである。食品であれば摂取しないようにすべきではないのか。そのためのコストは、過酷事故を起こしてしまった責任として社会が負うことは必要なことである。風評被害という言葉が頻繁に使われる。これは、本来は被害がないところに被害が及ぶことを指す言葉だが、原発事故の文脈では放射能汚染の被害があるところに対して使われている。被害があるのであれば、出荷や販売は停止し、その代わり生産者や流通関係者には補償を充実させるべきではないのか。

疑問2　多様性をなぜ認めないのか

核と放射能汚染に関し、当事者には、どれほどの汚染を許容するか否かという考え方やそのための行動の指向には多様性が存在する。放射能汚染との共存に対して一定の許容を示す者もいれば、無用の被曝をできるだけ避けようとする者もいる。政策によって、一つの志向を持つ人のみへの対策が施策として実現されて、その陰で別の選択をしようとする人が排除されることは暴力に他ならない。汚染された土地で生活することを拒否して避難・移転する人もいる。

逆に避難や転居の必要性を感じない人もいる。あるいは、避難・転居したくて
も仕事や財産を放棄することは困難なため、そのような行動を容易に選択でき
ない人もいる。政治とは、異なる状況にある多様な国民の声を受け止め、政策
に反映させていくことである。一つの主義や一つの政党の志向のみによって政
策を決定するのではなく多様性を反映させるよう努力しなければならない。政
権党は、野党と敵対するのではなく、政権党だけでは気が付かない視点や多様
な当事者の立場を学ぶ姿勢を持つべきだ。そうすることで、一つの問題に対し
て複数の内容から成る政策を実現させて、多様な当事者の状況に応じた支援を
するべきであろう。

疑問3　国家としての最低限の義務である国民の命と財産を守ることができていない

　国家とは、国民の生命と財産を守ることがその最大の使命である。しかしな
がら、原発事故後の対応をみる限り、政府も自治体もそのことを至上命題とし
て国民を十分に保護してきたとは感じられない。むしろ、事故の責任を回避し、
汚染と危険性を明示せず（目を向けさせず）、補償の規模を小さくすることを目
指しているのではないかとの疑念を抱く。これは国家が国民に対して向き合う
姿勢として本来あるべき姿とは正反対のものであり、とどのつまり、国家の存
在意義は何なのかを問いたい。国家はその構成員である国民の命と財産を守る
ことに全力をかけて尽力するべきではないのか。原発を推進する政府とそれを
容認してきた国民は、過酷事故を起こした以上、対策と処理のための増税も受
け入れることも致し方ない。ただし、その前提として、同様のことが起きるこ
とがないようその対策に政府や関連企業、国民を含めた様々なアクターが最大
限に取り組むことが不可欠である。

（2）被曝問題に立ち向かう当事者　島

絶望へ

　3.11直後の混乱している状況下で「本当に危険ならば、ここは日本なのだか
ら助けてくれるだろう」と思っていた人も多かったのではないか。島もその一
人である。

　しかし、原発事故で放射能汚染の現状把握もされていない状況の中、農作物
への風評被害への懸念が行政機関からも表明され、「放射線を正しく怖がろう」

という広報が政府から出され始めたとき、何とも言えない不安と情報への不信感が出てきた。

　政府から出される情報は国民を不安にさせないような表現で、当たり障りのないものになりがちだということは理解していたが、徐々にそれがそのまま「事実」としてまかり通り、さらに公式なものとして記録されていく様をみて、「これでいいのか悪いのか」と疑問をもった。しかし、初めての危機的状況の体験で、「なにが正しいのか、なにをどこに、どうやって訴えていけばいいのか」全くわからず、無力感にさいなまれた。

　市井でも「本当はこの場所は危険だが、避難すべき人の人数が多すぎて、受け入れる場所も方法もないからこのままにされているらしい」と噂されていた。たしかに物理的に考えても、福島県民の約200万人規模の人の移動は想像ができなかった。その時点で多くの人が同様に避難をあきらめたに違いない。そのことと、放射能に汚染され、すでに被曝したことを重ねた時に、島は子どもたちの未来を思い絶望的な気持ちになった。

　そう感じた理由は、原発事故によって初期被曝をしてしまったことよりも、このような政治的な方針を日本政府が透明性をもって決めているのではなく、この国を動かしている一部の人たちの判断で決定されているのではないかと直感してしまったからだ。私たちは切り捨てられたのだという絶望だった。

希望に向けて

　思い起こせば、政府は事故直後から放射能汚染を小さく見せようとしていたのではないだろうか。そうすることが「被災地のため、被災者のため」だというような雰囲気さえ出ていた。このような状況のなか、放射能汚染の実態や健康被害への不安を口にすることは、放射能汚染の影響がある場所に住む人びとが、「暮らしと経済を守ろうとする人」と「命と健康を守ろうとする人」とに分断させられていくことにつながりかねなかった。そのため多くの人びとは、身近な誰かを傷つけることになるので声を出せなくなった。これこそ本末転倒である。そのような矛盾しか生まれない環境の中で、島は放射能問題に向き合ってきた。

　はじめの情報収集は、自らの不安と疑問の解消、そして現状を確認するためであった。そこに「とりあえずやってみよう！」という島独自の強い好奇心が重なった。そして、知れば知るほど先が見えなくなることばかりだった。しか

し、逆境の中で、繋がっていく人との信頼関係を作っていくことで、自分の社会的な存在意義を考えるようになり、島のなかで、絶望から希望へと意識が変わっていった。

　島は、小さいときから好奇心が強く、興味があることは自分で調べたいと思うタイプであった。そのため、震災後さまざまな専門家やジャーナリストが訪ねてきたことは島にとって大変刺激になった。ある日、島のところに放射能の汚染と健康影響についてテレビ局が取材に来た。テレビ局のディレクターが、いきなり「すいませんでした。今まで伝えなくてはいけないことを（テレビでは）伝えてきませんでした。これからはちゃんと頑張りますのでよろしくお願いします」と謝罪したのだ。その後、島は放射能汚染と健康被害の実情を伝えた。テレビ局も何度も取材に訪れ映像を撮り続けた。放送の度に、直前まで、ディレクターとテレビ局の上層部とで、放映の是非について揉めていたようだ。最終的には、一部を除いてほとんど放送されなかった。法が犯されることなど、放送で取り上げられるべきことがあっても、何らかの「忖度」があったのか、報道されないという現実があった。

　国家をあげて計画された福島復興への大きな流れは、福島の放射能汚染と被曝を見ずに進められる「まやかしの復興」と言える。

科学と政治の関係

　伊達市では、まるで政府の動きに連動する、あるいは先行するかのような事業が行われた。2011年7月から、個人外部被曝積算線量計（ガラスバッジ）が子どもと妊婦に首から下げるストラップとともに配布された。翌年、全市民が対象となった。ガラスバッジは、外部被曝線量を個人ごとに把握することで安心を得ることを目的としたものであった。しかし、これは正確に測定されるはずもなく、被曝の過小評価に使われる

図3　市から開示された2万5000枚の文書

のではないかという抵抗感を島は強く持ち信用していなかった。そのため島は、一度もガラスバッジを首から下げて外を歩いたことがない。ほかの人が首から下げて歩いていることもほとんど見たことがなかった。正しい装着方法すら指導されず、管理もされていないまま、想定されたとおりに人びとがガラスバッジを正しく持ち歩いていなかったことは、伊達市民の多くが知っていたことである。このことはガラスバッジの"データ"そのものの信ぴょう性の問題として大変重大であると、当事者として強く感じた。

当時、島は、市の担当者にそのことについて話をしている。実態を確認するために、まず装着状況のアンケートをとった方がよいのではないかと提案をしていたくらいだ。島が最も心配したのは、この信ぴょう性のないデータが、「科学的」根拠にされ何か重大なことの判断材料にされては困ると思ったからだ。しかし、この心配は後にさらに拡大された形で現実のものとなっていった。

そのガラスバッジの粗雑なデータで論文が書かれていたのだ[3]。このことに気づいたのは、物理学者である黒川眞一とこの「研究」対象の一人となった当事者である島である。2人は、その論文に関連する行政の情報を開示請求することによって、行政文書で裏付けしながら、その論文の非科学性の検証を行った。その結果、論文そのものからは見えてこなかった、公文書偽造、データ改ざんとねつ造の疑いなどが発見され、「科学的」と思われてきた研究の実態をあぶり出した事件となった。その検証は今も続いている。

黒川と出会うまでの島は、科学や学問というものは過去のことを議論するもので、今を変えることは期待できないと思っていた。しかし、この論文検証をしたことで、今を変えるため、明日を変えるための科学になっていった。

ところが島たちがこの論文の問題を行政に働きかけても、行政の動きは鈍かったのも事実だ。そこで伊達市議会議員である高橋一由がこの問題を議会で質問したことで報道され、行政による取り扱いが一気に変わった。市民の代表である議員と議会の真価を知ることとなった。

市民「citizen」になろう

原発事故の1年前、島は子どもたちが通う小学校で起きた学級の問題に直面した際に、子どもを学校に預ける当事者（保護者）として、児童と教師、学校の管理職、行政組織と対話を続ける中で、問題の解決に向けてどこにどのように

働きかければ事態を変えられるのかを体験していた。当事者が声をあげないと、組織は問題に気が付かないばかりか、問題の解決に向けて動くことも難しい。これは、島が以前働いていた電気メーカーの相談窓口での経験から学んだことでもある。消費者からのクレームは単なる「苦情」ではない。問題に直面した当事者である消費者の声は、「もっと良くなってほしい」というファンからのあたたかい言葉なのである。

　原発事故が起きたにもかかわらず、被害の当事者である一般市民は直面している問題に対して声を出しにくい。その原因の一つは、被害の中身を知らないということが大きいのではないだろうか。専門性が高く普段から接することのなかった分野である原子力や放射能の問題について原発事故前に学ぶ機会がなかったことは、原発立地県の住民としてそもそも問題であった。

　島が、原発事故が起きて初めて知った放射能のリスクは「確率的影響」という、なんとも理不尽なものだった。しかし、放射線を浴びることで細胞死が起こることは「確定的影響」なのである。「確率の問題」と言われたところで、安心し納得できるものではなかった。放射能から自分や家族の体を守ることは大事である。国が国民の命を守ることを最優先する方針で動いていることを期待したいが、現在までの状況はそうはみえない。

　一般的に、政治不信の原因は説明不足だといわれることが多い。しかしながら、原発事故後の政府からの「丁寧な説明」とは、当事者の声を聞くということではなく、すでに決まっていることを「説明」といいながら「説得」していくという場面が多々みられた。これはまさに、伊達市で行われたリスクコミュニケーション事業、別名「心の除染」そのものだ。それは、除染しなくても放射線の正しい知識さえあれば住民の不安は取り除けるというものだ。つまり除染は個人被曝には影響がないのだから、「放射線を過剰に危険に思い、不安に思う気持ちを持つことが問題である」という前提に立った考え方だ。

　「心の除染」として行われたリスクコミュニケーションが実践されてきたことは、膨大な情報開示請求で得た資料からも裏付けされている。島のおこなってきた情報開示請求は、一人でもできる方法である。それは住民としての知る権利の行使であり、れっきとした政治参加の一つのやり方だった。

　島の目標は、一人ひとりが本来の意味での「市民」（citizenすなわち市の住民

という意味ではなく、民主主義社会の成員としての市民）となり、自らが考えて動ける環境を作っていくことである。ジャーナリストの林勝彦から、当事者自らがこの問題ある状況を報じることを勧められ、島は、動画を制作しネットで公開している。さらに、市政を監視する場にいることが必要であると決断し、選挙にでて当選し市議会議員となった。

＊　＊　＊

島にとって原発事故の経験は、これからどんな意思を持って生きていくか、そして人間社会そのものの在り方を見直すきっかけとなった。この厳しい社会で生き抜いていくために以下の3つの疑問を提示するので、読者の皆さんにも一緒に考えてほしい。

疑問1　政府は被曝リスクを当事者に伝えているか

原発事故からの復興として行われてきた事業や仕組みは、権力者側からの、経済優先で考えられた介入、干渉、支援の疑いがあると感じる。権力者側が当事者に情報を提供するやり方は、あたかも被害者の利益のためだとしながらも、権力者側に都合のよい国家優先・経済優先の「結論ありき」の誘導ではないか。健康被害に関する検査や避難、除染などに関する説明の場面では、被曝のリスクと生活・経済の保持の比較を迫られてきた。特に、国や自治体は「風評被害」を払拭することが主たる目的となっている。そのため「リスクとベネフィット」という評価方法が提示されてきた。そのため、当事者自らが、被曝リスクを受容することを選択しているかのようにも見える。しかし、本来被曝のリスクはできるだけ小さくすることは当然である。実際には被曝をしているのだから、そのリスクはありのまま伝えるべきである。そのためには、汚染の実態の把握をしなければならないが、それが不十分であることが大きな問題である。事故が起きる前は、放射線被曝は避けるべきこととして厳しく管理されてきたが、事故後はそれを放棄し、ダブルスタンダードのもとで無用の被曝を受容させられていることは正しいのか。

疑問2　社会的構造システムの欠陥を乗り越えるにはどうすればよいのか

この間に経験してきた被曝の問題において、日本では科学的な根拠に基づい

て方針や対応が決定されるのではなく、別の論理で動いているのではないかと感じる。一つには、「政、官、業だけでなく、学界、メディアまで「なれ合い」が跋扈する世界なのである」と政策研究大学院大学名誉教授である黒川清の調査研究で報告されているように、「原子力ムラ」の利権を求める構造が大きく影響している (黒川 2021)。さらには、今回の日本政府の原発事故への対応は、米国が行ってきた核実験や核事故への対応に共通するものがある。核実験後に、汚染地を除染した後に住民を帰還させたマーシャル諸島でのやり方とも重複する。これは、日本の米国への従属的関係と無関係ではないように見える。

　さらに、より身近なところでは、行政における縦割りシステムや、行政担当者の短い期間での人事異動がある中で、誰もが自分は責任を負わない「事なかれ主義」や「前例主義」になりがちなのではないだろうか。このことを許しているのは、市民が政治や行政に関心が薄いことにも関係しているのではないか。この状況を変えるためには、自分たちの生活はすべて政治によって変わることを認識する必要がある。まずは市民一人ひとりが、市民の代表で構成されている議会に意識を向けることで問題に気づくことができ、そこから変革のための行動につなげることができるのではないだろうか。

疑問3　当事者の役割とはなにか

　福島原発事故で、自らを、被曝者であると認めている人はどれくらいいるだろうか。放射能汚染地に暮らし、被曝者として、問題の解決に向けて行動できている人はあまり見受けられない。声をあげる人がほとんどいないことから、表立って人びとがどのように思っているのかは実際のところはよくわからない。汚染や被曝はわかりにくい。そのため、当事者性を獲得することは簡単ではない。

　汚染の実態が明らかにされず12年が過ぎたことで、被曝者であるということを言えない状況に置かれているのではないだろうか。あるいは正常性バイアスによって、被曝という不都合な事実から目を背けることになっているのではないだろうか。

　島自身も被曝の事実がある。島は放射能汚染を知るために測定したり情報を探索する行動を取ってきたことで、汚染や被曝の実態を知り、今後の被害の可能性を想像することができた。そのため、自らを、被曝の当事者であることを認めざるを得ない。この間、専門家から学ぶとともに対話を続け、実際に起き

ている健康被害に関しても関心を持って調べてきた。

　島のところにも研究者が年に何回か来て調査研究をしてきたが、それだけでは事故被害地の実態は完全にはつかめない。しかしその地に暮らす当事者であれば、健康や環境に関する違和感に気がつくこともできる。そのため、住民自らが主体的にこの問題を解明していく姿勢と実践が重要である。そして、当事者の経験を共有し問題の解決に向けた動きを作るには、市民と研究者、ジャーナリスト、政治家らとの連帯・協働が必要になる。当事者から発信される情報や主張は現実に起こっていることであり、日本の原発事故で起きていることは世界の核被害の縮図でもある。だからこそ、当事者である市民一人ひとりに声をあげてほしい。そしてその声を世界に聞いてほしい。その声は十人十色だ。被曝や汚染がまだら模様に現れる中で、そこにある多様性を知ってもらうことは当事者の役割のひとつではないだろうか。

4 ｜ おわりに

　以上のように、本章では、前半で「Cエリア除染調査」ならびに「低線量地域詳細モニタリング事業」がその地に住む当事者の感覚から乖離していることを示した。後半では、異なった当事者である筆者2人の経験と視点を共有した。

　本章で扱った伊達市の事業では、多様な感性を持つ住民の中でも、不安を持つ被害当事者である住民の希望や利益が最大限には反映されず、被害の実態も明らかにされていないことを確認した。伊達市が設定したCエリアにおいては、汚染や住民の不安・不満があるにもかかわらず、実際には多くの場所では除染はされず、むしろ、住民の不安をコミュニケーションによって解消するという施策が取られ、このことで汚染問題の「解決」が図られようとしてきた。安全・安心をキーワードに被曝問題を終結させる方針が採られた。

　今回は、伊達市のCエリアについて状況をみてきたが、ここで論じた根本的な状況については、伊達市に限られたことではなく、国内の多くの地域で共通している可能性がある。伊達市は、当時の情勢と知見からみれば、限界がある中でむしろ積極的な対応を取った場面もあった。迅速な除染のために必要な方法であったという評価も、ある意味妥当であろう。自治体の面的除染の除染達成度は、伊達市の情報によれば2017年に100％除染完了となっている（伊達市

2017)。しかしながら、これをもって汚染地域に居住する住民の希望がかなえられたわけではない。また、実質的な除染が完了したわけでもない。

伊達市の方針と対応は、当事者の意見に耳を傾けるという姿勢に乏しく、説得とリスクコミュニケーションによる住民対策が事実上の放射能対策となってしまっていることを示している。ここでは被害当事者である住民が、市の一方的な方針のもと、その多様な被害者としての価値観が封じられている。つまり、伊達市における放射能汚染対策は放射能汚染被害地の当事者性が排除され、被害が被害と認められない方向で扱われていると言える。

放射性物質は市内全域に降下し存在している。放射性物質はその核種によっては相当に長い年月をもってしても半減期すら迎えないという特質を持つ。自然に減衰する核種の存在によって総被曝線量は減少するが、長期にわたって汚染と同居した生活を強いられることの根本的解決には至らず、したがって、住民は無用の被曝を受け続けることになる。

こうした状況の中で、本来であれば、無用の被曝を可能な限り小さく抑える方策や住民への助言が行政によって実行されることで、また、住民もそうした行動変容を受容することで被曝線量を小さくできるはずだ。その結果、健康への脅威も可能な限り少なくしていけるが、除染に対する行政の対応にはその視点は薄い。

筆者の島と三田は、もともとは互いに接点がないところで暮らしていた。原発事故がなければ2人が交差することはなかっただろう。筆者2人が暮らす場所は違っていたが、原発事故に起因する問題への関心を持つ当事者として行動したことで、たまたま関係性が構築された。2人の問題意識や当事者性への意識は重なる部分も多い。本章ではたった2人の経験と問題意識を共有したにすぎないが、原発事故をめぐる当事者性は、この社会を構成する人びとすべてにあるはずだ。

＊　＊　＊

核汚染事故は様々な問題を引き起こすが、避難するかしないか、基準を許容するかしないかなど、それらの選択への志向は多様である。住民の責任が及ば

ないところで事故の被害者となったのであるから、住民には移住や除染を受ける権利が保障されなければならないはずである。しかし伊達市の事例は、行政側の一方的な都合に合わせること以外の選択肢は事実上なく、しかもそれらの性質を表に出すことなく事業を推進し、被害が隠される、あるいはあえて見せない方向で市の施策が進められてきた。多様な価値観を排除し、一つの方針や価値観に集約させようとすることは、暴力に他ならない。

　日本で核事故が起きた今、「低線量被曝」という問題に世界中が注目する中で、住民は、匂いもなく見えもしない放射能汚染地域で生活することを余儀なくされている。本来、放射線防御とは、ALARA (as low as reasonably achievable = 合理的に達成可能な限り低く) の原則を用いて、汚染地の危険性を明示しながら、可能な限り被曝を少なくすることで住民を守らなければならないはずである。リスクと共存しながら生活するためには、長期間居住する住民に対して、言葉による安心を植え付けるのではなく、実質的な防護行動を最大限にするよう対応を取る必要がある。

　このような状況がなぜ生まれたのか、その原因については必ずしも本章では明らかにできていない。日本社会が、あるいはグローバル社会がどれだけ当事者性を感じ、何を求めているのか、筆者としては大きな関心を持つ。この問題を今後どのように扱い何を明らかにしていくべきなのかは、世界規模の原発事故を経験した地球上の市民すべてが当事者として関心を持つべきであり、また、決定権があるはずだ。

　本章に触れた読者を含む社会の成員が、自分たちの社会の問題に対して、危機を回避し、望ましい未来を手に入れようとすることは自然なことである。放射性物質の飛散による放射線被害に関し、地球上で当事者でない人はいない。本章で取り上げた伊達市の事例は、日本の一つの場所の経験に限定されるが、核に関する問題を取り巻く状況には一種の普遍性や共通性が存在するのではないだろうか。それは、核というものが、権力者あるいは既存のシステム自体が何かを隠蔽し、騙し、分断を生み、暴力をも生むことと無関係でない。人間が生きる社会にこのようなものは存在してはならない。本書の他の章で扱っているように、マーシャル諸島、フランス領ポリネシア、広島、長崎など、どの現場においても類似の構造が根を張る。つまり、歴史的にも繰り返されてきたグ

ローバルな課題である。世界中の隠蔽の被害者、分断の被害者、暴力の被害者が、異なる当事者性を露わにして連帯して解決に臨むべきことではないだろうか。

【注】

1. 高さ1mで高い値が計測された場合、屋根や雨どい、周辺の木々などが汚染されている可能性があり、これらは実際には被曝源となり得る。

2. 伊達市のA・Bエリアならびに近隣の福島市などでは、より実効性のある面的な除染がされた。

3. 問題のある当該論文（通称：「宮崎・早野論文」）と島らによる論文検証に関しての情報は、岩波書店（2024）を参照してほしい。

【参考文献】

井本由紀 2013「オートエスノグラフィー」藤田結子・北村文編『現代エスノグラフィー　新しいフィールドワークの理論と実践』新曜社、104–111頁。

岩波書店 2024「ゆがむ被曝評価」『科学』https://www.iwanami.co.jp/kagaku/hibakuhyoka.html（最終閲覧日：2024年6月2日）。

伊達市 2012a『健康管理対策について』定例会見平成24年3月2日資料2-2 https://www.city.fukushima-date.lg.jp/uploaded/attachment/3547.pdf（最終閲覧日：2024年10月19日）。

伊達市 2012b『伊達っこのびのびステイ事業』定例会見平成24年3月2日資料2-5 https://www.city.fukushima-date.lg.jp/uploaded/attachment/3532.pdf（最終閲覧日：2024年10月19日）。

伊達市 2012c『伊達市除染実施計画（第2版）』伊達市。

伊達市 2012d『伊達市復興ビジョン』伊達市、https://www.city.fukushima-date.lg.jp/uploaded/attachment/3789.pdf（最終閲覧日：2024年10月19日）。

伊達市 2014a「伊達市議会平成26年9月定例会（第6回）09月12日-04号」https://ssp.kaigiroku.net/tenant/datecity/SpMinuteView.html?power_user=false&tenant_id=199&council_id=55&schedule_id=5&view_years=20142020.9.19（最終閲覧日：2024年10月19日）。

伊達市 2014b『東日本大震災・原発事故　伊達市3年の記録』伊達市。

伊達市 2014c『低線量地域詳細事後モニタリング事業業務委託特記仕様書』（伊達市委託契約書番号2014000225）伊達市。

伊達市 2014d『Cエリア除染調査票』伊達市放射能対策課作成資料。

伊達市放射能対策課 2014『だて復興・再生NEWS』13号、伊達市。

伊達市 2017『伊達市の除染実施状況』伊達市。

海渡雄一2014『反原発へのいやがらせ全記録——原子力ムラの品性を嗤う』明石書店。

株式会社電通 2015a『業務委託番号：2014000225　件名：低線量地域詳細モニタリング事業業

務委託　終了区分別個別対応記録集計表』。

株式会社電通 2015b『業務委託番号：2014000225　件名：低線量地域詳細モニタリング事業業務委託　センター引継ぎ対応表』。

川﨑興太 2011「福島第一原子力発電所事故から2年半後の記録」『都市計画論文集』49（2）、186–197頁。

川﨑興太 2013「福島県における市町村主体の除染計画・活動の実態と課題──福島第一原子力発電所事故の最初期の記録」『都市計画論文集』48巻2号、135–146頁。

川﨑興太 2014「福島県における市町村主体の除染の実態と課題──福島第一原子力発電所事故から2年半後の記録」『都市計画論文集』49巻2号、186–197頁。

川﨑興太 2018「第3章　除染の計画と問題点」『福島の除染と復興』丸善出版、104–116頁。

環境省 2021「除染情報サイト　放射性物質汚染対処特措法の概要」http://josen.env.go.jp/about/tokusohou/summary.html（最終閲覧日：2024年10月19日）。

木下冨雄 2008「【解説論文】リスク・コミュニケーション再考──統合的リスク・コミュニケーションの構築に向けて（1）」日本リスク研究学会誌 18（2）、3–22頁。

黒川清 2021「原発事故から学ばない日本…「規制の虜」を許す社会構造とマインドセット」調査研究 讀賣新聞オンライン（3月8日）https://www.yomiuri.co.jp/choken/kijironko/ckpolitics/20210305-OYT8T50041/（最終閲覧日：2024年10月19日）。

首相官邸 2011「特定避難勧奨地点について」　首相官邸防災対策ページ　政府の地震情報・生活支援【東日本大震災への対応】https://www.kantei.go.jp/saigai/faq/20110701genpatsu_faq.html（最終閲覧日：2024年10月19日）。

仁志田昇司 2014「ホットスポット除染で3マイクロは高いのでは……」『だて復興・再生ニュース』第11号、伊達市放射能対策課。

仁志田昇司 2016「福島第一原発事故後、5年が経過して」『保健物理』51（4）、207–208頁。

福島県企画調整部復興・総合計画課 2015『福島県復興計画（第3次）』福島県。

福島民友 2014「原発災害復興の影　6　取り除く “安心の追求”揺れる行政　追加除染、市長選で方針転換」2014年2月4日、https://www.minyu-net.com/osusume/daisinsai/serial/fukkou-kage/140204/news.html（最終閲覧日：2021年11月5日）。

藤長愛一郎 2019「福島原発事故後の住民とのリスクコミュニケーションに大切なこと」『安全工学』58巻6号、400–405頁。

和田秀子 2014「2014年9月24日（その2）伊達市がＣエリアの除染をめぐり、住民と話し合い『市長はウソをついたんですか？ 公約どおりに、Ｃエリアの全面除染を！』と、住民からの声」『ママレボ　Mom's Revolution ママの愛は世界を変える』、http://momsrevo.blogspot.com/2014/09/c-c_24.html（最終閲覧日：2024年10月19日）。

第**5**章

何についての当事者か

フランス領ポリネシア核実験の元前進基地ハオにみる当事者性

桑原 牧子

1 | H家にて

　ハオ環礁（Hao、本章では「ハオ」とする）のカトリック教会助祭Hの家族は、教会活動に沿って日々の生活を送る。Hの家族は、妻V、夫婦の養女、その子の実親で夫婦の息子夫婦とその娘、もう一人の息子夫婦と3人の子どもたち、Vの兄夫婦と娘たちからなる。教会活動には、Vの兄夫婦とHの従妹夫婦とその孫たちが加わる。平日夕方6時に教会もしくは信者宅にて祈禱が始まり、7時頃に終了し、家に戻り夕食を取る。日曜礼拝は2部制であり、第1部は一般向け、第2部は近隣の環礁からハオに来て寮生活をおくりながら学ぶ中学生向けに行う。学校が午前中で終わる水曜日には、Vと彼女の従妹や義理の娘たちが幼稚園児と小学生向けにカテキズム（カトリック教会の教義についての教育）を行う。Vは、このように教会活動ができるのも親族の結束が固いからだという。

　本研究に着手した当初、筆者はハオ調査の取っ掛かりを摑もうとタヒチ在住の友人Gを頼った。タヒチでは2014年にカトリック教会聖職者を幹部に持つ反核団体アソシアシオン193（Association 193）が発足し教区を基盤に支持を固め、しだいに教派を超えてフランス領ポリネシア全域に拡大した。カトリック教徒のGは聖職者ではないものの教会活動を積極的に行い、反核団体アソシアシオン193発足当初からメンバーとしてピレエ地区を担当していた。Gはハオ出身

の妻を持つ教会活動仲間を介して彼の妻の親族であるHを筆者に紹介してくれ、H宅は筆者のハオの調査での滞在先になった。

　ハオにはプロテスタント、モルモン、コミュニティ・オブ・クライスト（サニト）の教会もあるが、ツアモツ諸島の他の環礁同様にカトリック教徒が多い。しかし、ソサエティ諸島のみならずマルケサス諸島やガンビエ諸島にまで活動を延ばしたアソシアシオン193（Association 193）はカトリック教会を持つハオに支部を置いていない。調査はじめにHにアソシアシオン193について尋ねると、Hは、自分は公務員（助祭は兼業）であるので政治運動とは距離を置く必要があると答えた。しかし、Hのみならず職業が何であれ、ハオの人びとの多くはアソシアシオン193にほとんど加わっていなかった。Gを含め、タヒチの人びとはハオの人びとが反戦運動と距離を置くのを「政治的」と説明した。筆者もいつしか、

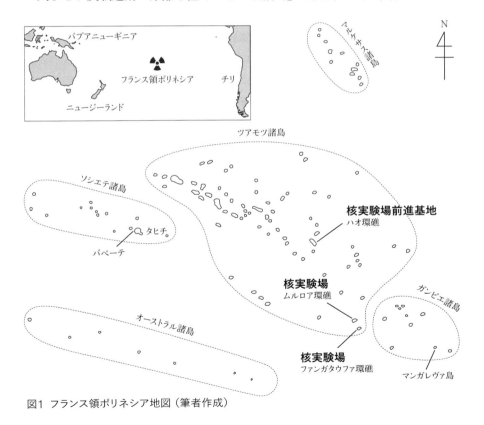

図1　フランス領ポリネシア地図（筆者作成）

ハオの人びととアソシアシオン193の話はしなくなった。

　フランスは、1966年から1996年にかけてフランス領ポリネシアのツアモツ諸島（The Tuamotu Archipelago）ムルロア（Moruroa）環礁（以下「ムルロア」）とファンガタウファ（Fangataufa）環礁（以下「ファンガタウファ」とする）において193回にわたり大気圏内および地下核実験を行った（図1）。核実験開始時からフランス領ポリネシアの人びとは放射線被ばくは危険だという認識をもってはいたが、具体的にどのような被害が生じうるかの説明を受けてはこなかった。フランス領ポリネシアの人びとから核実験への抗議はことさら1970年から1974年にかけてあったものの、停止にはつながらないまま、核実験は30年間にわたって実施された。しかし、1996年には世界的な抗議運動に触発されてタヒチでは大規模な反核暴動が勃発し、フランスの核実験は終了した。その後は定期的に反核デモがフランスへの賠償を要望しながら行われ、とりわけタヒチでは、各団体の啓蒙活動が活発になりメディア報道が増えるなか、人びとが以前より放射線被ばくによる健康・環境被害に意識を向けはじめ、核実験の影響について語りやすい状況になった。

　ツアモツ諸島のハオ環礁は実験地ムルロアとファンガタウファに近く、核実験期は前進基地であった。フランス領ポリネシアの中では環境的にも社会的にも核実験の影響を最も受けてきた環礁の1つである。タヒチにおいて反核運動が盛んになり放射能被害や賠償について人びとが公に語り始めたのを受けて、実験地に近いハオの人びとが同様に反核運動を起こし、核実験への批判を表明しても不思議ではないのだが、上述の通り、現状は異なる。

　核実験が最後に実施された1996年から20年以上経ったいま、ハオでは、核実験の影響についての認識がタヒチとは異なるのみならず、核実験による経済的恩恵を受けた世代とその子供たちである世代との間にあっても相違がみられる。核実験の影響は「健康被害」という枠内に収まりきらないことを踏まえ、本章は「核実験との関わりの違い」をハオの人びとを「当事者」と括れるかどうかを含めて考えていく。関礼子は、当事者を「『である』存在だけでなく、『になる』生成の主体」と捉え（関 2018b）、天田城介は「その出来事・事柄に直接関係している人びと」という「当事者」の辞書的な定義に対し、「『当事者であること』が切実に問われる場がいかなる社会的仕掛けのもとにあるか」を解明す

るべきとする（天田 2010：122）。本章では、両者の述べる当事者性の生成と社会的仕掛けを念頭に置きながら、何についての当事者であり、誰が誰を当事者と定めるのかを問う。ハオの人びとの被害と距離をおく立場性が、核をめぐるグローバルな政治的動向、フランス領ポリネシアのネオコロニアルな状況、ハオの社会構成、自然環境および経済開発などの社会的仕掛けにあることを明らかにし、その上でハオの人びとを当事者とみなす視座をも問う。

2 ｜ 核実験による被害と影響と「当事者性」

　まずは「当事者性」の議論を整理し、ハオの人びとをフランス領ポリネシアの核実験の当事者として論じることについて検討していきたい。「当事者」は日常的に、また、人文・社会科学でも広義には「その事または事件に直接関係をもつ人」（広辞苑）の意味で使われる。また、法学では民事訴訟における「当事者」の使用があり、「問題に主体として関わる人」とある。狭義においては、社会学の当事者研究に依る。当事者研究は日本の障害者の自立生活運動から始まり、対象を広げて議論を重ねてきた（中西・上野 2003）。自立生活運動では、障害者が介護施設での生活から脱し自立した生活を送る上で何が必要かを限定し、そのニーズを充当する過程において身体的状態および問題を生じさせる環境要因を最も理解する「当事者」として発言し、行動することを促す。その背景には、医師をはじめとする専門家の見解を重視し、障害者を治療や介護を施される人たちとして「弱者」にする、従来の専門家・支援者を優位に患者・被支援者を劣位に置く構図を批判し、その反転を図る。

　ハオの人びとのみならずフランス領ポリネシアの人びとの口から「当事者」という言葉が発せられることはない。タヒチ語とツアモツ語には「当事者」に該当する語はなく、フランス領ポリネシアでは「核実験の放射能汚染を被った人」には「被害者（victime）」が使われる。では、「被害者」と「当事者」はどのように異なるのであろうか。

　フランス領ポリネシアの核実験による被害者は時を経て該当者を増加させていったが、それは核実験の「被害」が一律には捉えられないことに起因する。核実験施設就労中の被ばく、大気圏内実験中に飛散した放射性物質による被ばく、放射性物質が降り注いだ海水や土壌から得た水産物や農産物を食しての被

ばく、被ばく者の子孫への影響、実験施設設置を起因とする経済的社会的変化による影響など、これら全てが「核実験による影響」となりうる。このうち「被害」とされるのがどれに該当するかは、損害賠償の範囲を定める過程のなかで策定される。被害は、自らの核実験地との地理的距離、核実験時との時間的距離、また、放射性物質の影響を受けての直接的被害か核実験に伴う社会的影響を受けての間接的被害か、内部被ばくか外部被ばくか、被害を受けたのは本人かその家族かそれ以外の関係の人かなどによって異なる様相をみせ、「被害者」とされる人びとの経験も異なる。

　当事者研究の中心に位置づけられてきた社会的弱者とされる人びとと、事故や犯罪や天災に遭った人びと、そして本章で論じる核実験から影響を受けた人びととでは、それぞれのニーズ／必要性の質が異なるだろう。例えば、放射能被ばく被害直後の状況にある人にとって必要性が何であるかを問う以前に（被害直後ではそのような余裕もないなか）、被った損害・損失を無に帰することができない事実を突き付けられる。とりわけ移住を強いられた場合は生活の変化は著しい（関 2018a；中原 2012）。彼らが求めるのは被害前の安全と生活の回復であろうが、たとえ安全と元の生活に近い状態を物理的に取り戻せても、身体と精神に損害を受けた後ではそれ以前と同様の生活を送れるとはかぎらない。また多くの人びとにとって身体的・精神的・物理的損失を乗り切ることは決してたやすくない。また、たとえ被害直後の必要性がある程度満たされたとしても、年齢を重ねてからの病気の発生や子供・孫への遺伝的障害の発生など、被害を受けてから時間が経過したところで発生する被害に対して異なる必要性が生じる場合もある。さらに、ニーズや必要性といった具体的になんらかの対応を挙げることができる範疇の外にある問題を抱えることが実際は多いのであろう。

　核実験による放射能汚染の「被害者」は「当事者」と重なる状況もある。被害者認定や損害賠償申請において国や専門家により「被害者」と名付けられ、弱者として支援や賠償を施される客体であり受動的な立場に置かれてきた人びとが、自らを「被害者」と認定されるよう主体的に動き、必要とする支援や賠償金額を挙げ、その受給を正当化することで当事者となる（関 2018b）。法制度や専門家の見解に被害者自身が自らの見解と必要性を照らし合わせることで、被害内容と被害者を限定する過程に加わっていく。しかし、ハオの人びとには

そのような「被害者」と認定されるための主体的な動きがみられない。

　ハオの人びとは自らを「核実験による被害者」という属性に同一化せず、彼らの必要性は必ずしもフランス領ポリネシアの他地域の「被害者」の必要性とは重ならないかのようにみえる。しかし、それは彼らが核実験とは無関係に生きてきたことを意味するわけではなく、核実験から甚大な影響を受けてきた点は動かしがたい。ハオの人びとがフランス領ポリネシアの他の地域とは足並みをそろえず、「被害者」に同一化しない歴史・社会的な要因を抽出することによって、「被害者」を中心に置く核実験問題の動向や言説から彼らが排除されるのを防げないか。つまり「被害者性」を前景に出さない彼らの意向を尊重しつつ、核実験問題の射程からは彼らを疎外しない視座を取れないか。「被害」との距離の取り方・取られ方が幾通りもあるなかで、「当事者」概念とは、とりわけ賠償申請や政治運動が絡むなかで、「被害」との特定な関わり方を選ぶ主体性を広く包含するものとして捉えることができないか。本章は「被害者」として括ることでは見えてこない核実験のハオの人びとへの影響について「当事者性」を視座において考察する。

3 ｜ フランス領ポリネシアにおける フランスの核実験

（1）フランスの核実験とCEP

　フランスのフランス領ポリネシアにおける核実験は冷戦期の核軍拡競争とともに展開した。1940年代から1950年代にかけて米国、イギリス、旧ソビエト連邦が核実験を実施し、1960年代以降は中国、パキスタン、インド、北朝鮮が実施した。フランスは1945年に原子力庁（Commissariat à l'énergie atomique, CEA）を設立し、植民地のアルジェリア、サハラにおいて核実験を開始した。1960年から1966年にかけてレッガーヌにおいて4回の大気圏内核実験が、イン・エッケルのタン・アフェラ山において13回の地下核実験が行われた。

　フランスは1962年のアルジェリア独立後も核実験を続けつつも、サハラに代わる新たな実験地を設置する必要に迫られた。1964年、当時の大統領シャルル・ド・ゴール（Charles de Gaulle）はフランス領ポリネシアのムルロアとファンガタウファを候補地とし、フランス領ポリネシアは2つの環礁をフランス

に譲渡した。ムルロアとファンガタウファはフランス領ポリネシアの政治経済の中心であるタヒチから1200km離れ、フランス領ポリネシア内で最も広い海域にあるツアモツ諸島の東南（南緯21.61°、西経138.74°）に位置する。

1962年9月21日に太平洋実験センター（Centre d'expérimentations de Pacifique, CEP）とCEAがムルロアとファンガタウファに、後方基地がタヒチに、前進基地がハオに建設され、フランス軍が駐屯した。ムルロアとファンガタウファはフランス領ポリネシアからフランスに譲渡され、フランスは1964年1月に核実験センター管理局（Direction des centres d'expérimentations nucléaires, DIRCEN）を設置し、その管理下において核実験を実施した。

1966年から1974年にかけてフランスはムルロアとファンガタウファにおいて46回（ムルロアにて41回、ファンガタウファにて5回）の大気圏内核実験を行った。1968年には初の水爆実験を行った。1970年以降、大気圏内核実験はオーストラリア、ニュージーランド、フィジー、南米といった近隣国を中心に国際社会から激しい抗議を受け、国際司法裁判所はフランスに実験を停止するよう要請した。1973年6月23日には、ポウヴァナア・ア・オオパ（Pouvanaa a Oopa）とフランシス・サンフォード（Francis Sanford）の先導のもと、両者を支持する市民がパペーテにて実験の反対を訴えるデモ行進を行った。

このような反核デモや国際的な抗議を受け、当時のフランス大統領ヴァレリー・ジスカール・デスタン（Valery Giscard D'Estaing）は1974年7月17日の実験をもって大気圏内核実験を停止し、1975年以降は地下実験に切り替えて核実験を続行することを決定した。

フランスは1975年から1996年にかけて計147回（ムルロアにて137回、ファンガタウファにて10回）の地下核実験を行った。1989年の冷戦終結後、ソ連と米国による核実験の停止を受け、1992年にフランソワ・ミッテラン（François Mitterrand）が核実験停止を決断した。だが、1995年にジャック・シラク（Jacques Chirac）が核実験再開を唱えると、タヒチの首都パペーテでは外国人も交えて大規模な抗議デモ行進が展開され、グリーンピース船が抗議のためにタヒチに寄港した。ついにはポリネシア人による暴動がタヒチにて勃発し、ファアア国際空港が封鎖された。1996年1月27日に最後の核実験がファンガタウファで行われ、フランス領ポリネシアにおける30年にわたる193回の核実験の

歴史に終止符が打たれた。

（2）放射能被害の認識と反核運動

　長期にわたり193回もの実験が実施されたのには2つの理由がある。フランスの海外県であるフランス領ポリネシアは自治権をもつものの、政治・経済的にフランス統括下にあり、反核運動はフランスに対抗する政治的な発言や運動として捉えられる恐れがあった。核実験の危険性について言明し、独立運動を指揮したポウヴァナア・ア・オオパの投獄という出来事が1957年に先立って起こったことにより、核実験当時起こり得た複数の反核運動が封じ込められたと、バリロは指摘する（Barrillot 2010；Barrillot 2012 Bruno Barrillot はジャーナリストで、核実験反対を訴えた活動家で、フランス領ポリネシアの核実験に関して多数の書籍を出版している）。また、CEP／CEA設置による経済的効果は大きく、その恩恵をフランス領ポリネシアの人口の大半が受けていた。核実験施設労働者は好待遇でもって雇用され、フランス軍駐屯により建築業、運搬業、農業など多くの産業が潤うなかで、人びとは放射線被ばくによる健康被害についての不安を表明しづらい状況に置かれた。しかし、21世紀に入り、世界各地での放射線被ばくの研究が進むなか、フランス領ポリネシアの核実験による環境汚染と健康被害が問題視され、フランス領ポリネシア内でも被害に対する損害賠償申請の必要性が問われ始めた（Beaudeau 2002）。

　このような背景のもとにタヒチでは被害者支援への取り組みが開始した。2001年にプロテスタント・マオヒ教会（Église protestante ma'ohi）とNGOヒティ・タウ（Hiti–Tau）の後援によってムルロア・エ・タタウ（Moruroa e Tatau）が設立し、現在に至るまで核実験施設元労働者の賠償申請を支援してきた。ムルロア・エ・タタウは核実験施設の元労働者737人にアンケートおよび聞き取り調査を行い、その結果をMoruroa e Tatatu（『ムルロアと私たち』）と題した書籍を出版した（Barrillot, Bruno and Heinui Le Caill 2011；Vries and Seur 1997）。2010年には放射線被ばく者への賠償を定めるムラン法（loi Morin）が制定され、実験施設の元労働者が損害賠償請求を開始した。2014年には、冒頭でも言及したアソシアシオン193が核実験による健康と自然環境への影響はフランス領ポリネシア全域にわたると言明し、フランス本国に対してガン患者への損害賠

償を請求した。タヒチ島を中心にフランス領ポリネシアでは、放射能被ばく被害の当事者性が被害者支援団体・反核団体の活動を伴いながら、フランス人元軍人からポリネシア人元核実験施設労働者へ、さらにはフランス領ポリネシア住民へと拡大していった。上記2団体は、それぞれプロテスタント教会およびカトリック教会の活動とは一線を画することを強調する。しかし、ムルロア・エ・タタウのオフィスはパオファイのプロテスタント教会オフィス内にあり、幹部に教会聖職者を擁する。アソシアシオン193の創設者兼代表はオーグスト神父であり、冒頭で述べたように設立当初はカトリック教会教区を基盤に活動を展開していた。人のつながりは、親族や、職場など、各自複数の帰属集団をもとに築かれるが、なかでも教会を通したつながりは、フランス領ポリネシアの人びとが関係を築く上で、各々の信仰の度合いや家族・親族の教派などにより異なるものの、決して軽視できない。他方で、上述した通り、このようなフランス領ポリネシアに広がる反核運動や損害賠償請求への動きは、カトリック信仰が強く、実験地に近いハオではみられない。その理由を考えるためにも、以下ではハオの人びとが核実験期をどのように生き、現在、自らの置かれる状況をいかに捉えているかをみていく。

4 │ ツアモツ諸島ハオにみられる核実験の影響

(1) ハオ環礁

ハオはタヒチから900km、ムルロア・ファンガタウファから450km離れた東ツアモツに位置し、長さ50km、幅14kmになる環状であり、北に位置するカキ水路(le passe Kaki)が外洋と環礁内の礁湖をつなぐ。フランス領ポリネシアでは4番目に大きな環礁であり、東ツアモツの行政、教育の中心としての役割を担う。2019年現在、環礁の

図2 オテパ村（筆者撮影）

北東部に位置するオテパ村（Otepa、図2）には村役場、郵便局、診療所、小学校、中学校、カトリック、プロテスタント、モルモン、コミュニティ・オブ・クライストの教会、商店があり、多くの島民は村内やその周辺に住む。主要産業はコプラ産業と漁業である。2017年度国勢調査によると人口は1275人である（Institut de la statistique de la Polynésie française 2000）。中学校には周辺の環礁から生徒が集まり、中学校教員はフランスから4年を任期に派遣され、国家憲兵隊（gendarmerie）は周辺の環礁を併任しながら駐屯する。加えて、CEP期に就労を目的にハオに移住し、実験後もそのまま環礁に残ったフランス人や他諸島出身のポリネシア人も暮らす。ハオ以外の出身者の多くが混合するだけでなく、人の出入りが頻繁にある社会である。

(2) 前進基地設置による人口移動と経済の活性化

　核実験開始後、ハオの人口は数においても構成においても劇的に変化した。1962年には194人であった人口は1996年には1412人（Morschel 2013：64）に増加した。駐留するフランス人軍関係者の人口は2500人から3000人であり、ピーク時は4000人にまで膨らんだ（L'ECPAD 1993）。フランス人軍関係者と外国人部隊に加え、フランス領ポリネシア各地から農業や漁業に携わっていたポリネシア人がCEPとCEA関連の職を求めてハオに移住した。ハオのみならず、ムルロア、ファンガタウファの実験施設の求人には、役場や教会が募ったり、タヒチにある下請け会社が労働者たちに赴任を命じたりして応じた。

　男性対象の職種としては運転手、港湾労働者などがあり、男女対象としては清掃、調理、給仕の職があり、学位や資格保持者であれば、事務職、技術職、建築や水道や電気関連の職に就けた。事務職や専門職は清掃などの肉体労働より給料が高いなど、職種での違いはあったが、月に18万から20万パシフィック・フランの給与が支給され、ほぼ全職において当時としては賃金が高く設定されていた。雇用形態はCEPとCEAへの直接雇用と下請け会社による雇用があり、それぞれ給与や社会保障が異なった。

　環礁での従来の生業や工芸制作はCEP・CEA関連の仕事に完全に置き替えられたわけではなかった。核実験以前からコプラ産業に従事していた住民のなかにはCEP・CEA関連の仕事に加えて自らのモツ（motu、小島）でコプラ生産

を続ける者もいた。核実験以前、ハオの家屋は石をセメントで固めた高床式家屋が主流であったが、基地設置後はタヒチから輸送された建材を使って木製の家が建てられるようになった。しかし、ココヤシの葉編みであるニアウ（niau）で屋根を葺くファレ・ニアウ（fare niau）は軍関係者たちに好まれたため、これを編んで稼ぐ人もいた。軍関係者の着任・離任時に贈られる貝のネックレスやパンダナス製の帽子の需要も高く、女性工芸職人たちにとってよい稼ぎになった。

　フランス軍関係者と外国人部隊向けの食事はハオで調理されたが、食材は毎日タヒチから空輸された。ハオの礁湖や外海で捕獲された魚は彼らの食材にはならず、漁業は現金収入を得られる職ではなかった。地元の魚を食することは禁止されたが、ポリネシア人は食べていた。シガテラ（魚毒）被害はツアモツ諸島全域にわたって核実験以前にもあったとの記録はあるが（Emory 1975：42）、核実験期に増えたと語る人が多い。他の諸島からのポリネシア人労働者がハオにおいてシガテラが多い魚の知識を持たずに捕獲した魚を食べたことで罹った可能性もある。

　大型船舶の寄港のために十分な深度をもつ港が複数建設された。飛行場近くの港は軍関係の船専用であり、村役場近くの港は民間の船専用であった。貨物船はヴァイヘレ（Vaihere）とクラオラ（Kuraora）の2隻が毎月、タヒチから環礁に食品や生活物資を届け、環礁からはコプラを積んでタヒチへ戻った。タヒチと結ぶ飛行機便は日曜日を除き毎日あった。CEP・CEA関連の労働者およびその家族は保険料を自己負担すればタヒチへの航空運賃は無料であったため、週末に買い物などの目的で気軽にタヒチに遊びに出かけた。

　当時を知る人びとの口に必ず上るのは核実験期の生活の豊かさである。道路、水道、電気等のインフラストラクチャーが整えられ、飲料水と電気は環礁の住民に無料で提供された。フランス人軍関係者やフランス領ポリネシア各地から来た労働者用の住居が建設された。病院は当時最新の医療機器を備え、現在ハオにある診療所では不可能な手術や出産も当時は行われていた。映画館もあり、子どもから年寄りまで映画鑑賞に毎晩出かけた。レストランに加え、バーも数軒あり、軍関係者のみならずポリネシア人もウイスキーを飲んで、踊って、楽しんでいた。

5 │ 核実験後のハオの地域再生

　ハオの人びとは放射能汚染について全面的に口を閉ざしているわけではない。診療所で働くBはメディアを通して放射能汚染に対する不安について発言してきた。乳がんを発症して手術を終えたばかりのSは、筆者に放射能汚染および核実験施設の廃棄物汚染とそれに対する不安について夫とともに長時間にわたって語った。H家の人びとも、筆者がはじめてハオを訪れた時は廃棄物が埋められている地域、土壌のバイオレメディエーションを行っている区画を車で案内してくれた。ハオにはガンを発症しタヒチで入院中の核実験施設の元労働者がいることや、フランス領ポリネシアの他の島々と同様に甲状腺ガン患者も多い。しかし、問題視されてきたのは放射能汚染よりむしろ核施設の廃棄物汚染であった。

　2016年、ルイ・マラルデ研究所(L'Institut Louis Malardé)と保健局(La Direction de la santé)はハオの工業廃棄物汚染による健康への影響を調査した。比較のために同じツアモツ諸島マケモ環礁の住民(対象者は12歳以上、最低5年居住していること)にも調査を実施し、2017年に結果を発表した。筆者がハオ調査していた2017年11月、ハオではルイ・マラルデ研究所による住民向け調査結果説明会が行われた。フランス人中学校教員と村役場関係者が数名出席していたが、ポリネシア人住民の姿はほとんどなかった。健康状態に問題があるとの診断結果が出た場合はすぐに当該者に通知されており、環礁単位での包括的な分析にはさほど関心がないようであった。

(1) CEP後の再生事業

　ハオのCEP・CEA関連施設の解体作業と廃棄物の撤去作業は、2006年にフランス国防省が決定し、2009年からの7年間の計画で国防省予算として70億パシフィック・フランが充当された(Barrillot 2012：234-235；Haut-commissariat de la République en PF 2009：8)。ムルロア・ファンガタウファのCEP・CEA施設は1998年に解体されたが、ハオでは2000年までフランス軍が駐留していたため、2001年から地上と海域における汚染地域の除染とともに、金属製と被金属製の施設廃棄物の撤去や処理、大型設備の解体が行われた。

図3 バイオレメディエーション処理下にある
　　汚染土壌(筆者撮影)

ハオに設置されていたCEP・CEA関連の建造物、軍隊関係者の住居などの解体作業も行われたが、元来の土地の持ち主が引き続き居住を希望した家屋は解体されずに残された。

　フランス軍が解体・撤去作業全般を担当し、高さのある建築物解体やアスベストと炭化水素の取り扱いについてはそれを専門とする民間企業が担当した。鉄くずは圧縮して、再利用のために海外に送られた。21万7000トンの土壌の汚染が確認され、PCB (Poly Chlorinated Biphenyl ポリ塩化ビフェニル)とHAP (hydrocarbure aromatique polycyclique 多環芳香族炭化水素)が検出された。重油による汚染土壌はバイオレメディエーションによる処理下に置かれた(図3)。解体撤去を主とする普及作業は核実験以前の状態に環礁を戻すことを目的とはせず、環礁の生活維持や開発計画に役立つ施設、例えば空港の滑走路などは残された(Haut-commissariat de la République en PF 2009：12)。

　複数のフランス国内および国際機関が放射能汚染の調査をハオで実施した。それらの調査では、放射能レベルは一部の区域を除きほぼ正常との結果であった。大気圏内実験時に、放射性物質を採集するためにキノコ雲内に航空機ヴォートゥー(Vautour)を飛ばしていた。航空機はハオにて洗浄していたために、その洗浄地において高い放射線数値が検出された。アスベストと鉛の汚染、また、炭化水素とPCBの汚染があることも指摘された(Morschel 2013：65)。アスベストに関しては、養魚場プロジェクトの施設建築が開始した後、2018年8月にも問題として上がっていた。

(2) 黒真珠養殖と養魚場プロジェクト

　核実験終了後、ハオの人びとはCEP経済に代わる産業を模索した。そこで浮上したのが黒真珠養殖であった。黒真珠養殖はハオに限らず、ツアモツ諸島の他の環礁、ガンビエ諸島および、ソサエティ諸島の一部において1970年代

第Ⅱ部
第5章 何についての当事者か

からフランス領ポリネシアの主要産業の一つとして発展した。ハオには1980年代から2000年にかけて27カ所の黒真珠養殖場があった。ハオにおいても黒真珠養殖業は景気が良く、年収約600万から700万パシフィック・フランの収益を上げていた。例えば、冒頭で紹介したHは80年代から12年間にわたりモツ（小島）で黒真珠養殖を営み、年間2万個の真珠母貝を養殖していた。真珠養殖は手間がかかる。疾病予防のために1カ月に1度は母貝を洗浄し、核入れ作業は3週間集中して行った。日本人の核入れ技師数名を雇い、彼らは1日に300個の核を入れていた。核実験期はCEP・CEA関連の仕事に従事する人たちはオテパ村で暮らしていたが、実験終了後は多くの人びとが黒真珠養殖に参入しモツで生活するようになった。Hらはモツで野菜やスイカも栽培し販売していた。3カ月あればスイカは出荷できるまでに成長したという。しかし、1991年に黒真珠の価格が下落し始め (Haoatai and Monypenny 2011：2)、Hを含む多くの養殖業者が養殖場を畳んだ。黒真珠養殖に代わる産業として、漁業と水産加工、農業およびコプラの開発に着手したが、大きな収益を得られる産業には発展しなかった (Haut-commissariat de la République en PF 2009)。

黒真珠養殖撤退後に浮上した産業開発が中国資本の養魚場プロジェクトである[1]。2014年、王成 (Wang Cheng) を代表とする天瑞國際投資有限公司 (Tian Rui International Investment Ltd) はTahiti Nui Ocean Foodsと命名した養魚場プロジェクトを立ち上げた。プロジェクト立案当初はハオと同じツアモツ諸島にあるマケモ (Makemo) 環礁が養魚場候補地としてあがっていた。しかし、関連設備の搬入や加工品の輸出には大型貨物船や航空機が使われるため、マケモでは大規模な空港や湾港の建設が必要であったために新たな費用がかかる。ハオであれば核実験期に建設された空港や湾港が利用できることから、最終的にはハオへの誘致が決定した。養

図4　養魚場予定地（筆者撮影）

殖予定の魚種はマラ、トヌ、ハプウ[2]であり、年間5万トンの魚を2800個のケージで養殖し、加工後、中国に輸出する計画である。飛行場と軍用の港付近、以前のCEP兵站が設置されていた環礁北部の32ヘクタールの国有地を養魚場プロジェクトに充てる計画であったが、国有地のみでは賄えず、私有地も買収し充当した（図4）。

　養魚場では陸地に孵化場を建設し、そこで魚卵を孵化させ水槽で稚魚を育てる。稚魚が成長したら環礁内に設置したケージに移し養殖する。成長した魚を商品加工し、輸出の準備もそこで行う。王成は、「ハオの養魚場プロジェクトは持続可能な開発の枠組みと過程を踏んで実施する」と宣言する（Tahiti Infos 2017）。

　ハオの人びとは養魚場プロジェクトに対して期待と不安のどちらも抱く。ハオの人びとからの期待は養魚場およびその設置に伴う経済的効果に向けられる。養魚場は地元住民の雇用を生み、さらに、人口が増加することで経済が活性化され、様々な産業での雇用が見込まれる。若者は、現状ではタヒチの大学で学士取得後にハオに戻っても、短期雇用の中学校寮の監視員などの仕事にしか就けないことから、養魚場設置による雇用状況改善に大きな期待を寄せる。王成は、プロジェクトでは建設段階で約400人、初期始動段階で約250人、軌道に乗ってからは約200人の養魚家を雇用すると発表している。それも、養魚場全雇用の9割は、地元ハオから雇用すると言う（Tahiti Infos 2018）。しかし、地元からの雇用を優先するとはいうものの、有資格の若者に特定するとも付け加えている（La Dépeche de Tahiti 2015）。

　養魚場プロジェクトへのハオの人びとの不安は、年間5万トンもの魚の養殖に伴い、養魚場で使用される大量の化学物質と餌料による礁湖内の汚染に向けられる。汚染への危惧はプロジェクト計画当初からあがっており、2015年には、開発のための調査研究所（L'Institut de recherche pour le développement, IRD）の研究所長、ジャン＝フランソワ・シルヴァンは「このような活動の環境への影響は十分に壊滅的な被害になりうる」と警告する（Tahiti Infos 2015）。これに対して、王成は魚が食べ残した餌料は礁湖内に残さず回収したのち、環礁から十分に離れた外洋に投棄すると説明する。しかし、ハオの人びとの多くはその説明に納得していない。例えば、Fは「5年ならよいけど、30年は長い。環

礁は汚染される」と確信する。日々の食卓用に魚を必要とするFは海洋側で網漁を行うので養魚場プロジェクトには影響を受けないが、それでも養魚プロジェクトには反対だ。

　ハオの人びとは、養魚場プロジェクトが社会的変化をもたらすこと、とりわけ人口構成が大きく変容する可能性を理解している。核実験期に他の諸島から就労のために移住した人びとの中には、ツアモツ人と結婚し家庭を持ち、核実験後もハオに住み続ける人が少なくなかった。自らフランス人軍関係者とツアモツ人母の子であるHは「今度は、中国人とパウモツ（ツアモツ人）の混血でいっぱいになるよ」と笑う。

　ハオの人びとは、核実験期の経済的豊かさを享受し、その後の放射能汚染と基地施設の廃棄物汚染を経験してきた。また、以前はフランス人であったが、今回は中国人という、フランス領ポリネシア外部からの人びとのハオ社会への混入も既に経験済みである。環礁の人口も既にソサエティ（Society）諸島、マルケサス（Marquesas）諸島、オーストラル（Austral）諸島、ガンビエ（Gambier）諸島とフランス領ポリネシア全域からの人びとの移住によって構成する。「人口が増えたら、警察も、国家憲兵隊も増やさなくては」とHは言うが、人口の変化により社会が変容することも想定している。

6 ｜ おわりに

　最後に、核実験の影響が間接的に若い世代の生き方に波紋のようにわたる事例として、Hの息子夫婦の話をしよう。JとTは30歳代の夫婦である。Hの長男Jがハオ出身で、Tはガンビエ諸島のマンガレヴァ（Mangareva）島リキテア出身である。中学校就学のためTがハオに滞在中にJと出会い、その後、2人は結婚した。仕事を求めて黒真珠養殖が盛んなTの故郷のマンガレヴァに戻り、夫婦は黒真珠養殖に携わった。2008年に長女が生まれ、4年後に長男が生まれ、その2年後に次女が生まれた。黒真珠の価格下落のために養殖業自体が厳しくなった中でも、マンガレヴァの養殖場では高品質の真珠を生産し続けている。Jは冷たい海に長時間潜りながら、真珠養殖用の網の設置や貝洗浄の際の付け替えなどの作業をしていたが、黒真珠養殖業は肉体的に苛酷な労働であり、危険も伴い生命にかかわる事故も発生する。ハオの養魚場プロジェクトの

話を聞き、就職ができることを見込んで2016年に両親や親族がいるハオに越した。両親宅の近隣に家を建て、夫婦と3人の子どもたちと暮らし始めた。しかし、養魚場プロジェクトはなかなか開始しない。2017年にJはタヒチで家具製作および建築の職業訓練プログラムに参加する。6カ月の訓練が終了後にタヒチで建築関連の仕事が見つかり、同時に、Tと子どもたちもタヒチに移住した。タヒチに移った当初は親族の家に居候したが、離島から移住した所得の低い人たちへの公的住宅費援助を利用し、パペーテの中心のアパートに約4分の1の家賃で暮らし始めた。Tは清掃会社に就職し、早朝から働く。JもTも仕事を得て、住居を確保でき、子どもの教育も離島よりタヒチの学校の方が良いので、タヒチでしばらく暮らしたいと言う。もしハオで養魚場プロジェクトが始まったら、施設建設が開始しJは仕事を見つけられるかもしれないが、建設の仕事が終了後に養魚場の仕事に就きたいかというと、まだわからないと言う。環礁の生活は、家族や親族に囲まれ、金もタヒチほどかからず、ゆったりとしていてよいが、仕事がないのは困ると言う。

　現在の日常生活への放射能被ばくの影響が明確ではないなか、ハオの人びとは養魚場プロジェクトに環礁の再編をかける。プロジェクトは未来に向けられるが、現在、ハオの人びとが抱くプロジェクトへの希望と不安は、過去の核実験の環境への負の影響、経済面での正の影響を参照しながら語られる。彼らが日常に取り戻したいのは「核実験前の生活」ではなく、「核実験期の生活」である。核実験期を知る世代は、放射能汚染や基地施設の廃棄物による土壌・海水汚染を危惧する一方で、インフラストラクチャーが整い、男女ともに雇用がふんだんにあり、生活が経済的に潤い、環礁全体が活気に満ちていた時代を懐かしむ。核実験後に生まれた世代は学業終了後に職がない現状を嘆きつつも、コプラや漁業といった肉体労働には気乗りせず、環礁を出てタヒチやフランスで仕事を探すか、雇用を生む見込みがある新たな産業開発に期待を寄せる。

　ハオでは人びとがCEP・CEA経済を享受してきたために、現在タヒチで展開するような反核運動が起こらないと結論づけることはできる。また、養魚場プロジェクトを含む、今後の産業開発の妨げになりかねないために、人びとが汚染被害について発言を控えていると分析することもできる。ハオの人びとが自らの経済的利益を優先したために、彼らが「被害者」になるのを拒否したと

解釈するのも可能であろう。あるいは、核実験の前進基地となったのも、養魚場プロジェクトが誘致されるようになったのも、ハオの人びとが自主的に選択したことではなく、核実験とその後の社会・経済変化に巻き込まれたのであり、その点において彼らは「被害者」であるということもできる。しかし、いずれの結論も、部分的にハオの人びとに当てはまるようでいて、完全には当てはまらない。

　当事者性を議論するのであるなら、どの問題においてか、問題を提起するのは誰か、さらには研究者である筆者の立場性を問わなくてはならない。タヒチ島を中心に展開する反核運動においての問題は放射能被ばくの環境と健康への影響であった。本章では論じなかったが、放射能被ばくにおける被害者も、国際的な反核運動に呼応しながら、さらにはフランス領ポリネシアの対フランスの政治に絡め取られながら、フランス核実験施設の元労働者からフランス領ポリネシアの住民へと拡大している。このようなフランス領ポリネシアの他地域の被害者および当事者性の生成を横目で見つつ、ハオの人びとにとって優先的に取り組むべき問題は若者の雇用と生活を豊かにするための環礁の経済開発である。そこでは、放射能被ばく被害といった問題より前進基地であった影響による問題の当事者としてハオの人びと求めるものは明確である。そこから、調査当初、タヒチの反核団体に関わる友人を頼り、ハオの人びとから放射能被害についての話を期待した著者はハオの人びとに放射能被ばく被害の当事者性を一方的に突き付けていた。しかし、彼らの必要性から当事者性が立ち上がるのであるなら、フィールドからみえた彼らの必要性は環礁の経済開発であり、問題は雇用不足と汚染の風評被害である。

【注】

1. 本章の内容は2020年執筆時のものである。2023年に筆者がフランス領ポリネシアを訪れた際にはハオの養魚場プロジェクトは中止になっていた。

2. 3つの魚の現地名、英語名、和名は次の通りである。マラ（mara［現地名］、Napolieon fish［英語名］、メガネモチノウオ［和名］）、トヌ（tonu［現地名］、black-saddled coral grouper or saddle grouper［英語名］、コクハンアラ［和名］）、ハプウ（hapu'u［現地名］、camouflage grouper［英語名］、マダラハタ［和名］）。

【参考文献】

Barrillot, Bruno. 2010. *Victimes des essais nucléaires: histoire d'un combat.* Lyon: Ovservatoire de armements sur la Paix et les Conflists.

Barrillot, Bruno. 2012. *L'héritage empoisonneé.* Lyon: Observatoire des armements sur la Paix et les Conflists.

Barrillot, Bruno and Heinui Le Caill. 2011. *Moruroa, la bombe et nous.* Pape'ete: Délégation pour le suivi des consequence des essais nucléaires.

Beaudeau, Marie-Claude. 2002. *Nuclear Tests and Health: Proceedings of the Conference of Jan.* 19, 2002, in the Senate. Lyon: Ovservatoire de armements sur la Paix et les Conflists.

Emory, Kenneth P. 1975. *Material Culture of the Tuamotu Archipelago.* Honolulu: Bernice Pauahi Museum.

Haoatai, Heinarii and Richard Monypenny. 2011. Export Demand for Tahitian Black Pearls. *Australasian Agribusiness Review* 19, pp.1–15.

Haut-commissariat de la République en PF. 2009. *Te Reo o te Tagata Henua* 1.

Institut de la statistique de la Polynésie française. 2000. *Points Etudes et Bilans de la Polynésie française.* Papeete: Institut de la statistique de la Polynésie française.

La Dépeche de Tahiti. 2015. Projet aquacole à Hao: un petit pas vers la concretization? (November 9). http://www.ladepeche.pf/projet-aquacole-a-hao-un-petit-pas-vers-la-concretisation/（最終閲覧日：2021年3月30日）。

La Dépeche de Tahiti. 2016. Qui veut étudier l'aquaculture à Shanghai? (August 5) http://www.ladepeche.pf/veut-etudier-laquaculture-a-shanghai/（最終閲覧日：2021年3月30日）。

Morschel, Jean. 2013. L'atoll de Hao, entre rehabilitation des sites du CEP et enjeux de développement. *Hermès, La Revue* 65, pp.64–66.

Nolet, Émilie. 2014. *Le Cadet à la peau rouge: Pouvoir et parenté dans l'archipel des Tuamotu.* Paris: Éditions du comité des travaux historiques et scientifiques.

Tahiti Infos. 2015. 50 000 tonnes de production à la ferme aquacole de Hao: ce sont bien les chiffres annoncés. (September 21) https://www.tahiti-infos.com/50-000-tonnes-de-production-a-la-ferme-aquaculture-de-Hao-ce-sont-bien-les-chiffres-annonces_a137146.html（最終閲覧日：2021年3月30日）。

Tahiti Infos. 2017. Ferme aquacole de Hao: les investisseurs chinois se veulent rassurants. (August 23) https://www.tahiti-infos.com/Ferme-aquacole-de-Hao-les-investisseurs-chinois-se-veulent-rassurants_a163975.html（最終閲覧日：2021年3月30日）。

Tahiti Infos. 2018. Hao fête le lancement des travaux de la ferme aquacole. (May 31) https://www.tahiti-infos.com/Hao-fete-le-lancement-des-travaux-de-la-ferme-aquacole_a172058.html（最終閲覧日：2021年3月30日）。

Vries, Pieter de and Han Seur. 1997. *Moruruoa and Us: Polynesians' experiences during Thirty Years of Nuclear testing in the French Pacific.* Lyon: Centre de

Documentation et de Recherche sur la Paix et les Conflits.

天田城介 2010「底に触れている者たちは声を失い、声を与える——〈老い衰えゆくこと〉をめ
　ぐる残酷な結び目」宮内洋・好井裕明編『〈当事者〉をめぐる社会学——調査での出会いを通
　して』北大路書房、121–139頁。

関礼子 2018a『被災と非難の社会学』東信堂。

関礼子2018b「共感の当事者性・生成する主体の当事者性・方法としての当事者性」『民博通
　信』163、22–23頁。

中西正司・上野千鶴子 2003『当事者主権』岩波書店。

中原聖乃 2012『放射能難民から生活圏再生へ——マーシャルからフクシマへの伝言』法律文化
　社。

第**6**章

地方紙報道からみる
沖縄水産業における1954年

吉村 健司

1 | はじめに

　1954年3月1日にマーシャル諸島ビキニ環礁において、米軍による水素爆弾実験、「ブラボー実験」が実施された。ブラボー実験を含む、1954年5月まで実施された一連の実験は「キャッスルテスト」と呼ばれている。それに伴って発生した放射性降下物、いわゆる「死の灰」による被曝をしたのが「第五福竜丸」である。

　第五福竜丸は日本から遠洋マグロ漁業のため、中部太平洋海域での操業を行っていた。第五福竜丸以外にも数百隻の漁船が被爆したと言われている。第五福竜丸の被爆によって、船員への健康被害の他、海洋放射能汚染を引き起こした。日本本土の築地や大阪の市場では、これに伴い被爆した漁獲物、特に中心的な漁獲対象種であったマグロは「放射能（被爆）マグロ」として、全量処分されることとなった。

　第五福竜丸の被爆を受けて、日本は省庁や大学などと共同でビキニ海域へ「俊鶻丸」を向かわせ、海洋調査を行った。また、近藤康男らは文部省の科学研究費によって、日本各地の漁村などの被害状況などをまとめた『水爆実験と日本漁業』を発表している（近藤編 1958）。

　第五福竜丸の事件以降、キャッスルテスト実施海域周辺において操業し、漁

獲された水産物は、水揚港が指定され、放射能汚染の有無が調査された。その
ような中で、大分県や鹿児島県の漁船が沖縄近海で操業、漁獲され、日本本土
で水揚げされたマグロに放射能汚染の報告があり、全量廃棄されるという事態
が発生した。

　当時、沖縄は米国の占領下にあったため、近藤らの『水爆実験と日本漁業』
にかかる調査では取り上げられていない。また日本本土の政策は適用されなか
った。被爆魚の問題においてとりわけ問題視されるのはマグロが多く、他の魚
種についてはほとんど言及されなかった。マグロが問題視されるのは、実験海
域ではマグロ漁の操業船が多かったことも一因だが、マグロの生態によるとこ
ろも大きい。マグロは高度回遊性魚類で、食物連鎖における高次消費者である
ためである。ところが、この概念では、カツオやカジキ、サメ、シイラといっ
た沖縄では一般的に消費されるような魚種も類似の特徴を持つことから、これ
らの魚種についての言及もなされるべきであろう。こうしたことからも、キャ
ッスルテスト以降の当時の沖縄に関する漁業被害というのは、日本本土のもの
と比較して、詳しくわかっていない。そこで、本章では、当時の沖縄の水産業
に与えた影響について再整理を行う。

　この問題について調査を進めていく過程で一番の問題点が、当時のことを知
る（記憶している）漁業者、関係者が少なくなってきていることである。筆者は、
これまで沖縄本島北西部の本部町においてカツオ漁にかかる調査を行ってきた。
本部町は1904年よりカツオ漁が行われてきた、沖縄有数のカツオ漁の町である。
カツオもマグロと同様、高度回遊性魚類で、海洋放射能汚染の影響を受けてい
る可能性が考えられる。そこで、現地で80歳前後の漁業者に聞き取りを行った。
しかし、第五福竜丸に端を発する被爆水産物の影響が漁業活動に対してどのよ
うな影響を及ぼしたかは、特に感じられなかったという。また、当時の県の水
産行政担当者に聞き取りを行おうとしたが、既に他界されているということだ
った。そこで、当時の情報を知るために、水産試験場の事業報告書を検索した。

　沖縄の水産行政の動向を知るうえで一つの参考となり得るのが、水産試験場
（現在の沖縄県水産海洋技術センター、以下、センターとする）が実施してきた調
査・試験が挙げられる。沖縄県水産試験場（以下、水試とする）は1921年に設立
した調査・研究機関で、沖縄が抱える地理的特性において、漁業関連等の調査・

研究を行っている。センターでは、『沖縄県水産試験場事業報告書』（以下、事業報告書）を発行している。事業報告書は水試の各年の報告書で、原則各年のものが公開されているが、2019年現在、公開されているのは1926年から39年、56年から2016年までのものである。キャッスルテストが実施された1954年の事業報告書は公開されていない。また、センターの資料庫にも1938年〜1955年は欠損となっており、当時の情報を知ることができない。また、水産市場における市況の変化も予測されることから、市況報告も確認するため沖縄県漁業協同組合連合会に問い合わせたところ、資料については残存していなかった。

　以上のことから、当時の水産界の再構成には、非常に制約がある状況といえる。こうした調査の問題点があることから、本章では、当時の水産界の状況を再構成するために新聞報道に着目した。沖縄では琉球新報と沖縄タイムスという2紙がある。本章では当時の状況を再構成するにあたり、琉球新報と沖縄タイムスを中心に1954年の報道から原水爆にかかる沖縄の水産関連報道をピックアップし、沖縄の水産界における1954年とはいかなる年だったのか。そして、水爆実験が沖縄の水産界に与えた影響について再構成を試みる。

2 ｜ 資料と分析

　本章で用いる一紙、琉球新報は1893年の創刊である。1915年には沖縄朝日新聞が独立し、1919年には沖縄時事新報社が独立した。沖縄時事新報社は、沖縄タイムス社、沖縄昭和新聞を経た後、1930年代前半には廃刊となっている。1940年には、政府・軍部が進めた「一県一紙体制」により、琉球新報、沖縄朝日新聞、沖縄日報の3紙が統合した。1945年5月24日に首里が陥落したのを契機に廃刊となった。1945年6月23日に沖縄戦が終結を迎え、現在の琉球新報の前身、ウルマ新報が1945年7月25日、沖縄タイムスが1948年7月1日に創刊する。その他、新沖縄や沖縄毎日新聞など数紙が創刊するものの、いずれも現在までに廃刊している。

　米軍による沖縄占領後に創刊した「ウルマ新報」は米軍機関紙としての位置づけで創刊した。創刊は当時、石川収容所にいた島清に作らせていたが、事実上の創刊者は米国占領軍であった（辻村・太田 1966）。琉球新報の情報源は、米軍政府（以下 軍政府）や本土ラジオ傍受といったものであり、自らの情報源はほ

とんどなかったとされる（川平 2011）。琉球における情報は、軍政府によるものと偏っているが、唯一の情報媒体として位置づけられる。米軍がウルマ新報を創刊した背景には、「民心安定」による「占領政策」を推し進める目的があったとも言われている。

本章では琉球新報（以下、新報）と沖縄タイムス（以下、タイムス）における1954年の原水爆関連報道を収集した。その結果、450件の報道を収集した。このうち、沖縄に関する報道は85件であった。本章では85件の記事を時系列に見ていくことで、水爆実験が行われ、それが沖縄の水産業に影響を与え、終息していく過程を描く[1]。なお、85件の報道については、章末の附表の通りである。

3 ｜ 琉球水産史における1954年

沖縄の水産史における1954年は新漁業種であるサバはね釣漁（以下、サバ漁）の勃興が大きい。日本は1952年に設定された李承晩ラインによって竹島周辺のサバ漁場を失った。そこで、新たなサバ漁場を沖縄海域に求めることで沖縄におけるサバ漁が展開された。1953年11月に日本本土の船が久米島沖に大きな漁場を発見した（新報：1953.11.21 朝2頁、11.28 朝2頁）。このとき、琉球政府は広島県、長崎県、宮崎県の技術者の招聘に向けて動いている。また琉球水産社（以下、琉水社）は新たにサバ漁漁船の購入を進め、1954年には技術者を招聘し、技術を導入した。また、沖縄海域の漁場を求めて、他県の漁業者も出漁してくるようになった。4月には沖縄のサバについては、小型かつ漁獲量が安定しないことが、悪い評価に繋がっていたが、5月の市場では飛ぶような売れ行きを見せ、「食膳の人気もの」との評価を受けている（新報：4.27 夕2頁、5.10 夕2頁）。サバ漁はその後、順調に漁獲を伸ばし、琉水社も本格的に事業に参入し、この年の漁業のトレンドともいえる存在となった。

カツオ漁はこの年、全県的に豊漁傾向にある報道が目立った。ただし、11月以降には本部町と周辺地域の漁民の間で、カツオの餌料となるミズスルルの漁獲規制をめぐり紛争が起きた。

琉水社の所属船、「大鵬丸」、「銀嶺丸」によるセレベス海[2]への南洋出漁も行われるようになった。南洋出漁では主にマグロが漁獲対象物であったが、このマグロは水爆実験によって大きな影響を受ける。

125

4 | 原水爆報道と沖縄水産業

(1) 被爆水産物への住民不安と米軍による安全保障 (1954年3月〜4月)

1954年3月17日より、新報とタイムスでは焼津などの本土市場での「被爆マグロ」をはじめとした被爆水産物に関しての報道が始まった。沖縄県内の動向としては3月19日の「恐怖の被爆騒ぎ 沖縄では心配ご無用」(新報：3.19 夕 2頁)という記事が最初の報道となっている。これは、日本本土で相次ぐ、遠洋漁船における被爆水産物報道に対して、当時、セレベス方面へ出漁していた琉水社の所属船、大鵬丸と銀嶺丸の漁獲物を不安視する声が一般から上がってきており、これに対して琉水社の回答を掲載したものである。漁獲物への不安の声に対して琉水社の回答は、「琉水社としては原爆については余り知らない。殊にその効力範囲がどの位かもたしかめていないが、出漁先はビキニ環礁とは全く方向が違う上に距離なども問題にならないほど離れているので被爆マグロの心配はないと思う」と、大鵬丸、銀嶺丸によって水揚げされるマグロに被爆の心配はないとの声明を発表している。3月17日は、大鵬丸がセレベスより9万250斤(5万4150kg)を漁獲し、帰港している。3月27日までに全漁獲の3分の1にあたる2万4600斤(1万4760kg)が市場に出ているが、3月22日頃から那覇市場において仲買による買い控えが起こっている。

この時の影響は、市況だけではなかった。当時、琉水社は千葉県サバ漁業協同組合と提携し、沖縄近海でのサバ漁を行う予定だったが、被爆マグロの報道を受け、千葉県側の漁師が沖縄への出漁を反対する事態となった(タイムス：3.27 朝3頁)。また、3月29日は全国的な被爆水産物による、マグロの市場価格の下落に対して、沖縄での安全性を訴える記事が掲載されている(新報：3.29 朝2頁)。この安全性の根拠は先の琉水社の説明と同様、ビキニとセレベスの距離とされている。また、本土での学説として「遊泳中の魚類には被害はない」という琉球政府の水産課長の言葉を掲載しており、沖縄で流通するマグロの安全性を保証している。ところが3月20日から23日までの鮮魚の平均卸価格28円〜34円で推移していたものが、29日には小売価格に大きな変化は見られないものの、卸価格が15円59銭と半値以下にまで下落する(表1)。当時は、好漁

第Ⅱ部
第6章　地方紙報道からみる沖縄水産業における1954年

が継続しており、たし
かに市場への供給が多
かったとされるものの、
小売価格での変化がほ
とんど見られないこと
から、必ずしも供給過
剰という一言では片づ
けられず、本土での被
爆水産物の報道の影響
の表れとも考えられる

表1　那覇・泊市場3月23日〜29日の市況動向

日付	水揚高	平均価格	3月23日価格比
3月23日	10,730ポンド	28円73銭	
3月24日	14,362ポンド	24円43銭	85%
3月25日	6,721ポンド	26円18銭	91%
3月26日	12,999ポンド	22円05銭	77%
3月27日	6,607ポンド	25円47銭	89%
3月28日	11,511ポンド	17円52銭	61%
3月29日	12,995ポンド	15円59銭	54%

出典：タイムス（1954年3月31日 夕刊2頁）より筆者作成

（新報：3.31 朝2頁、4.12 朝2頁、タイムス：3.31 夕2頁）。

　また、琉水社は水産物の市場への影響を懸念する一方で、自社船の南洋出漁の際の漁場に関する影響も懸念していた。水爆実験が行われたマーシャル諸島周辺海域は、マグロの好漁場であった。しかし、水爆実験によってマーシャル諸島周辺海域が操業禁止区域になったことから、琉水社では自社が開拓したセレベス周辺海域において、日本本土の遠洋漁船も操業を開始することで、漁場の争奪競争が展開されることを危惧している。被爆マグロに関する影響は市況のみならず、間接的に、こうした漁場争いや資源争奪にも影響を与えた[3]（タイムス：4.12 朝3頁）。

　沖縄のマグロを不安視する動きは、沖縄の市場だけに留まらず、本土の市場にも発展する。4月8日の福岡市場でのセリにおいて沖縄近海で漁獲され、鹿児島県から入荷したマグロ8尾に対して被爆の検査が行われている（新報：4.14 夕2頁）。

　沖縄では、しきりにマグロの安全性が報道されているものの、一般消費者のなかには少なからず不安視する声が上がっていたようである。また、本土ではマグロの被爆検査が行われていたのに対して、沖縄では行われていなかったことも、そうした状況に拍車をかけていたものと推察される。さらに、琉水社所属船の大鵬丸が水揚げしたマグロが「被爆マグロ」と風評被害を受けたことも影響している。これら一連の事態の対策として、4月12日からはセレベス、モロタイ[4]方面での操業から帰港した銀嶺丸が水揚げするマグロをはじめ、28名

図1 被爆検査を受ける銀嶺丸の船員
（タイムス：1954年4月13日 朝3頁）

の船員や船体に対して、ガイガーカウンターによる検査が行われるようになった（図1）[5]。

琉水社の長嶺社長は「一般市民の被爆まぐろに対する神経過敏ぶりには驚いたが、売れ行きにまで影響したので閉口した。いくらうちのまぐろは大丈夫ですと口をすっぱくして云うよりも科学の検査によって証明して貰う外はなく安心してまぐろが食べられるよう民政府のコーラ氏とタガート氏に頼んでガイガー計器を持ち出した」とガイガーカウンターによる検査に至った経緯を語っている（新報：4.13 朝3頁、4.13 夕2頁、タイムス：4.13 夕2、4.14 朝3）。なお、調査対象となった当時の銀嶺丸は3月8日に那覇出港後、35日間の操業を行い、その間の3月26日水爆実験が実施された。ガイガーカウンターによる検査はライカム科学隊[6]のナトワリー大尉、ブーリー伍長によって実施され、船員や船体からの被爆反応は示さなかった。

この検査に関する報道は、琉水社のマグロの売れ行きにとっては非常に効果的であった（新報：4.20 朝3頁）。検査前の出荷尾数に対する落札尾数は6割程度で留まっていたが、4月12日の検査後はほぼ全数が落札されるようになっている（表2）。価格も4月13

表2 琉球水産社出荷のマグロに対する市況動向

日付	出荷尾数	落札尾数	価格
4月9日	28	4	
4月10日	—	—	19円40銭
4月11日	23	13	21円90銭
4月12日	21	14	—
4月13日	—	—	19円
4月14日	30	30	24円49銭
4月15日	—	—	
4月16日	30	30	25円49銭
4月17日	29	20	—
4月18日	20	20	28円30銭

出典：タイムス（1954年3月31日 夕刊2頁）より筆者作成

日に底値を付けて以降、上昇が見られ、ガイガーカウンターの検査によるマグロの安全性の保障に関する新聞報道は、市場の動向に対して、一定の効果があったことをうかがわせる。4月の那覇・泊市場の水揚げは12万9396ポンド、売上高（平均値）19円となっており、3月と比較して水揚げは20％減少にも関わらず、売り上げも26％減少している。魚種別に見ると、カジキやタイ、ミバリ[7]といった魚種は大きな変動は見られないが、マグロ、ヒメダイ、マンビキ[8]、フカといった、回遊性の高い魚種の下落ぶりが目立つ（表3）。

（2）深刻化する水産業界（1954年5月）

　ガイガーカウンターによる検査によって、沖縄における市場では魚価の安定化が図られていたものの、5月12日、13日には大阪に入港した長門丸と栄勝丸の2隻の漁獲物から放射能が検出された（新報 5.14 朝1頁）[9]。長門丸は台湾北東海域、栄勝丸はフィリピン東方海域での操業であり、ビキニから2000マイル以上離れた海面において放射能汚染が進行している疑いがでてきた。特に長門丸の事案は、それまでの検査対象が遠洋物の海産物に限られていたことを考えれば、近海物にも検査対象を拡大する必要が出てきたという点において、非常に大きなトピックとなった。この事態に沖縄の市場もすぐに反応した（新報：

表3　泊市場の市況動向（1954年4月）

		3月	4月	
		平均値	平均値	対3月比
市場	水揚量	162,428ポンド	129,396ポンド	80%
	売上価格	28.85円	19円	74%
魚種別価格	カジキ	23円	28円	122%
	マグロ	32円	24円	75%
	ヒメダイ	17円	15円	88%
	タイ	19円	19円	100%
	ミバリ	15円	16円	107%
	マンビキ	13円	11円	85%
	フカ	7円	6円	86%

出典：タイムス（1954年3月31日 夕刊2頁）より筆者作成

表4 泊市場の市況動向（1954年5月16日～18日）

日付	出荷量	平均価格	5月15日価格比
～5月15日		19円※	
5月16日	17000斤	16円64銭	88%
5月17日	13000斤	15円98銭	84%
5月18日	10000斤	14円27銭	75%
5月19日	－	10円98銭	58%
5月20日	－	11円77銭	62%
5月21日	－	12円14銭	64%

※5月15日は19円～20円台だったので、その最低価格をとってある。
※5月19日～21日の出荷量は不明。
出典：新報（1954年5月19日 朝刊2頁）、
タイムス（1954年5月23日 夕刊2頁）より筆者作成

5.16 朝2頁）。5月15日頃までは19円～20円台で出荷されていた魚が、16日には平均価格で16円64銭に下落した。価格の下落は続き、17日には平均価格で15円98銭、18日は14円27銭となり、19日には10円98銭まで下落している（表4）。

マグロについては、通常、35円／斤で出荷していたものが、買手が付かない事態になり、18日には25円／斤で出荷するまで価格が下落している。この年のこれまでの市況変化については、市場への出荷量の増加が指摘されてきていたが、5月16日～18日に至っては、市場への出荷量は減少しており、市場当局によれば「原爆の騒ぎを受けて」、市場開設以来の最低価格を記録している。5月19日には休場する事態に陥っている（新報：7.8 夕2頁）。一部の商店は倒産する事態にまで発展しており零細な商店は民政府に対して、至急、ガイガーカウンターによる検査を行い、消費者の買い控えを抑えるように要望を出した。しかし、ガイガーカウンターの不足から、マグロ船の入港に併せて行うことになっていたため、商店側の要望は受け入れられなかった（タイムス：5.18 夕2頁、5.19 朝3頁）。

この被爆水産物に対する買い控え行動に対し、タイムスでは、「放射能は表皮とか内部の骨に付着するが筋肉にはつかない。袖皮や

図2 琉水社によるマグロ試食会の様子
　　（タイムス1954年5月20日）

骨を処理して肉だけ料理したものとか刺身は大丈夫」という琉球結核化学研究所所長・伊豆見元俊氏の日本での視察のコメントを掲載している（タイムス：5.19 朝3頁）。実際に、琉水社では3度にわたりマグロの試食会の様子を公開し、安全性をアピールしている（図2）。なかでも3度目の5月27日には、琉球政府の比嘉秀平行政主席も参加してのアピールとなり、被爆水産物報道に端を発する市場での買い控え騒動は、政府を挙げての問題に発展していることがうかがえる（新報：5.27 朝3頁、5.28 夕3頁、タイムス：5.20 朝3頁、5.27 朝3頁、5.28 朝3頁）。

5月18日の琉球政府の局長会議では、こうした放射能被害の沖縄での影響について協議が行われ、軍のガイガーカウンターを借りての調査、情報収集を行うとともに、対策を講ずることを申し合わせている（新報：5.19 朝2頁）。また、同日、議会は政府との答弁では、「放射能を含んだ雨や魚が沖縄にも当然あると常識的に考えられる」とし、政府として「可及的速やかなる調査を行い、住民の不安を解消して貰いたい」と要望を提出している（タイムス：5.19 朝3頁）。

水爆実験による沖縄の水産界への影響が続くなか、5月19日には4月10日にセレベス方面へ出漁していた大鵬丸が帰港し、マグロ、カジキ、サメなどを水揚げしている（新報：5.19 夕2頁、タイムス：5.20 朝3頁、夕2頁）。水揚げ物はガイガーカウンターによる検査が行われた（図3）。当該記事では、これまでのガイガーカウンターによる検査に関する記事とは異なり、「厳密な放射能検査」という表現が用いられている。検査の結果、0.2～0.3カウントの反応は示しているが、「これは宇宙のどこにもある程度でのもので人体に害はない」として、軍による安全性が保証されている。軍の新聞課でも「安心してよい」と発表している（新報：5.20 朝3頁）。

この時の検査では、それまで遠洋で漁獲されたものが対象だったが、近海物に対しても行われている。また、販売不振で市場冷凍庫にストックされてい

図3　マグロ検査の様子
（タイムス1954年5月20日）

た水産物に対しても検査が行われている[10]。検査の際、軍の担当が検査の様子を市民にも公開し、安全性をよりアピールする場面も見受けられる。検査では、ガイガーカウンターは極めて精密なもので、知識が求められ、検査を行う技術者は特別な教育を受けている、という点が安全性の担保に入れられている（新報：5.20 朝3頁、5.20 夕2頁、タイムス：5.20 夕2頁）。検査の結果、安全性が確認されたことから、沖縄漁業協同組合連合会（以下、漁連）は、在庫のマグロを一斉に出荷した。

　ところが、これまで以上に安全性が強調されたのにも関わらず、市場での反応は悪く、被爆騒動前の4割の価格に落ち込み、買手は付き始めるものの、売れ行きは伸びなかった（新報：5.21 夕2頁、タイムス：5.21 夕2頁）。市場では、「この魚は軍の水爆被害検査の結果異状ない事を証明いたします」という張り紙を方々に貼り付け、買手の不安を払拭しようと躍起になっていた。前述のように比嘉主席が出席してのマグロの安全性のアピールがあったのにも関わらず、買手は張り紙を見ても素通りという状況であったという。価格も低下し、買手もつかない状態で「魚商人にとっては市場始まって以来最悪な状態だと悲鳴をあげており　この分であと1カ月もすると完全に干上がってしまうといわれ　魚市場の表情は暗い」と言われるほど、市場での反応はシビアになっていることがわかる（新報：5.21 夕2頁）。また、記事では魚市場の販売業者の話として「原爆魚騒動の四、五日前から客は余りこなかったが十九日はそれこそ一人も来ないと云いたい程の閑散さでした、私の隣りのお母さんその隣りのお母さんは氷代を損するだけだといって休んでいました。その日売ったのはグルクン[11]二ひき（三十円）でした。［句点は筆者加筆］殆どの人が一、二斤しか売っていないとの事でした。早く何とか善後策を講じてもらいたい、紙、ワサビ、薄板、氷、水道代すら払うに困っている状態」という（新報：5.21 朝3頁）。

　この事態に対して、那覇鮮魚市場の卸商20名、小売商70名が集まり協議の結果、5月21日に放送車を市内に走らせ、その後はチンドン屋を通じて、市民の不安が解けるまで呼びかけ続けることになった（タイムス：5.22 朝2頁）。1954年5月の那覇市場は、被爆水産物による消費者の買い控えが進行し、それまでは効果を発揮していた軍による「安全性の太鼓判」も効かない状況に陥っていた。販売業者にとって非常に深刻な状態に陥っていることがうかがえる。

第Ⅱ部
第6章　地方紙報道からみる沖縄水産業における1954年

こうした事態はタイムスの風刺漫画の題材にもなっている[12]。

　5月の最終的な市況は、水揚げ18万6585ポンド、平均値が12円となっている。水揚げは3月と比べ15%増加しているが、価格は54%下落している。魚種別に見ると、全体的に下落しており、4月以上の下落ぶりが目立つ。特に、マグロは59%の下落となっている。また、タイも42%下落しており、放射能による影響か定かではないが、魚類全般の市況に大きな変化を見ることができる（表5）。

　こうした那覇・泊市場での市況の変化については、多数の記事が掲載されているものの、被爆水産物による特定の漁業種についてはほとんど報道されていない。そのなかで、唯一、本部町のカツオ漁の事例が取り上げられている。本部町はカツオ漁が町の主力漁業で、1954年はカツオが大漁だったのにも関わらず、「中南部での放射能騒ぎのトバッチリをくいここも売行きは相変らず不振」に陥った（新報：5.29 朝3頁）。そこで、本部漁業協同組合では「今年は一段とカツオブシ加工に力を注ぎ鮮魚売行不振を打開」を目指した（新報：5.29 朝3頁）。1954年度の本部町におけるカツオ漁の動向は前年度と比し漸減傾向にあった漁船数が増加し、なおかつ、漁獲量も増加した（本部漁業協同組合 1955）。放射能報道が一段落した1955年度はカツオの漁獲量が前年よりも減少し、な

表5　泊市場の市況動向（1954年5月）

		3月	5月	
		平均値	平均値	対3月比
市場	水揚量	162,428ポンド	186,585ポンド	115%
	売上価格	28.85円	12円	46%
魚種別価格	カジキ	23円	20円	87%
	マグロ	32円	13円	41%
	ヒメダイ	17円	14円	82%
	タイ	19円	11円	58%
	ミバリ	15円	14円	93%
	マンビキ	13円	7円	54%
	フカ	7円	5円	71%

出典：新報（1954年6月13日 朝刊2頁）より筆者作成

おかつ全体の水揚げに対するカツオの割合が少なかったことから、経営的には1955年の方が厳しいことが記されている（本部漁業協同組合 1956）。また、被爆問題は1954年度の理事会の議題として挙げられていない。1954年の鮮魚価格は55年よりも安価であるが、むしろ豊漁により「経営は順調」とされており、漁業者としては大きな影響はみられなかったと推察される。筆者は、本部町の漁業者Y・T氏（1937年生まれ）にインタビューしたが（2016年7月）、彼は当時の状況について、マグロ価格低下の報道よりもむしろ感染症の流行の方をより記憶していた。このことは、当時、魚の価格への影響はそれほど大きくなかったことを示している。また、1954年のカツオ漁は、本部町だけでなく、全県的にカツオの大漁が予想されたことから、漁連が共販体制を採ったことも、漁業者に直接的な被害を感じさせなかった要因と考えられる（新報：5.27 朝2頁）。

　那覇・泊市場での放射能騒ぎは那覇市場内に留まらず、県内各地に拡大を始める。5月17日には香川県水産高校のマグロ漁の実習船が宮古島東南100km付近（北緯23度5分、東経126度）の空気中から140〜160カウントの放射能が検出されたことから、帰港するとの連絡があった[13]（タイムス：5.18 夕2頁、5.19 夕2頁）。ただし、その後については、不明となっている。5月26日には宮古島の宮古地方庁長から政府主席に対してガイガーカウンターを至急、送付するよう電報を送っている（新報：5.26 夕2頁）。また、大東島では、5月19日頃に京都での降雨から放射能が検出されたという報道を受け、5月12日の降雨にも放射能が含まれていたのではないかという不安の声が上がっている。大東島では天水利用していることから、雨水とさらにはマグロを那覇に送り検査の依頼を行っている（新報：5.29 夕2頁）。ライカム科学隊での検査の結果、汚染されていないことが確認されている（新報：6.3 朝3頁、タイムス：6.2 朝3頁）。与那国島近海で漁獲されたカジキが那覇で販売できない事態も生じた（南海時報：5.22 朝1頁、沖縄朝日新聞：5.27 朝2頁）。さらに香港近海や台湾での被爆水産物関連の報道もなされている[14]。このように、5月中旬以降にかけて宮古地方や大東島といった沖縄本島以外でも住民の被爆水産物、さらには天水に対する不安が高まっていることがうかがえる。なお、5月30日には、5月10日から21日まで北緯23度〜24度、東経130度〜132度の大東島南南東約250km付近の海域で操業した高知県安田町漁組所属船ほう寿丸が大阪に水揚げしたバショウカジキ、シイラなどから放

射能が検出され、全量廃棄となった。この時の廃棄量は650貫（2437.5kg）以上に及び、この規模の廃棄は初めてとなっている（タイムス：6.1 夕2頁）。

（3）水産業の安定化、原水爆報道の終息（1954年6月、7月）

　5月は被爆水産物に対する市況のダイレクトな影響に対して、それを回復させようとする動きが盛んに報道される傾向が見られた。6月になると、依然として被爆水産物に対する不安の声は見られるが、水産業に対する影響は5月と比較すると報道の数は減少する。

　沖縄には民間用のガイガーカウンターがなく、放射能の測定は米軍に頼る状態であったことから、「早く民間に備えつけ いつでも使用できるようにして貰いたいという住民の声はだんだん巷に高くなって」おり、また放射能被害に関するデマが流布していたという（新報6.3 夕2頁）。こうした状況もあり、「民心の安定を期すために」琉球政府社会局では、「日本厚生省の推せんによる携帯式ガイガーミューラー計数装置三台とサーベイメーター一台、計四台が発注され、六月一ぱいには現物が到着できるように手配」した（新報：6.3 夕2頁、6.4 朝3頁）。また、琉球気象台ではガイガーカウンターを2台購入し、大気、天水、海水の放射能測定を恒久業務とし、気象研究を進展させるとしている（新報：6.2 朝3頁）。当時の沖縄では住民の90％が天水を飲料水としても利用していた。そのため、放射能雨の報道は、住民にとって、大きな関心事となっていた。新報では、琉球気象台長の見解として、「放射能雨は沖縄でも十分にあり得、天水の常用は危険である。飲用するには、濾過をする必要がある。野菜も放射能を含んでいる可能性があるので、十分に洗うようにする。また極力、体に雨を触れさせないようにすることも肝要である」といった放射能雨の危険性を掲載している（新報：6.2 夕2頁）[15]。

　琉球政府では一連の放射能をめぐる社会状況への対応策として、6月3日のガイガーカウンターの購入、気象台での観測に加え、魚類検査に関する項目も掲げている。魚類検査については、具体的には、南方出漁船の入港の度に検査を行い、非検出の魚類のみ陸揚げする。また、泊や糸満、本部の各市場では随時、ガイガーカウンターによる検査を行い、安全なものだけを取引させる。検出されたものについては、地下2m以下に埋没処理もしくは海洋中に投棄する

図4 軍による検査の様子
　　（タイムス：1954年6月8日）

こととなった（新報：6.4 朝3頁）。

　この琉球政府の決定後、6月8日には琉水社所属船の銀嶺丸がセレベス海方面での操業から那覇港へ帰港した。図4に見られるようなかたちで軍と社会局公衆衛生係官立ち会いのもと、マグロ、カジキ、フカのガイガーカウンターによる検査が実施され、安全が確認されている（新報：6.8 夕2頁、6.9 夕2頁；タイムス：6.8 夕2頁、6.11 朝3頁）。琉水社の長嶺社長は「アメリカの水爆実験も去る五月十三日に終ったと公表されているので、まずこゝのところ放射能の心配がなく自信を以って住民の食膳におすゝめ出来るのを喜んでいる」と語った。なお、この時の水揚げには、コーネル・ブラザーズ社のマネジャー、ブロードゲット氏も立ち会い、沖縄のマグロの輸出構想を語っている（タイムス：6.8 夕2頁）。

　5月9日から11日にかけて、「大阪港に陸揚げされたタイワン東方海で獲れたキハダ、カジキ魚から放射能が検出されて以来その後もタイワン、沖縄沖でとれたもののうちから廃棄処分されるものはあとをたたない」（タイムス：6.11 夕1頁）として、水産庁が沿岸調査を行う必要があるとの判断を下しているが、その後の報道は見られない。

　6月末には、軍新聞課では、「放射能に関する最近の新聞報道がもたらした不安を軽減する」という記事を発表した。軍は「西太平洋における最近の水爆実験の放射能によるガイガーカウンター騒ぎは人びとを驚がくさせたかも知れないが、それは大して危険な問題ではない」とし、研究者がガイガーカウンターに頼り生物に対する危険性を決定していることに対して、「取り越し苦労」と、一連の放射能問題の危険性を否定している（新報：6.22 朝2頁、タイムス：6.22 朝3頁）。

　6月末の軍新聞課の発表以降、沖縄での放射能報道は終息に向かっていく。市況も落ち着きを見せている。7月8日には新報にて、放射能被害が落ち着き、水産業界も安定を取り戻していることを報道している（新報：7.8 夕2頁）。この

報道をもって、1954年の水爆実験にかかる放射能被害に関する水産界への影響は終息する。

5 ｜ おわりに

　第五福竜丸をはじめ、一連の放射能に関する被害は概ね健康被害に関するものが多い。また、水産界において、マグロなどの回遊魚の廃棄が大きな問題となった。原水爆実験の当事者性の中心は、ここが大きな問題とされてきたきらいがある。日本本土で見られたこれらの報道は沖縄でも報道されたが、沖縄近海での被爆水産物や健康被害についての言及はなされてこなかった。これらの点の実態については不明だが、水産界には大きな影響を与えていた。特に沖縄では新聞報道から見て取れる直接的な被害は、市況の変化や市場の休場に代表されるように、仲買や小売店といった生産者と消費者の中間に位置する人たちへのものだったといえる。

　沖縄における水産業での放射能被害に関する報道の基本的な構図は、①日本本土での被爆水産物報道、②沖縄市場での反応、③民政府および軍のガイガーカウンターによる安全性の証明といった3段階に及ぶ。ここで注目すべきは、沖縄市場での反応であろう。日本本土で水揚げされた水産物のなかに、沖縄近海で漁獲されたものである報道がなされると、沖縄市場では、消費者の買い控えが起きていた。これは、沖縄の消費者も被爆水産物に対して不安視していた結果だと考えられる。

　こうした消費者の不安を排除するために、各紙では、軍の「特殊技術を学んだ技術者」がガイガーカウンターで計測することで、水産物の安全性の保証を報道する。4月に至っては、市場の反応を見る限りでは一定の効果を発揮していた。しかし、沖縄近海での被爆水産物報道が相次いだことが、消費者に被爆水産物に対する一層の不安感を与え、5月には記録的な市況の落ち込みへとつながっていく。

　日本本土で相次ぐ被爆マグロおよび水産物からの放射能の検出が、沖縄では検出されない点は疑問が残る。当時の沖縄は自らガイガーカウンターを保持しておらず、軍の発表に頼らざるを得なかった。また、新聞報道も大きな制約があったことは否定できない。特に、新報に至っては軍の機関紙的な役割もあ

ったことからも、軍の「民心安定」による「占領政策」を推し進めるためにも、決して否定的な主張はできなかったと推察される。この点は、別途検証していく必要がある。また、琉水社の記事が多いという点については、政府の思惑も垣間見ることができる。琉水社は沖縄を代表する水産企業であり、琉水社の経営悪化は沖縄の水産界にとって大きなダメージにつながる。特に、1954年という年は琉水社にとって南洋出漁が大きく進展した年であり、さらにはサバ漁を展開し、まさにこの年の漁業トレンドを大きくリードしている。琉水社の発展は、琉球水産界の発展に大きく寄与する。

　沖縄における新聞の歴史を見たとき、当時付与された戦後の新聞の役割として、「民心安定」という側面が大きく働いている。当時の新聞にこうした役割が付与されていたならば、一連のマグロの安全をめぐる報道は、琉水社の保護、ひいては琉球水産界の保護政策の一環として位置づけることもできるのではないだろうか。

　那覇での市況の記録的な落ち込みにもかかわらず、カツオ漁に関して唯一聞き取りのできた漁師から、放射能による影響を感じる発言が聞かれなかったのは、当時の環境的要因と政策的要因によるものと考えられる。つまり、1954年はカツオが豊漁の年であった。そのため、カツオの価格は全県的に下落することになる。従来、カツオは各地の漁業協同組合で販売するものだったが、県漁業協同組合が県内のカツオ産業のリスク軽減を行うために、共販体制を採ったことで、漁業協同組合、ひいては漁業者にとっては、労働意欲の軽減回避に繋がったと考えられる。また、カツオが大漁だったこと、そのこと自体も漁業協同組合の経営にも大きく働いた。カツオの価格下落に際して組合の共販体制制度を採ったと同時に、漁業協同組合自体は原料をカツオ節加工に多く回した。その結果、漁業協同組合の経営に大きく貢献することになった。1955年度の本部漁業協同組合の資料には、「鰹漁業の不振は直接組合事業にも悪影響を及ぼし経営も54年度のように順調ではなかったのである」と記されている。こうしたカツオの販売をめぐる政策的変化に加え、それに起因する原料価格の変化に対する組合の対応が、漁業者に対して、世間的に拡大していた放射能被害を感じさせなかったと考えられる。

第Ⅱ部
第6章　地方紙報道からみる沖縄水産業における1954年

　本章は一般財団法人沖縄美ら島財団による助成事業（「沖縄県におけるカツオ文化の維持・継承のためのアーカイブ作成に向けた海洋民族学的研究」代表者：吉村健司）の成果の一部である。

【注】

1. 本章での新聞の引用については（新聞名：日付 朝夕刊の別 頁数）のように記載している。原則として1954年の記事だが、他の年については日付の前に年も記載している。

2. インドネシアのボルネオ（カリマンタン）島、スラウェシ島、フィリピンのミンダナオ島に囲まれた海域。

3. すでにこの時には、日本の遠洋マグロ漁船がセレベス海での操業を行っていたという。

4. インドネシア北方に位置する島で、モルッカ諸島北マルク州の一部。

5. 新報4月12日日刊3頁の記事ではガイガーカウンターは沖縄で1つしかないと報道されているものの、同日夕刊ではライカム科学隊のナトワリー大尉は、そのことについて明確な保有台数の言明は避けているものの、否定している。

6. 琉球米軍司令部（Ryukyu Command Headquarters：RyCom）の通称。

7. ここでいうミバリとはミーバイ（ハタ科魚類の総称）と推測される。筆者による漁業関係者への聞き取りや、種々の資料でも和名が不明だった。

8. マンビキ：シイラ（Coryphaena hippurus）。

9. 長門丸（48トン：大分県津久丹漁業組合所属）、栄勝丸（45トン：高知県室戸岬漁業組合所属）。

10. 検査期間は、住民の不安がなくなるまで行う方針を打ち出している。記事では、政府が万一の場合に備えて即日、ガイガー計測管を約五台の発注を決定し、先島諸島ならびに那覇、名護の4保健所に配置することを報道している（新報：5.20 朝3頁）。

11. グルクン：タカサゴ科魚類の総称。沖縄県の県魚に指定されている。

12. 寿司屋の前に生命保険会社が出張し、客がマグロの寿司を食べる光景が描かれている。

13. その後、ガイガーカウンターの故障との訂正がなされている。

14. 香港近海（東経116度、北緯17度）で操業した高知県室戸漁組所属船・第三和歌丸が大阪で水揚げしたキハダ、メグチ、カジキ、シイラなどから放射能が検出された（タイムス：5.21 夕2頁）。台湾については、台湾近海で日本人漁業者が「放射能魚」を獲ったという主張があったことから、漁獲物の検査を行ったが放射能は検出されなかった（タイムス：5.26 朝2頁）。

15. タイムスは、新報とは異なり、放射能問題に関する解説記事を掲載している。6月7日（夕2頁）では、放射能に対する過度の危険性を持つことに対して「放射能"問題は量"たゞビクつくのはいけない」といった否定的な見解の記事を掲載している。

【参考文献】

川平成雄 2011『沖縄　空白の一年　1945-1946』吉川弘文館。

近藤康男編 1958『水爆実験と日本漁業』東京大学出版会。

辻村明・大田昌秀 1966『沖縄の言論──新聞と放送』南方同胞援護会。

本部漁業協同組合 1955『1954年度　事業報告書』。

本部漁業協同組合 1956『1955年度　事業報告書』。

（本章内で参照した新聞記事）

『沖縄朝日新聞』

『沖縄タイムス』

『南海時報』

『琉球新報』

附表　水爆実験にかかる沖縄における新聞報道（筆者作成）

紙名	日付	朝夕	頁	記事名
新報	3.19	夕	2	恐怖の被爆騒ぎ 沖縄では心配ご無用
新報	3.26	朝	2	増える漁獲高 値段も大巾に下る 昨年2月との比較
タイムス	3.27	朝	3	原爆マグロ ここでもひと騒がせ とんと売れぬ 那覇市場 契約ずみの千葉の漁夫 沖縄への出漁渋る
新報	3.29	朝	2	原爆マグロ 沖縄は大丈夫
新報	3.31	朝	2	鮮魚の卸値暴落 だが小売値は依然釘づけ
タイムス	3.31	夕	2	冷蔵庫に眠る九万斤 セリ値ぐつと落ちる 小売りは余り変らぬ
新報	4.12	朝	2	鮮魚値もち直る
タイムス	4.12	朝	3	ビキニからセレベスへ 舵かえた日本の漁船 競争場裡にたつ大ほう・銀嶺
新報	4.13	朝	3	ガイガー計器も登場 きのう銀嶺丸のエモノ七万斤
新報	4.13	夕	2	世は被爆恐怖症時代　このマグロ心配ご無用　きょうもガイガー計数器で測定
タイムス	4.13	朝	3	きのうのマグロ船 念のため放射能調べ 魚はきょう再検査 船体・乗組員は異状なし
タイムス	4.13	夕	1	ガイガー氏登場…
タイムス	4.13	夕	2	銀嶺丸 "お魚にも放射能なし" けさの検査でほっとひと息
新報	4.14	夕	2	とんだ濡れギヌ 福岡で沖縄マグロも
タイムス	4.14	朝	3	"もう安心です" マグロ船 今後漁獲毎に検査
新報	4.20	朝	3	賑おう魚市　マグロ検査のその後 売行きもピンと上昇
新報	5.14	朝	1	さらに放射能を検出 大阪入港の漁船二隻から
新報	5.16	朝	2	卸値下落の鮮魚 4月の糸満・泊セリ市
タイムス	5.18	夕	2	拡がる放射能騒ぎ 宮古近海の空気中に "危い" 香川の漁船引返す

タイムス	5.18	夕	2	那覇市場 魚売行きがガタ落ち "早くガイガーを備えて"
新報	5.19	朝	2	鮮魚卸値益々下落 原爆騒ぎの影響か
タイムス	5.19	朝	3	放射能 "住民の不安除け" 議会 政府へ対策を要望
タイムス	5.19	朝	3	魚はいちいち検査する
タイムス	5.19	夕	2	宮古沖の放射能 "計数管が故障だった" 香川丸より続いて連絡
タイムス	5.19	夕	2	"刺身は大丈夫" 伊豆見医師の話
新報	5.20	朝	3	"放射能なし"の太鼓判 当分ガイガー検査を続行 お魚きょう晴れて市場へ
新報	5.20	夕	1	お魚は 安心して召し上れ 放射能の検査当分継続
タイムス	5.20	朝	3	大ほう丸 "放射能はない" きのうマグロ二万斤 ガイガーが太鼓判
タイムス	5.20	朝	3	ガイガーを五台発注
タイムス	5.20	朝	3	これこの通り
タイムス	5.20	夕	2	けさの魚もOK セリ市 毎朝ガイガーで検査
新報	5.21	夕	1	張り切る気象台 早くも台風に取っ組む 放射能測定も
新報	5.21	夕	1	魚 売れ行きさっぱり「大丈夫」の貼紙もきかず
タイムス	5.21	夕	2	魚 ぼつぼつ買手つく 値段は四割もガタ落ち "心配ご無用"業者は躍起
タイムス	5.21	夕	2	香港近海の魚にも"放射能"
タイムス	5.22	朝	3	お魚 業者は必至の呼びかけ チンドン屋もくり出す
タイムス	5.23	夕	2	鮮魚売悩み 昨今の泊セリ市場
新報	5.26	夕	2	宮古でも放射能騒ぎ ガイガー器引張りだこ
タイムス	5.26	朝	2	"台湾でも放射能なし"
新報	5.27	朝	2	今年は鰹の当り年 各地から大漁の報続々
新報	5.27	朝	3	琉水社がマグロ試食会
タイムス	5.27	朝	3	マグロの珍味を存分に 琉水社苦肉の宣伝
タイムス	5.27	夕	1	放射能素人放談(上)
新報	5.28	夕	3	これこの通り マグロ試食に饒舌
タイムス	5.28	朝	3	"安全マグロ"主席も下つづみ
タイムス	5.28	夕	1	放射能素人放談(下)
新報	5.29	朝	3	本部町 鰹すでに13万斤 大漁に祟る放射能騒ぎ
新報	5.29	朝	3	漁業者懇談会 放射能騒ぎ等を協議
タイムス	5.29	朝	2	購入に努めたか 人民党と与儀 "ガイガー器は発注した"
新報	5.29	夕	2	大東島でも放射能騒ぎ 天水とマグロを送り放射能騒ぎ
タイムス	6.1	夕	2	またも放射能 沖縄近海の魚 大坂で六百貫を廃棄
新報	6.2	夕	2	放射能雨の危険 沖縄でもあり得る 気象台長の話 天水の常用に警告
新報	6.2	朝	3	来月から放射能測定 気象台が恒久業務に
タイムス	6.2	朝	3	"放射能なし"魚や雨水
新報	6.3	朝	3	"放射能なし"大東の雨に軍発表
新報	6.3	夕	1	マグロ刺身で舌鼓 初漁獲に放射能微小

新報	6.3	夕	2	放射能雨めぐる全住民の不安一掃へ
新報	6.4	朝	3	放射能に政府の対策を決る 魚類など常時検定で
新報	6.6	朝	3	あす天水を合同検査委 放射能騒ぎの不安一掃へ
タイムス	6.7	夕	2	放射能"問題は量" ただビクつくのはいけない
新報	6.8	朝	3	雨水にも放射能なし 軍化学班検査で太鼓判
新報	6.8	夕	2	銀嶺丸の土産九万斤 放射能は心配ご無用
タイムス	6.8	朝	3	"天水もまず心配なし" きのうガイガー街頭へ
タイムス	6.8	夕	2	けさ大漁の銀嶺丸 早速ガイガー、ザッツOK
新報	6.11	夕	1	沖縄近海で放射能魚 日本水産庁沿岸調査
タイムス	6.11	朝	3	安心して召し上れ 銀嶺丸のマグロもOK
タイムス	6.11	夕	1	日本近海も汚染? 水産庁が放射能調査へ
新報	6.13	夕	2	放射能雨 不安ようやく去る 気象台の話 本土も一万分の一
新報	6.13	夕	2	罪な放射能騒ぎ 市場に描く鮮魚値の動き
タイムス	6.14	朝	3	ガイガー講習へ二氏 宮城技手はきょう出発
新報	6.15	夕	2	ギョッ! マグロの贈物 久高島民ガイガーやあーい
新報	6.22	朝	2	取越し苦労だ ガイガー計数管騒ぎ 専門家の意見
タイムス	6.22	朝	3	"放射能騒ぎは取越し苦労" 不安一掃に軍が発表
新報	7.8	夕	2	夏海! 大漁つづく 海の幸今が絶頂 放射能騒ぎ解消業界ホクホク
タイムス	7.20	朝	3	ガイガー来月初め着く 脳炎ワクチンは輸入見合わせか
タイムス	7.26	朝	3	ガーガーものすごい反応! 放射能あてられた地元業者
新報	7.28	夕	2	雨水、牛乳に放射能なし
タイムス	8.3	夕	2	ガイガー台湾へ 大脇博士ら本島に立寄る
新報	8.4	夕	2	放射能検出に自信 気象台にガイガー計数管 自記雨量計到着
タイムス	8.8	夕	1	放射能を毒味する
タイムス	8.9	夕	2	原水爆禁止運動に四百万人が署名 注目ひいた沖縄代表の演説
タイムス	8.15	朝	3	放射能の講習
タイムス	8.29	朝	3	ガイガー講習 あすから三朝間
タイムス	10.19	夕	2	放射能魚 黒潮にのって北上
新報	12.24	朝	1	マグロなど 放射能の心配なし

第III部

グローバルな連帯から
考える核問題

第**7**章

核のゴミを押し付けられる
太平洋

中原 聖乃

1 | 先進国による核のゴミの海洋投棄

　第二次世界大戦後、海は放射性物質を投棄する空間となった。米国は、1946年から70年まで、10万キュリー (Ci) の低レベル放射性廃棄物をカリフォルニア沖の海洋に投棄してきた。後に、イギリスも放射性物質の海洋投棄を行った。日本も原発から出た低レベル放射性廃棄物を1955年から69年まで、千葉県沖や三重県沖の海底に投棄していた (豊崎 2005：179)。

　海洋で確認される放射線には二つの要因が考えられる。一つは、核兵器の製造や廃棄にかかわる放射性物質である。1942年に米国で始まったマンハッタン計画を皮切りに、その後ソ連、中国、フランス、イギリスも核兵器の開発をはじめた。しかしながら、ほとんどの核兵器が、米ソにより製造されたものである。このころまでに海洋投棄された放射性廃棄物は、こうした核兵器開発における廃棄物や、核兵器開発や原子力発電に向けた研究の過程で生じた放射性廃棄物である可能性が高いのではないだろうか。日本でも1955年より1969年までの間、日本放射性同位元素協会が放射性同位元素の分配作業で発生した微量の放射性廃棄物を伊豆諸島利島付近の海域に投棄していた (ATOMICA 2005)。

　このように核兵器開発国は、核兵器の製造や廃棄の過程で生じた放射性廃棄物を、自国の比較的近くで、海洋投棄を行った。もう一つは原子力発電に由来

144

第Ⅲ部
第7章 核のゴミを押し付けられる太平洋

する放射性廃棄物である。1980年代になると原子力発電を持つ国々が、自国の原子炉の稼働によって出される放射性廃棄物の処分方法として、自国の土地以外での処分や投棄を模索するようになる。当時原発は、廃棄物の処分方法が決まっていないのにもかかわらず、新規原子炉が建設・稼働され続けることから「トイレのないマンション」と揶揄された。1970年代後半からの日本や韓国が原子力発電から出てくる放射性廃棄物の海洋投棄を模索した。このように、戦後からしばらくは核兵器の開発競争から生まれた核廃棄物が、1970年代後半からは先進国の原子力発電の稼働による核廃棄物の処分問題が背景にある。

2 │ 日本による海洋投棄

　太平洋島嶼にとって新たな問題として現れたのが、日本による放射性廃棄物の海洋投棄である。日本政府は、1972年と1979年の2回にわたって調査を行った結果、低レベル放射性廃棄物の海洋投棄を行うことを決定した（小柏 2001：24）。場所は、サンゴ環礁である北マリアナ諸島マウグ島付近であった（Branch 1984：329）。また日本は、1980年に、日本、台湾、韓国からの高レベル放射性廃棄物貯蔵施設を太平洋に建設するために、米国との共同研究を始めていた（Branch 1984：32）。グアム日刊紙『パシフィック・デイリー・ニュース』が、日本の海洋投棄について報道すると、4月には、グアムで、投棄計画中止を求める「核廃棄物投棄に反対するマリアナ同盟」が設立された（横山 1981：23）。グアム、サイパン、サモア、ナウル、米国からの独立を模索していた米国の信託統治領地域であるミクロネシア地域はグアムに集まり、日本の海洋投棄を議論するアソシエーションを結成した（Branch 1984：329）。日本政府は海洋投棄への理解を求めるための使節団をグアム、オーストラリア、ニュージーランド、サモア、フィジー、パプアニューギニアの各国に派遣したが、同意を得られることはなかった。

　1981年、グアム副知事と北マリアナ諸島知事は日本を訪れ、海洋投棄の中止を求める請願書を日本政府に提出し科学技術庁長官である中川一郎とも面談を行った。この席で中川は、日本の核廃棄物のドラム缶と「同じベッドで抱き合って寝ても危険はない」という、有名な発言をしたのである（Branch 1984：329）。

このような日本の動きに対して、太平洋の人びとはいち早く団結して抗議を行ってきた。それが可能となったのが、核実験の経験とそれに対する抗議行動である。太平洋では、米国、イギリス、フランスが核実験をしてきたことは本書で扱っている通りである。

　これらの大国による核実験のうち、太平洋の人びとにとって問題となっていたのは、フランスの核実験である。というのも、1963年に米国・イギリスは、大気圏核実験を禁止する部分的核実験禁止条約（PTBT）を締結し、太平洋地域における核実験を中止した。ところが、PTBTに調印しなかったフランスは、1966年からフランス領ポリネシアのムルロア・ファンガタウファ両環礁において、核実験を実施した。このフランスによる核実験は、当時、脱植民地化の途上にあったミクロネシア、ツバル、フィジー、バヌアツといった太平洋島嶼から厳しい非難を浴びたのである（小柏2001）。フランスの核実験に対する非難をさらに効果的に進めるために、1971年に、南太平洋フォーラム（SPF、現太平洋諸島フォーラム（PIF：Pacific Islands Forum））を設立した。

　抗議活動はさらに展開していった。1981年のフォーラムの年次会議は、太平洋における放射性廃棄物の投棄計画の破棄を求める決議を採択して閉幕した（小柏2001：25）。

　1983年3月1日、フランス核実験と日本の核のゴミの海洋投棄に反対する運動が世界的に高まり、76カ国による署名が付された請願が、日本の科学技術庁に提出された（Branch 1984：329）。日本の海洋投棄で現実的な問題となった低レベル放射性廃棄物の海洋投棄についても、1983年のロンドン締約国第7回協議会議で、「すべての放射性廃棄物の海洋投棄の2年間の停止」が決議として採択された。1985年1月、中曽根康弘首相は、フィジーにて、放射性廃棄物の太平洋への投棄計画を無期限停止すると発表した（小柏2001：28）。1993年第16回ロンドン会議において、放射性廃棄物の海洋投棄は全面的に禁止となった。

　一方、バヌアツが提案した放射性廃棄物の投棄を禁止する南太平洋非核地帯条約の設立は、長らく棚上げされてきたが、1983年、再びフォーラムの場で議論されるようになり、1985年のフォーラム年次会議において、採択調印され、翌年発効した。南太平洋非核地帯条約は、核兵器に関する条項だけではな

く、放射性廃棄物質の投棄防止条項を含む画期的な内容となっている。

このように、太平洋島嶼地域は、南太平洋フォーラムを足掛かりとして、日本の放射性廃棄物の海洋投棄に一貫して反対してきた。結果的に日本の海洋投棄を阻止するとともに、ロンドン条約の強化、南太平洋非核地帯条約の発効をもたらした。太平洋に暮らす人は、海の資源を生活の糧としていること、そしてそうした人びとと政府との関係が近いことによって、信念をもって粘り強い交渉を行うことができたのである（アレキサンダー 1992）。

図1　瑞浪超深地層研究所（筆者撮影）

放射性廃棄物の海洋投棄が不可能となった日本に触れておこう。高速増殖炉や新型転換炉の開発などを専門とする事業団である動力炉・核燃料開発事業団（通称は動燃）[1]が、1986年より岐阜県瑞浪市で、岩盤や地下水の調査・研究を開始した（図1）。そして、2002年に東濃鉱山近郊に瑞浪超深地層研究所を設置し、放射性廃棄物の地層処分の研究が、2019年度末まで実施された。いまだ実際の放射性廃棄物処分は始まっていないが、原発誘致計画がとん挫している山口県祝島に使用済み核燃料の中間貯蔵施設建設計画がある。

3 │ マーシャル諸島処分場建設計画

これまで見てきたのは、先進国が太平洋を核のゴミ捨て場として使おうとする動きであったが、太平洋内部から核のゴミを誘致しようという動きもあった。

マーシャル諸島のアマタ・カブア大統領は、信託統治領下にあった1983年、核実験により汚染された島を、低レベル廃棄物一時保管場所として提供する提案を日本に対して行った（毎日新聞 1981）。日本は技術的な理由でこの申し出を断った。しかし1986年に独立国となったマーシャル諸島は、米国の産業廃

棄物処分場と高レベル核廃棄物処分場候補地として、エリカブ（Erikub）環礁を選び、米国の民間会社と建設の仮調印をした。しかし、この計画は、太平洋の周辺諸国・地域からの猛反発を招いた。マーシャル諸島の現地紙『マーシャル・アイランズ・ジャーナル』も、1988年1月1日処分場建設に反対を表明した（豊崎 2005：404）。1988年4月、アマタ・カブア大統領は、米国などの原子力発電所から出る高レベル放射性廃棄物の保管場所として、この地域を研究することを提案した（The New York Times 1988）。しかしこれも、地域住民や周辺諸国の反対を受け、断念していた。1988年10月には再び、マーシャル諸島政府、処分場建設のための環境影響調査契約を米国と調印したが、ウォッチェ環礁、およびマーシャル諸島住民などによる激しい反対運動が起こり計画は再び頓挫した（豊崎 2005：403）。

　1994年8月初め、アマタ・カブア大統領は、ふたたび放射性廃棄物の最終処分場計画を発表した。トニー・デブルム議員も「どれだけひどいか見てくれ。ひどいとわかったら処分場にして回復の資金を提供しないと」（読売新聞 1994）と発言した。マーシャル諸島大統領は、地質の古さや安定さという優位点を説明し、積極的に放射性廃棄物を受け入れようとしたのである（The Seattle Times 1994）。

　1997年マーシャル諸島は、経済的苦境を脱するための収入源として処分場を設置することを再び打ち出した（朝日新聞 1997）。この時、台湾からは、北朝鮮とマーシャル諸島に自国の核廃棄物を送ろうとする計画が持ち上がっていた。北朝鮮からも、台湾からの20万バレルの核廃棄物の受け入れを、1000万ドルと引き換えに同意した（The New York Times 1997）。

　マーシャル諸島における放射性廃棄物の受け入れは、現在も行われておらず、北朝鮮が台湾から放射性廃棄物を受け入れた形跡はない。

4 ｜ 核のゴミ

　太平洋の「核のゴミ」といっても、地域や国によって事情が異なり、対応も異なる。フィジー、バヌアツ、パラオといった核実験が行われなかった国々は、核のゴミはあるものではなく、これから来ることを「避けるべきもの」となる。一方、核実験が行われたマーシャル諸島やキリバスは、核のゴミはすでにある

ので、「追い出すべきもの」となる。しかしながら、本章で紹介したマーシャル諸島の事例は、すでにある核のゴミを追い出すために、先進国の核のゴミを受け入れることで、自国の核のゴミをアピールするという皮肉、かつ苦渋の政策がとられたことは理解しておくべきであろう。

　太平洋から核のゴミを追い出したとしても、それはまた別の場所に向かう。例えば日本の核のゴミは、一時ベトナムやモンゴルへ輸送することが検討された（電気事業連合会 2015；衆議院 2011）。核のゴミを排出し続ける国がある限り、ゴミの押し付け合いは終わらないのである。

　資源の多くを海洋資源に頼っているオセアニアの人びとが、海の環境汚染を深刻に受け止めるのは当然のことである。このことを理解せずに福島原発事故の「処理水」を海に流そうとしているのが日本政府である。いや、本来日本も太平洋に位置する島国である。ほんの数十年前は「島国」という認識を持ち、日常的に魚を食していたが、魚離れが進んだ今、オセアニアの人びとの暮らしに対する共感力が低くなったのかもしれない。アジアの国という意識と同じくらいに、太平洋を共有する島国という意識を持つことも重要なのではないだろうか。

　福島で排出された「処理水」は、海流の流れによって、太平洋の海を循環していく。こうした海の循環を、潮の流れを読みつつ航海に利用して大海原を渡ってきたマーシャル諸島の人びとは、感覚的に理解しているように思える。それは「私の魚はあなたの魚」というマーシャル諸島で作られた動画によく表れている（MISA 2019）。

　地球上の7割を占める海洋と私たちの体の6割を占める水は、相互に行き来していることを忘れてはならない。核のゴミを海に捨てることが、こうした循環を通じて、めぐりめぐって私たちの体内に入らないとどうして断言できるだろうか。核のゴミを海に捨てることは、捨てられる場所だけの問題ではなく、地球の循環を通して広範囲に影響を及ぼす可能性を考える必要があることを、マーシャル諸島の動画は訴えているように思える。太平洋を共有する同じ仲間として、日本がこの問題にどれほど当事者意識をもてるのか、いま島嶼国側から問われているとみることもできるだろう。

【注】

1. 後に核燃料サイクル開発機構を経て、2015年より日本原子力研究開発機構となり、現在に至っている。

【参考文献】

『朝日新聞』1997「核廃棄物の需要にマーシャル諸島が意欲」（6月11日朝刊）。

アレキサンダー、ロニー 1992『大きな夢と小さな島々——太平洋島嶼国の非核化にみる新しい安全保障観』国際書院。

小柏葉子 2001「南太平洋地域の核問題と日本」広島大学平和科学研究センター編『IPSHU研究報告シリーズ27　ポスト冷戦時代の核問題と日本』21–38頁。

国立研究開発法人日本原子力研究開発機構東濃地科学センター 2024「超深地層研究所計画」https://www.jaea.go.jp/04/tono/miu/（最終閲覧日：2024年1月29日）。

衆議院 2011「モンゴルへの核廃棄物貯蔵・処分場建設計画に関する質問主意書」（7月11日）https://www.shugiin.go.jp/internet/itdb_shitsumon.nsf/html/shitsumon/a177312.htm（最終閲覧日：2024年2月27日）。

電気事業連合会 2015「［ベトナム］低レベル放射性廃棄物の貯蔵・処分施設、2016 年に着工へ」（8 月 19 日 ）https://www.fepc.or.jp/smp/library/kaigai/kaigai_topics/1253071_4815.html（最終閲覧日：2024年2月27日）。

豊崎博光 2005『マーシャル諸島核の世紀——1914–2004〈下〉』日本図書センター。

『毎日新聞』1981「産業　電力・原子力　放射性廃棄物投棄問題：「ビキニなどに保管を」－マーシャル諸島構想」（9月8日東京朝刊）。

横山正樹 1981「核廃棄物の海洋投棄反対運動——太平洋諸島の住民の場合」『公害研究』10(4)、22–29頁。

『読売新聞』1994「核実験の後遺症に苦しむマーシャル諸島　核廃棄物処分場に名乗り」(9月13日東京夕刊)。

『読売新聞』1996「［Tokyo発］放射性廃棄物処分施設の建設実現に意欲／マーシャル諸島大統領」（10月16日東京朝刊）。

原子力百科事典ATOMICA 2005「わが国の海洋投棄中止にいたる経緯」https://atomica.jaea.go.jp/data/detail/dat_detail_05-01-03-11.html（最終閲覧日：2024年2月27日）。

Branch, James B. 1984.The Waste Bin: Nuclear Waste Dumping and Storage in the Pacific. *Ambio*, 13, pp.5–6.

MISA. 2019. My Fish is your Fish (July 5) https://www.youtube.com/watch?v=xDVND8mPaso（最終閲覧日：2024年2月20日）。

The New York Times 1988. Atom Waste: Worth Money to Bikinians? (April 14) https://www.nytimes.com/1988/04/14/world/atom-waste-worth-money-to-bikinians.html（最終閲覧日：2024年1月29日）。

The New York Times 1997. North Korea Agrees to Take Taiwan Atom Waste for Cash

(February 7) https://www.nytimes.com/1997/02/07/world/north-korea-agrees-to-take-taiwan-atom-waste-for-cash.html（最終閲覧日：2024年1月29日）。

The Seattle Times 1994. Marshall Islands Ask to Be International Nuclear-Waste Dump (August 16) https://archive.seattletimes.com/archive/?date=19940816&slug=1925510（最終閲覧日：2024年1月29日）。

第8章

太平洋諸島の核実験と地域協力機構

太平洋諸島フォーラムの設立と課題

黒崎 岳大

1 │ 太平洋諸島フォーラムの誕生

　太平洋の島々は、パプアニューギニアを除き、人口100万人以下のマイクロステイツであり、第二次世界大戦後独立した新しい国々である。その一方で、これらの国々は、現在グローバルな課題に直面する最前線としても知られている。とりわけ気候変動問題と並んで、大きく取り上げられるのが核問題である。大戦後、植民地から独立する以前においては、いくつかの島々は、宗主国である欧米諸国によって核実験の場として利用されてきた。すなわち、米国の核実験として選ばれたマーシャル諸島ビキニ環礁およびエヌエタック環礁、イギリスの核実験場所とされたのがキリバス東部のライン諸島に位置するクリスマス島、そしてフランスの自国の海外領土であるフランス領ポリネシアのムルロア環礁である。なお、イギリスはオーストラリア国内の砂漠地帯でも核実験を実施した。

　アジア・アフリカ諸国の植民地が独立する中、太平洋諸島では旧宗主国と地域の先進国であるオーストラリア及びニュージーランドによって「南太平洋共同体」（South Pacific Community、現在の「太平洋共同体事務局」）を構成し、太平洋諸島の自立に向け、経済支援や技術協力が実施された。しかし、これらの加盟国は、核実験の実施を含め、地域における政治的な問題については互いに不干渉とし、各国が実施する核実験に対しては議題にすらあげられることはな

かった。これに反発したのが、現地の島嶼住民たちである。彼らは自分たちの意思とは関係なく、欧米諸国が核実験をすることを非難し、そのことが1962年の西サモア（現在のサモア独立国）を皮切りに、1970～90年代に次々と独立していく契機となった。

図1 フィジーにある太平洋諸島フォーラム事務局 2011年（筆者撮影）

独立はしたものの、当初の小島嶼国は、政治・経済・社会の様々な側面で旧宗主国に依存する状況は続いた。しかしながら、それでは自分たちの直面している問題の解決にはつながらないということで、小さいながらも協力して国際社会で問題をアピールしていこうという動きが強まっていく。1971年、当時独立していたフィジー・ナウル・西サモア・トンガ・クック諸島（ニュージーランドと自由連合協定を結び自治権を獲得）に加え、オーストラリア及びニュージーランドの参加で、南太平洋フォーラム（SPF、現在の太平洋諸島フォーラム（PIF））が設立された。この先進国の両国が参加するにあたり、当初反対する島国もあったが、フォーラムを運営していく上での経済的な事情に加え、両国は島国が懸念を示している核実験の問題に対して国際社会で強く批判する姿勢を示していたことにより、島嶼国も同じ関心事を共有しているということから加盟を認めることになったとされている。

2 ｜ 太平洋諸島フォーラムの発展と核問題

島国の独立からSPFの設立当初の1960～70年代において、南太平洋地域での核実験問題の対象として注目された場所が、1966年から核実験が実施され始めたフランス領ポリネシアのムルロア環礁である。それまで核実験を実施してきたアルジェリアが1962年に独立したことにより、フランスはこのムルロア環礁を新たな実験場に決めた。ムルロア環礁での核実験に対して、太平洋諸

島の住民たちは、自国の領土のすぐそばで行われてきたこと、また同胞たちがフランスの施政下で苦悩していることから、反対する運動を繰り広げるようになる。1970年には、キリスト教会や学生・教職員組合、労働組合、環境団体などが中心となり、ムルロア実験反対委員会が結成、その後この運動は太平洋諸島全体に広がり、1975年にフィジーの首都スバにて非核太平洋会議が開催された。SPFの設立後も、毎年加盟国の持ち回りで開催される年次会合で、経済協力と並ぶ重要事項として核実験の問題が取り上げられ、共同宣言であるコミュニケにて核実験を非難する旨が毎年付されることとなった。

　この反核運動は、地域内での協力から、国際場裡にもアピールを強めていく。1962年のキューバ危機での核戦争に巻き込まれかねなかった懸念を受けて、1963年に中南米地域の非核化を求める決議案が国連で採択、メキシコがリードする形でラテンアメリカやカリブ海地域での非核兵器地帯とする「ラテンアメリカ・カリブ核兵器禁止条約＝トラテロルコ条約(Treaty for the Prohibition of Nuclear Weapons in Latin America and the Caribbean：Treaty of Tlatelolco)」が調印された。これを見本にして、太平洋諸地域でも、1975年には、国連総会において南太平洋地域を非核地帯とすることを支持する国連決議が採択された。1985年には、非核問題に積極的な労働党政権となったオーストラリアがリードする形で、クック諸島で実施されたSPF年次会合において、同地域の非核地帯化を決める「南太平洋非核地帯条約＝ラロトンガ条約(South Pacific Nuclear Free Zone Treaty：Treaty of Rarotonga)」が署名され、翌年発効した。同条約では、締約国による核爆発(平和目的の核爆発を含む)装置の製造・取得・所有・管理、自国領域内における核爆発装置の配備・実験等を禁止し、域内海洋(公海を含む)への放射性物質の投棄の禁止をうたっている。この条約により核保有国に対して提出された議定書には、締約国であるSPF諸国に対する核兵器による威嚇や域内での核実験の禁止も求めている。これに対して、ロシア・中国・イギリス・フランスは批准しているが、米国は署名のみで、批准はしていない(福島 2017)。このように核実験問題は太平洋島嶼地域における共通の課題として認識され、地域全体で協力して核保有国を中心とした欧米諸国に対抗するようになっていった。

　1980〜90年代に入ると、北半球で核実験が実施されてきたマーシャル諸島

を含むミクロネシア地域もSPFに加盟し、2000年からは南太平洋フォーラムが太平洋諸島フォーラムに名称を変更、PIF加盟国がさらに拡大していく。一方で、加盟国の拡大は域内での意見の合意という点で問題も生じるようになる。新しく加盟したミクロネシア3国（ミクロネシア連邦・マーシャル諸島・パラオ）は、ラロトンガ条約に署名していない。これは、3国が米国と自由連合協定を締結していることから、地域の安全保障問題に関しては米国の許可が必要であることが理由であるとされる。特に、マーシャル諸島では核実験が実施され、国内北部の住民たちが米国に対して核実験に対する補償問題を抱えている一方、国内中部のクワジェリン環礁に米国の太平洋の軍事戦略上重要な位置にある米軍基地が設置されている点は注目すべきである。この点に関連し、2003年に改定自由連合協定の署名がなされた時、ケサイ・ノート（Kessai Note）大統領（当時）も「我が国は米国の安全保障の内側にある」と述べたところに複雑な事情が存在していることがわかる。マーシャル諸島がSPFに加盟したのも、米国との関係で対立が生じた際、もう一つの後ろ盾となる組織ができることを求めたことにあった。とはいえ、3国にとっての外交上の最重要基軸が米国であることは間違いない。

3 | 太平洋諸島フォーラム内部の混乱と域外国の影響

21世紀にはいると、それまで地域内の問題を協議し、国連などの国際場裡で共同歩調をとるという「域外目的の会議体」であったPIFが変質し始めた。2001年の同時多発テロや2002年のバリでオーストラリア人外交官が巻き込まれた無差別テロの影響もあり、オーストラリアがイニシアティブをとる形で、PIFの枠組みを基本とした地域統合・地域共同体を推進する動きが出始めた。地域内での経済的連携や域内での騒乱においては域内多国籍軍の派遣を行うなど、加盟国が一致して行動をとり、域内でのビジネスや労働力の一層の自由化を進めようとしていく。このオーストラリアの干渉強化に対して、同国やニュージーランドに移民を抱えるポリネシア諸国が支持する一方、フィジーやパプアニューギニアなどからは、両国があまりに介入しすぎることに対して反発する動きも出てきた。この分裂の動きが2010年代になるとさらに拡大する。PIF

の内部で、メラネシア・ポリネシア・ミクロネシアというサブリージョナルの枠組みでグループ化が進み、地域の域内協力をめぐり温度差が見られるようになる。すなわち、地域統合を促進したい豪州やニュージーランド、ポリネシアの国々に対し、島嶼国を中心とした統合（メラネシア）やあくまで共通課題を討議する会議体（ミクロネシア）という関係である（黒崎・今泉2016）。

　2021年には、その亀裂が具体化してしまった。次期PIF事務局長の人事をめぐり、ミクロネシア諸国（上記3国にナウル及びキリバス）は、事実上の3地域間での輪番制に基づき、マーシャル諸島のジェラルド・ザキオス（Gerald Zackios）元外務大臣を推薦した。これに対して、ポリネシア地域はこの輪番制を無視、ヘンリー・プナ（Hennry Puna）前首相が立候補し、オーストラリア・ニュージーランドの事実上の支持を得て当選した。これを受け5か国は自分たちの存在を無視されたとして、同年2月にミクロネシア地域の5か国がPIFからの離脱を宣言した。他の加盟国はミクロネシア諸国に謝罪をしつつ、離脱の撤回を求めていた。米国の介入もあり、22年には4つの国々は離脱しないことを決めた。その後、キリバスはPIFから一時的に離脱したものの、翌23年には復帰した。

　このPIF事務局長をめぐる混乱も3地域内の対立ではあるものの、立候補した有力2名の出身地の点から考えると極めて興味深い。2021年はPIFの前身のSPF設立50周年であった。そのメモリアルな年に、「ラロトンガ条約」が誕生したクック諸島出身のプナ氏が、現職首相の座を辞してまでもその事務局長に立候補し、就任したことは、地域問題で共同歩調をとるという点で、極めて大きな意味があるだろう。一方で、敗れたザキオス元外相も太平洋諸島における核実験の代表的な存在であるマーシャル諸島出身である。今回ミクロネシア諸国が裏切られたという感情を示したのも、地域協力の象徴と位置付けられた核問題も、地域における政治的対立の中では大きな問題とは捉えられていないということを暗示しているようにさえ思われたからだ。

　ラロトンガ条約が発効して35年が経ち、この地域の国際情勢も大きく動いている。条約発効時は、米ソ冷戦期であり、この条約は南太平洋地域がこの二大勢力に巻き込まれないことを望む姿勢を示すものでもあった。しかし、20世紀のソ連に代わり、現在は中国がこの地域に大きく進出し始めている。近年

では米国が、中国の海洋進出に警戒し、オーストラリアとの間で、インドや日本とともにクワッド（日本、米国、オーストラリア、インドの首脳による安全保障や経済を協議する枠組み）を結成し、「自由で開かれたインド太平洋構想」を掲げている。これを受け、オーストラリアも米国との間で原子力潜水艦の導入を進めているが、このことがラロトンガ条約に抵触しないのかという問題もある。太平洋諸島の地域協力のシンボルであった核問題は、新たな国際秩序の構築の前で事実上の有名無実化してしまうのだろうか。その動きをますます注視する必要があるだろう。

【参考文献】

黒崎岳大・今泉慎也編 2016『太平洋島嶼地域における国際秩序の変容と再構築』JETROアジア経済研究所。

福島崇宏 2017『非核地帯──核世界に対峙するリアリズム』風媒社。

第9章

帝国のホモ・サケル
太平洋核実験をめぐる当事者性と芸術の想像力

小杉 世

1 | はじめに

　日本は原爆の経験を持ちながら、1954年の第五福竜丸の被ばくの同じ年のうちに、核の平和利用の道をたどりはじめた。それは、米国の核の傘下に入り、戦後の産業的復興を実現するための道でもあった。東日本大震災から13年以上が経った今も、廃炉への道のりは遠く、被災者の生活の再建も、汚染水の処理をめぐる問題や核廃棄物の最終処理の問題も「解決」してはいない。狭い国土に50基を超える原発をもつ日本は、どの地域にいても、いわば「裏庭に原発がある状況」であり、どこに住もうとも、核の問題の非当事者であることは不可能ともいえる。

　ロブ・ニクソン（Rob Nixon）は放射能汚染や気候変動など「遅い暴力（slow violence）」と呼ぶ長い時間をかけてゆっくりと侵食する目に見えない環境の変化による影響を最も如実に受けるのは、その問題を生み出している先進国の富裕層でなく、かつて帝国主義や植民地支配の搾取を経験し、現在のグローバル資本主義経済の下部構造におかれる先住民コミュニティや、移民労働者、難民たちであることを指摘している（Nixon 2011）。目には見えない物質による実態を容易には把握できない放射能汚染の被害は、この「遅い暴力」の典型である。目に見えない暴力を可視化することは、芸術や文学がしばしば担ってきた課題

であった。本章は文学や芸術の表象研究の領域から、オセアニアの核軍事化が及ぼした影響を考察する。

コミュニティによってスポークス・パーソンとなる当事者がいるかどうかは、「声」が聴かれるために重要である。たとえば、カナダのウラン鉱山で働いた先住民の被ばくの問題を扱うドキュメンタリー映画『寡婦たちの村 (Village of Widows)』(1999) には、自らのコミュニティの抱える問題を外に出て訴えることのできる知識人女性の存在があるが、問題を抱えるすべてのコミュニティがこのような力強いスポークス・パーソンを内部にもつとは限らない。それがない場合、声を「拾う」役割は、ジャーナリストや研究者であったり、あるいは芸術家であったりする。

昨今、帝国主義や核軍事主義の問題を国や地域を超えてとらえようとする研究が行われているが、その重要性は、それぞれの地域や事象の差異を認識すると同時に、その差異を超えて、何かを分有していく可能性を見出すこと、異なる地平に立つ者同士が互いの状況に想像力を働かせることである。作家や芸術家が何かを表象するとき、読者や受容者に求められるのもこの想像力である。ガヤトリ・C・スピヴァク (Gayatori C. Spivac) は、芸術や人文学による「美的教育 (aesthetic education)」を「想像力の訓練による欲望の再配置」(Spivak 2012：125) と呼ぶ。芸術や文学は、「他者」の体験のなかに入り込み、それによって、何らかの変化を受ける体験である。作家や芸術家は、媒体として様々な次元の「当事者性」をもつ。そして、芸術は当事者と非当事者が出会う場であり、何らかの変化が受容者の間に生じる可能性をもつ。スピヴァクによれば、「想像力の訓練」は、人間の欲望そのものを内から変える力をもつ (Spivak 2012：131)。

人間の活動が地球の環境やその存続自体に大きな影響を与える新しい地層時代が人新世と呼ばれるなかで、脱人間中心主義的な視点で、さまざまな生命からなる惑星を見つめる想像力が今日、必要とされている。人新世を生きる我々に必要なのは、「人間中心的視点」から「生命中心の視点」への転換であるとディペッシュ・チャクラバルティ (Dipesh Chakrabarty) は主張する (Chakrabarty 2015)。チャクラバルティがここでいう「生命」とは、人間以外のあらゆる種を含む生を指し、ギリシャ語の「ゾーエー」にあたる。それは社会的な生を意

味する「ビオス」に対して、動物にも人間にも共通する単に生きているという生の状態である。ジョルジョ・アガンベン（Giorgio Agamben）が『ホモ・サケル──主権権力と剥き出しの生』のなかで「名をもたない剥き出しの生」（アガンベン 2007：172）と呼ぶものもこの「ゾーエー」である。社会のなかで生きる権利を剥奪され共同体の外におかれた存在、共同体から締め出され法の外におかれて「殺害可能」とされた存在をアガンベンはホモ・サケルと呼ぶ。アガンベンは収容所や刑務所の収容者が、戦時中に実験材料（人間モルモット）として使用されたことに言及するが、核実験の被害者は、兵士も民間人も、この「剥き出しの生」を生きるホモ・サケル、つまり、国家の平安、あるいは世界の平安を守るために（という大義をかかげて）、帝国が犠牲にしてもよいとみなした存在であった（アガンベン 2007）。

　帝国の太平洋核実験の舞台となったオセアニアの芸術には、そのような「帝国のホモ・サケル」と呼ぶべき存在がしばしば表象される。本章では、オーストラリアのアボリジナルのイワニ・スケース（Yhonnie Scarce）のガラス・アート、ニュージーランド在住サモア人舞台芸術家レミ・ポニファシオ（Lemi Ponifasio）の舞台芸術、マーシャル諸島出身の詩人キャシー・ジェトニル＝キジナー（Kathy Jetñil-Kijiner）をとりあげ、これらのアーティストがそれぞれ異なった当事者性に根差して、いかに帝国のホモ・サケルの存在に光を当てているかを論じる。

2 ガラスのヤムイモと アボリジナルの苦難の歴史

　オーストラリア南部のアボリジナルのコミュニティに出自をもつガラス造形芸術家イワニ・スケース[1]は、ロケット発射場のあるウーメラ（Woomera）に生まれ、マラリンガ（Maralinga）砂漠で行われた核実験で被ばくした親族をもつ。スケースはオーストラリアの植民地化の過程において虐殺の対象となったアボリジナルの苦難の歴史を表象し、植民地主義の暴力を批判している（小杉 2016）。

　ヤムイモは人の移動に伴って広く伝播し、アフリカ、カリブ、太平洋島嶼部において、主食となる根菜類のひとつであるが、スケースはヤムイモ型のガラス細工をアボリジナルの身体を表象するモチーフとして用いる。首を紐で縛っ

第Ⅲ部
第9章　帝国のホモ・サケル

て吊るされた15体のヤムイモ型の黒いガラスの人形を十字架の形に配置した『彼らが望んだこと(What They Wanted)』(2012)、アクリル製の実寸大の透明の棺のなかに積み重ねられた400個のヤムイモ型の黒いガラス細工Blood on the Wattle (2013) などの作品がその例である。後者は1849年に南オーストラリアのエリストンの海岸の断崖に追い詰められ突き落とされて虐殺されたアボリジナルたちを表象している (Human Rights in Australia 2013)。

　紐で首を縛って吊るされた黒いガラスのヤムイモは、入植者たちによって殺され見せしめとして吊るされたアボリジナルの死骸であると同時に、20世紀の同化政策による混血のアボリジナルの子供たちの施設への隔離や派遣先の白人家庭における性的虐待、刑務所における暴力などによる自殺など、現代にいたるまでの長い歴史のなかで命を奪われた多くのアボリジナルの犠牲者たちを想起させる。入植者が「テラ・ヌリウス(Terra Nullius＝無主地)」と呼んだオ

図1　『雷が降らせる毒（原題：Thunder Raining Poison）』左：全体／右：拡大
(Courtesy of the Artist and THIS IS NO FANTASY + dianne tanzer gallery)

ーストラリアでは、アボリジナルは「人間」とみなされず、1960年代後半まで市民権も与えられず、人口統計にも入っていなかった。アクリル製の棺に積み重ねられた黒いヤムイモ型のガラスの死骸（手榴弾のようにも見える）は、今もオーストラリアの大地に過去の名のない犠牲者たちが沈黙のうちに横たわっていることを示唆する。

　冷戦期の核実験が行われたとき、入植者にとって「目に見えない存在」とされたアボリジナルたちの被ばくについては、核実験で土地を追われたピチャンチャチャラ（Pitjantjatjara）の人びとの体験を広島で被ばくした一般市民の日常と重ねた戯曲『ナパジ・ナパジ（原題：Ngapartji Ngapartji）』が描かれ、東日本大震災後に東京で日本語のリーディング上演がなされた[2]。スケースのマラリンガ訪問から生まれた『雷が降らせる毒（原題：Thunder Raining Poison）』（2015年10月〜2016年1月展示）[3]は、オーストラリアの植民地化の暴力のひとつとしての核実験をガラス・アートで表象している。

　「帝国のホモ・サケル」なるアボリジナルを黒いガラス細工のヤムイモで表象したスケースは、この作品においては、ところどころに緑色のまじる半透明のヤムイモ型のガラス細工を用いて、砂漠での核爆発で生成される放射性の鉱石トリニタイトをイメージしている。スケースの祖父の属するコカーサ（Kokatha）の土地ではオーストラリア最大のウラン鉱山開発が行われ、その西のピチャンチャチャラの人びとと同様に、1953〜1963年にかけてマラリンガ砂漠で行われた核実験による健康被害を受けた。核爆発で舞い上がった砂漠の砂は高熱で溶け、緑色をおびた放射性のガラス質の鉱石トリニタイトになる。今もマラリンガの砂漠の一部は除染しきれないこれらの放射性物質の破片に覆われている。ギャラリーの天井の5mの高さから吊るされた2000個のヤムイモ型の半透明のガラス細工からなるキノコ雲は、爆風で舞い上がった砂が熱で溶けてガラス化するその瞬間をとらえている。ヤムイモは乾燥地帯での貴重な食糧であるが、ガラスのヤムイモは、核実験によって砂漠が汚染され不毛の土地となったことを示している（Art Gallery of South Australia 2015；NGV Melbourne 2017）。

　『雷が降らせる毒』の異形の、同時に美しくもある無数の半透明のガラス細工は、核実験で先祖の土地の砂が放射性の鉱石になる過程をとらえ、放射性物質を含む雨が大地を汚染することをあらわしている。しかし、同時にスケー

スはガラスの「強固さ」にアボリジナルのレジリアンスを見る（Human Rights in Australia 2013）[4]。アボリジナルの詩人アリ・コビー・エッカマン（Ali Cobby Eckermann）もこの作品に触発されて書いた同タイトルの詩[5]のなかで、この作品の2000個のガラスのヤムイモに失われたアボリジナルたちの生命を重ね、人間だけでなく「空に手をあげて死んだ木たち[6]、死んだ鳥たち」の失われた生命を重ねて、「2000人いやそれ以上、私たちの心は打ちひしがれてもガラスよりも強い、私たちは常に立ち上がる、2000人いやそれ以上、私たちを打ち砕くことはできない」とうたう。

　スケースが新作を出品した国際芸術祭「あいち2022」[7]のテーマはSTILL ALIVE（今、を生き抜くアートのちから）であったが、スケースは初期の作品から一貫して植民地主義の暴力とそれに抗って生き抜いてきたアボリジナルのレジリアンスをテーマとしてきた。また、筆者の目には、天井から吊るされたこの半透明のガラス細工は、奪われた生命が魂となって、天に立ち昇るさまにも見え、マーシャル諸島の軍事基地クワジェリン島と隣接するイバイ島を舞台にしたハワイ在住米国人作家ロバート・バークレー（Robert Barclay）の小説『メラール――太平洋の物語（Meḷaḷ：A Novel of the Pacific）』（2002）で伝説の英雄エタオによって解放された骨のない胎児たち（核実験の影響で生まれたjellyfish babies）の魂が天に立ち昇っていく光景を連想させる[8]。アボリジナルが根差す土地の「砂」から生まれ、アーティストの息によって形（生命）を与えられたこのガラス造形作品は、アボリジナルの集合的な記憶の結晶化であり、「見えない」犠牲者たちの存在に形を与え、当事者と非当事者の想像力にはたらきかけながら、植民地化の暴力の歴史のなかで沈黙させられた声なき存在を形象化している。

3 ｜ レミ・ポニファシオの 舞台芸術における核の表象

　ニュージーランド在住サモア人舞台芸術家レミ・ポニファシオの舞台芸術においても、核の表象は西洋の植民地主義の暴力の歴史の文脈において、しばしば現れる。太平洋の植民地化の歴史を描いた『パラダイス（Paradise）』（2003年初演）は、フランス政府からタヒチ公演中止の要望があり、ある場面でのフランス国歌の使用と核実験の映像をカットする形で上演が行われた。それ以降、

『天空の鏡の鳥たち(Birds with Skymirrors)』(2010年初演)、『クリムソン・ハウス(The Crimson House)』(2014年初演)、『アイ・アム(I AM)』(2014年初演)と、次第に抽象化しながらも繰り返される核の表象の根底にあるのは、かつて太平洋で行われた核実験に対するポニファシオのオセアニア人としての「当事者性」であろう。サモアに生まれ、ニュージーランドで教育を受け、現在、オークランドに拠点をおいて、世界的に活動する舞台芸術家ポニファシオは、自らが率いるアーティストのグループMAUを立ち上げる前に、10年ほど日本に在住経験があり、そのとき日本の舞踏にもふれている。彼の作品に、舞踏の影響をみる西洋の批評家もあるが、あくまでポニファシオの根底にあるのは、オセアニア人としての植民地主義の暴力に対する「当事者性」であると思われる。冷戦期のマーシャル諸島をはじめとする太平洋核実験のグローバルな放射性降下物はオセアニア全域にわたっていたことが現在は公開されている放射性降下物マップによってあきらかになっているが、サモアも例外ではない(Bolton 2021：7)。ここではポニファシオの核表象を、クリスマス島の核実験についてのインタビューとの関連において、表象世界と現実世界を筆者自身の想像力でつなぎながら論じてみたい。

　『クリムソン・ハウス』の上演パンフレットには、マウイ(マオリ神話のトリックスター)が太陽を飼いならし、その運航を遅らせて以来、人間はテクノロジーの進化と血統の管理によって「帝国の未来」を保証する道を歩み続けた、というポニファシオの言葉が引用されている。核のテクノロジー、収容所や精神病院といった優生学的な生政治の装置もそのひとつだろう。それらによって保障される「帝国の未来」、そのために多くの生命が抹消され、犠牲にされてきた。

　『クリムソン・ハウス』の終盤近くの場面では、トランスジェンダーのスキンヘッドのダンサーが大きなテーブル台の上に裸体でうつ伏せに横たわり手を下に垂らして、ゆっくりと水を掻く動作をする。滴る水の音、その静寂を破って、ドーンという大砲とも地響きともしれぬ大きな爆発音が不定期に、ときに連発で何回も繰り返される。人間の生まれる前の原初的な空間を思わせるこの場面で繰り返される脅威的な音は、戦争の大砲、核実験の爆発、人が体験する外界の暴力的な出来事の抽象的表現を想起させる。子宮のなかの胎児は暴力の

第Ⅲ部
第9章　帝国のホモ・サケル

支配する世界に生まれてくるから、この世で生命を得た瞬間に泣くのだという人がいるが、上記の舞台の場面は子宮のなかの胎児が知覚する外界の脅威の音を連想させる。マーシャル諸島、ジョンストン島、キリバスのモールデン島とクリスマス島、大気圏核実験が禁止されたあとも続いたフランス領ポリネシアの海底核実験、繰り返される爆発音は海のなかでどんなふうに響いただろうか[9]。

　筆者はクリスマス島でのインタビューを行ったとき、核実験の当日に産気づき、実験が終わったあと、船から病院に直接運ばれて出産したというクリスマス島在住のキリバス人女性に、生まれた息子の黒目にあらわれた白点について、「赤ん坊が子宮のなかで目をあけていて（水爆の）光を見たからだと医者に言われたけど、本当だと思う？」と尋ねられて答えに窮した。子宮のなかの胎児に意識や記憶があったら、母親が船底で聞いた爆音や揺れは、上記の場面のように聞こえたかもしれない。この女性は1962年の米国核実験当時、妊娠していたが、出産当日以前の実験では、船に避難せず、テニスコートに集められたほかのキリバス人と同じように、爆発の瞬間には、毛布を被って目を閉じ、耳を塞いでいた。目を閉じても爆発の瞬間は昼間のように明るく、周りに張られた防水シートが爆風に煽られ背中に触れた瞬間、熱さで叫び声をあげたという。60歳になる息子の白点のあるほうの目はものが歪んでみえる[10]。島にはほかにも同じく白点を黒目にもつ人がいる[11]。

　キリバス人のダンサーたちをメンバーに含んで制作したポニファシオの『天空の鏡の鳥たち』は、植民地時代のリン鉱石採掘と英米による核実験、現在の気候変動による影響などにさらされた太平洋の環礁の脆弱性を浮き彫りにする。この作品には、核実験の具体的な表象はないが、一連のイメージがそれを示唆している。下記①〜④は筆者の記憶に基づく舞台展開説明の抜粋であるが、④の白い粉におおわれた大地がゆっくりと消えていくさまは、リン鉱石採掘による土地の荒廃、また現在の気候変動の影響で侵食される環礁を暗示すると同時に、核実験の放射性降下物を連想させる。

①地球を見下ろす宇宙飛行士の通信の声、そのボイスオーバーのもとで、舞台には、上方からさすスポットライトに照らされ、後ろ手に腕を縛られたような姿勢で、灼熱の太陽に焼かれるように、身体に汗を浮かべて、苦し

そうに息をしながら、もがくようにゆっくりと上半身を動かす男性ダンサー。
②(その直後の舞台転換)大音響の不協和音のもとで、3人のマオリ女性ダンサーがポイ[12]を激しく振りながら目を大きく見開いて踊る(なにか破局的なことが起きていることが示唆される)。
③鳥を表象する6人のキリバス人ダンサーの激しいスラップダンス。舞台は背後のスクリーンには、海岸でもがく1羽の海鳥の映像が繰り返し映し出される。
④(終幕の場面)ポイをもった女性ダンサーが舞台に穴のあいたポイを振りながら白い粉をまく。舞台が白い粉でおおわれると、6人のキリバス人ダンサーが舞う鳥のように踊り、足跡がうろこ雲のように残る。ダンサー(鳥たち)が立ち去ると、ゆっくりとライトが絞られ、白い大地が消えゆく環礁のように狭まっていく。

　筆者が①の場面から思い浮かべたのは、アガンベンが引用する収容所に設置された気密室で高度1万2000mの気圧下に被験者(VP)[13]をおく実験の記録である。これは空中戦での高高度飛行が飛行士の身体に与える影響をみるための実験である。「4分後、VPは発汗し、頭を振りはじめた。5分後に痙攣が起こり、6-10分後、呼吸が速まり、VPは意識を失った。10-30分のあいだは、呼吸は1分あたり3回まで遅まり、それから完全に停止した」(アガンベン 2007：213)。①の苦しそうにもだえる男性の身体は、何らかの拘束を受けた身体、何らかの実験にさらされた身体の苦痛を想像させる。汗ばむ身体を照らす舞台天井部から射す白い光は、容赦なく被検体を照らす実験室のライト、あるいは放射線のメタファーとみることもできるだろう。
　宇宙飛行士の通信音が流れるこの場面は、核実験が行われた冷戦期が宇宙開発競争の時代でもあったことを想起させる。世界初の人工衛星スプートニク号の打ち上げが成功したのは、1957年10月、同時期に行われていたクリスマス島やジョンストン島での核実験は、高高度実験であった。しかし、宇宙飛行士が地球を見下ろすとき、核実験の行われた環礁でその影響に苦しむ人間の姿は見えない。キリバスのタラワのナニカイ村の身体障害者の劇団テ・トア・マトア(Te Toa Matoa)の団員の一人は、フランス領ギアナのロケット基地に燃料を

運ぶ船で働いていたとき、ロケット燃料のメチルアルコールを飲んで失明したという[14]。ロケットの打ち上げ成功が祝われるとき、失明したキリバス人の船員の存在は見えない。①の場面では、宇宙時代の幕開けのなかで、こうした見えない存在の苦痛が、ダンスという身体芸術を通して可視化され、同じ舞台の平面に並置されている。

　ダンスという舞台芸術は、言葉による演劇や小説と異なって、より抽象的でありえるがゆえに観客の想像力の介入による多様な解釈の可能性が開かれ、身体性感覚をともなう共感の可能性をもつという点でより直接的に観客に影響を与える力をもつ。鳥を表象するダンサーたちのスラップダンスの身体を打つ音は、③のスクリーンに映し出される鳥のもがき苦しむ映像とも呼応しながら、言葉にならない激しい感情や動揺、苦痛、生き残りをかけた思索を表す「言葉」となって観客に伝わり、観客は鳥として空間を生きる体験を共有することになる（小杉 2015：18）[15]。ポニファシオは90分ほどの間、劇場空間を観客と共有することの重要さについて言及している。その空間のなかで観客の意識が変わること、それが重要なのだという[16]。

4 ｜ 短編映画『へそと原爆』（1960）

　ポニファシオは、現代のオセアニア人の立ち位置から、西洋による太平洋の植民地化と現在のグローバリゼーションがもたらす影響を省察させる舞台芸術を創造してきた。影響関係があるわけではないが、太平洋で核実験が行われているころ、日本の舞踏家である土方巽が振付・出演した短編映画『へそと原爆』（監督：細江英公、1960年制作）にここで少し触れておきたい（細江 1960）。この短編映画は制作年を考えると、日本の原爆だけでなく、当時太平洋で行われていた核実験や日本が歩もうとしていた核の平和利用についての言及でもあるように思われる。

　この映画には、夏の太陽の閃光のカットが何回か効果的、暗示的に使用されており、エリザベス・デロリー（Elizabeth DeLoughrey）が論じる太陽の光を核（放射線）のアレゴリーとして用いる冷戦期のシンボリズムと通じるものがある。

浜辺の砂山の上のリンゴ（知恵の実＝核のテクノロジー）を奪いあう2本の手、その手がスイッチを押す動作のようにリンゴを砂山に押し込むと黒いキノコ雲が立ち昇る。太陽の光の閃光をかすめて飛んできた首のない鶏が浜辺でもがき苦しみ息絶える。太陽の閃光のもとで、おなかを爪でかきむしる手。ヤギ（生贄の動物）を1頭ずつかかえて砂浜を歩く2人の男子。[映画『へそと原爆』のシーン描写]

　ヤギは日本に投下された2つの原爆の犠牲の象徴とする解釈がYouTubeコメントにみられる。1954年のブラボー実験ではヤギは実験動物として使用され、その映像は世界で放映されたので、おそらく土方・細江も意識しているだろう。

　「光のなかに生まれた子供たち」についてのフランス語の詩の字幕と日本語の朗読、日焼けした男子の子供たちが砂浜を元気に這い回り、積み重なって寝ころんだその一番上の子供の仰向きの体のへそに黒いバッテン印が書かれている。最後に泣いている子供のバッテン印の書かれたへそを大人の手がもぎとる動作をしたあと、原爆のキノコ雲の映像（冒頭の墨のような抽象化された映像ではなく実際のキノコ雲の映像）が映され、The Endの文字の現れる画面には、明るい無人の浜辺にリンゴだけが転がっている。[映画『へそと原爆』のシーン描写]

　日本では、子供が裸で走りまわったり、布団をかけずにおなかをさらして寝ていると、「雷におへそをとられる」と親に叱られたものだ。この言い回しは、おなかを冷やさないように、また、雷にあったときには、へそを守るように身をかがめて姿勢を低くするという知恵なのだろうが、この映画では、太陽にペニスとへそを曝して浜辺に仰向きに横たわる無心で無防備な子供のへそのバッテン印（爆心地）に原爆（ピカ＝雷）が投下される。カメラがフォーカスする元気な子供の濡れたペニスが象徴する生命力や将来の生殖力も奪われることが示唆されている。
　最後の場面で置き土産のように浜辺に転がるリンゴ、それは次には、核の平和利用（原発開発）に使用されることになるのだろう。当時の土方は知るはずも

ないが、浜辺でもがく首のない鶏は、1958年のクリスマス島でのイギリス核実験に従軍した兵士が実験直後の爆心地で見たおびただしい鳥の死骸、「失明した鳥がもがいていた」という叙述とも重なる。

しかし、この短編映画にはタイトルやシンボルが示唆するものとは裏腹の明るさがある。第五福竜丸事件の翌年に封切られた黒沢明監督の『生きものの記録』（1955）の主人公の老人を狂気にかりたてる冷戦期の放射性降下物の谷間に生きる日本人の恐怖という当事者性とは対照的である。核の批判と同時に、核の平和利用と戦後の経済成長へと向かっていく当時の日本の精神風土を映しているのではないだろうか。

5 ｜ キャシー・ジェトニル゠キジナーの詩 ——環礁と身体

中原が本書11章で述べるように、西洋諸国による核軍事化によって、太平洋の諸島国家では、生活自体が大きく変化した。キリバス人の詩人テレシア・テアイワ（Teresia Teaiwa）は、一日一個のリンゴで医者いらずというがここ太平洋のモルロアやビキニでは「一日一個のココナッツは命とり」という衝撃的な詩行でもって、核実験の影響によって、日常が変容してしまったことを示唆した[17]。

マーシャル諸島出身の詩人キャシー・ジェトニル゠キジナーが「釣り針にかかって（Hooked）」という詩で描くのは、食生活の変化がマーシャル人たちにもたらした健康の問題である[18]。マーシャル諸島マジュロに生まれ、ハワイで教育を受けたジェトニル゠キジナーは、「病院のベッドの冷たいスチールの柵を握りしめ／三世代のちにも／祖父や叔母やいとこの生命の雫が／心電図の黒いスクリーンで／滴り落ちるのを／見つめる」（Jetñil-Kijiner 2017）[19]という詩行が表すように、核軍事化の負の遺産を家族や親族に受け継いでいる若い世代のマーシャル人としての当事者性を詩で表明している。また、白血病で幼くして亡くなった姪の遺髪から、「サンゴ礁を食う巨大な魚」を島の女たちが魔法の髪の毛で編んだ網でとらえて島を守ったというチャモロの伝説に言及して、マーシャル諸島のみならず、ミクロネシアの、そしてオセアニアの先住民女性たちの抵抗の連携を描き、核や気候変動の問題に対する当事者性を共有しよう

とする。

　本節ではジェトニル゠キジナーの詩にみられる「環礁＝身体」の表象にふれておきたい。カヌーでエニウェトク環礁を訪れ、ルニットドームの上に立って朗読した詩のパフォーマンス映像「受膏者（Anointed）」（International Campaign to Abolish Nuclear Weapons 2018）は、かつては「島」であり、核実験場となって、核爆弾でその「腹」をえぐられ、クレーターとなり、核実験で生じた放射性物質のゴミを埋めてコンクリートで固めた「墓」[20]となった島の変容（受難）の痛みを、人間の身体になぞらえて想像している。「おまえのもとに行こう、どのようにおまえを思い出せばよいのか（I'm coming to meet you... How shall we remember you?）」と島の「遺体」に呼びかける詩人は、島のえぐられた「腹」に自らの身体をなぞらえて、「私のおなかはクレーターのように空っぽで、物語と答えに飢えている、コンクリートのように固い疑問に覆われて（My belly is a crater empty of stories and answers only questions, hard as concrete）」と詩を結ぶ。

　ジェトニル゠キジナーの詩集『開かれたかご（Iep Jāltok：Poems from a Marshallese Daughter）』（Jetñil-Kijiner 2017）[21]の最初と最後におかれた詩「バスケット（Basket）」もまた、環礁と女性の身体を重ね合わせている。この詩は、短い詩行がパンダナスの葉で編まれたかごの形に配置され、それは同時に言葉の礫によってつながれた環礁の形にもなっている。詩人が「あなた（you）」と二人称で呼びかけるのは、先祖からの遺産を豊かに内包するバスケットであり、生命をはぐくむ子宮であり、その恵みを受けて「私たち（we）」が生きる環礁そのものである。そして、同時にそれは、先祖から受け継いだ遺産から、新たな言葉を生み出していく詩人の身体でもある。バスケットは生命の糧をいれる器であると同時に、「他人が捨てたゴミの入った器（receptacle/ littered with scraps/ tossed by/ others）」という詩行からは、先にふれたエニウェトク環礁のルニット・ドームのような放射性廃棄物の「墓」となった環礁の姿も想起される[22]。環礁の受難の歴史を自らの身体の記憶として引き受ける詩人は、そこから新たな言葉を紡ごうとする。

6 ｜ おわりに

　本章では、オーストラリア、キリバス、マーシャル諸島で行われた太平洋核実験の記憶をめぐって、身体性という点に注目し、現代のアーティストや舞台芸術家、詩人の作品が、その受容者に想像力による当事者性への近接を試みる契機を提供していることをみてきた。文学や芸術は想像力によって当事者と非当事者の出会う場をつくり人びとの意識を変容させる社会的機能を持つ。詩のパフォーマンス、舞台芸術、アートは、視覚や聴覚といった人びとの感覚を通して、想像力をはたらかせ、共感の力をよびさますが、ここで論じたような抽象性をもつアートは、より想像力をはたらかせて受容する側のアクティブな精神活動が求められ、また多方向で多重な記憶がそこに読み込まれることになる。

　筆者が別章で論じたクリスマス島、モールデン島で行われた英米核実験に意識を向けるようになったのは、この実験に従軍したフィジー人兵士のインタビュー集を、2005年のニュージーランドでの在外研究中に読み、兵士たちの健康問題について知ったこと、同時に大学図書館にあったニュージーランドの放射線調査の報告集の数値に見られる情報とのギャップに何とも解せない思いを抱いたのがきっかけだが、その後、2011年の東日本大震災と福島の原発災害をきっかけに、再び太平洋核実験について考えるようになった。そして、ちょうどそのころに、本章で論じたニュージーランド在住サモア人舞台芸術家ポニファシオとその作品に出会った。筆者がのちにキリバス共和国タラワ環礁とクリスマス島で調査を行うことになったのは、2012年3月に、ポニファシオがオークランドのマラエ（マオリの伝統的集会場）で行っていたワークショップの参与観察中に、おいしい食事をつくってくれていたキリバス人のダンサーたちとの対面での出会いとその後の作品との出会いがなければ、ありえなかったかもしれない。ポニファシオの創作原理は、芸術を通して精神の革命をもたらすことだが、舞台芸術やその制作に関わる生身の人間の存在との出会いが、人の意識を変えることは、私個人の研究の遍歴からも証明されているといえるかもしれない。

【注】

1. 本節のイワニ・スケース論は小杉（2016）を基に加筆修正した。スケースは国際芸術祭あいち2022にも新作を出品している（国際芸術祭「あいち」組織委員会 2022）。一谷智子もスケースの出品作「オーフォードネス」にふれている（一谷 2022b）。

2. この戯曲とイギリス、オーストラリア、日本をめぐる核のサイクルについては、佐和田（2013）、一谷（2017）、小杉（2016）、Kosugi（2018）を参照。

3. 2016年3月にオークランドで開催された Pacific Arts Association（PAA）Symposium PAA symposium の口頭発表で Léuli Eshraghi がこの作品に言及している。

4. アボリジナルの劇作家ジェーン・ハリソン（Jane Harrison）の戯曲『ストールン（Stolen）』（1998年初演）では、サンディー（Sandy）という少年の語りのなかで先祖の土地の砂漠の赤い砂が、風に吹かれて入植者の足跡を消していく治癒力をもつことが示唆される（小杉 2016）。

5. 引用の原文は "two thousand. two thousand or more/ it sounds like glass. our hearts breaking. but we are stronger than that/ we always rise us mob. two thousand. two thousand or more/ you can't break us" である（Eckermann 2024）。

6. この木の表象にはマオリの詩人ホネ・トゥーファレの反核の詩「異形の太陽（No Ordinary Sun）」の木のイメージが重なる。

7. 国際芸術祭「あいち2022」におけるスケースの作品については国際芸術祭「あいち」組織委員会のウェブページを参照してほしい（国際芸術祭「あいち」組織委員会 2022）。

8. バークレーの小説『メラール――太平洋の物語』については、小杉（2019）を参照してほしい。

9. マオリの作家ウィティ・イヒマエラ（Witi Ihimaera）の『クジラの島の少女（The Whale Rider）』は、フランス領ポリネシアの核実験を海底のクジラの視点から描いている（小杉 2015b）。

10. 2016年9月に筆者がクリスマス島で行ったインタビューによる。なお同インタビューに関しては（小杉 2024：333）でも言及している。

11. 2019年9月に筆者がクリスマス島で行ったインタビューによる。

12. マオリのダンスで女性が用いる道具。もとは男性が武具を扱うときの手首の動きを柔軟にするための鍛錬に用いられた。

13. VP はドイツ語の Versuchepersonen の略で、人間モルモットのこと。

14. 2015年9月に筆者がタラワで行ったインタビューによる。同インタビューに関しては（小杉 2016：16）でも言及している。

15. ポニファシオの各作品の詳細については、小杉（2015b）を参照されたい。

16. 2012年3月、筆者がオークランドで行ったポニファシオへのインタビューによる。

17. このテアイワの詩（"Bad Coconuts"）は itunes.apple.com/us/album/terenesia/id386191157 にて聴くことができる。

18. 「釣り針にかかって」については小杉（2019）で論じている。

19. 本文中の詩（"History Project"）の日本語訳は小杉（2019：180）を参照した。

20. 現在、老朽化による放射能漏れが危惧されるルニット・ドームには、マーシャル諸島での核実験後の除染で生じた放射性廃棄物だけでなく、米国本土のネバダ核実験場の汚染土なども埋められた（Rust 2019）。小田実「『三千軍兵』の墓」は、このドームに第二次世界大戦で玉砕した日本軍兵、戦争の巻き添えで命を落としたマーシャル諸島の民間人たち、ドームの建設にアジア各地から集められた労働者たち、核ミサイル、核実験の死の灰といった多重の記憶が埋まった「墓」として描いている（小杉 2015a：54）。

21. 詩集のタイトル Iep Jāltok は、ジェトニル＝キジナーが詩集の冒頭で解説するように、「話し手に向かって開かれたかご」を意味し、母系社会で家族に豊かな恵みをもたらす「女子」をさすマーシャル語である（小杉 2019：10）。

22. この連想は、ジェトニル＝キジナーの詩を読んだ大阪大学大学院の授業での大学院生（楊詩悦）の発表に触発されている。また、「バスケット」の詩の形状を環礁とみなす点は、2019年10月神戸女学院大学で開催された国際シンポジウムでの筆者の発表（"Trans-Pacific Imagination of Resistance and Resilience in the Anthropocene"）へのフロアからの発言（ビキニ環礁の形に見える）に触発されている。「バスケット」の分析は、一谷（2022a）も参照されたい。

【参考文献】

アガンベン、ジョルジョ 2007『ホモ・サケル──主権権力と剥き出しの生』高桑和巳訳、以文社。

一谷智子 2017「オーストラリア文学にみる核の表象とエコ・コスモポリタニズム──先住民演劇『ナパジ・ナパジ』をめぐって」『エコクリティシズム・レヴュー』第10号、37–48頁。

一谷智子 2022a「核被害と気候変動のはざまで──キャシー・ジェトニル＝キジナーのトランスパシフィックな詩学」『エコクリティシズム・レヴュー』No.15、21–32頁。

一谷智子 2022b「編集後記」『南半球評論』第38号。

国際芸術祭「あいち」組織委員会 2022「STILL ALIVE 国際芸術祭あいち2022 アーティスト イワニ・スケース AR07」https://aichitriennale.jp/2022/artists/yhonnie-scarce.html（最終閲覧日：2022年11月1日）。

小杉世 2015a「Janet Frame と Colin McCahon──ニュージーランド1960年代の詩と絵画の邂逅」『ポストコロニアル・フォーメーションズX：言語文化共同研究プロジェクト2014』大阪大学大学院言語文化研究科、49–60頁。

小杉世 2015b「オセアニアの舞台芸術にみる土着と近代、その超克──レミ・ポニファシオの作品世界と越境的想像力をめぐって」『土着と近代──グローカルの大洋を行く英語圏文学』栂正行・木村茂雄・武井暁子（編）、音羽書房鶴見書店、245–284頁。

小杉世 2016「環境芸術と政治：鉱山開発、エコテロリズム、地球温暖化、非核南太平洋」『ポストコロニアル・フォーメーションズXI：言語文化共同研究プロジェクト2015』大阪大学大学院言語文化研究科、15–26頁。

小杉世 2017「ジャネット・フレイム──アルファベットの外縁から見た世界」『オーストラリア・ニュージーランド文学論集』三神和子編著、彩流社、135–179頁。

小杉世 2019「マーシャル諸島から太平洋を越えて——キャシー・ジェトニル゠キジナーとロバート・バークレーによる戦争・核／ミサイル実験・地球温暖化の表象」『トランスパシフィック・エコクリティシズム——物語る海、響き合う言葉』伊藤詔子・一谷智子・松永京子 編著、彩流社、175–189頁。

小杉世 2024「クリスマス島での英米核実験をめぐる記憶——キリバス人の被ばくの「語り」による再構築」風間計博・丹羽典生編『記憶と歴史の人類学——アジア・オセアニアにおける戦争・植民地・他者接触の経験』風響社、325–346頁。

佐和田敬司 2013「マラリンガからヒロシマ、ナガサキ、そしてフクシマへ——豪先住民演劇『Ngapartji Ngapartji(ナパジ・ナパジ)』は日本でどう観られたか」『人文論集(Humanitus)』51号、39–56頁。

細江英公(監督)1960『へそと原爆』［映画］土方巽・大野慶人ほか(出演)。

Art Gallery of South Australia. 2015. Yhonnie Scarce, Thunder Raining Poison: Interpretive Guide. https://agsa-prod.s3.amazonaws.com/media/dd/files/EDU_Resource_TARNANTHI15_SCARCE_Yhonnie.3600c40.pdf(最終閲覧日：2024年1月5日)。

Barclay, Robert. 2002. *Meḷaḷ: A Novel of the Pacific*. Honolulu: University of Hawai'i Press.

Bolton, Matthew. 2021. "Addressing Humanitarian and Environmental Harm from Nuclear Weapons: Fallout on Countries Downwind from French Pacific Nuclear Weapons Testing," *Global Policy*, Volume 12, Issue 1, pp.81–99. https://doi.org/10.1111/1758-5899.12892(最終閲覧日：2024年1月5日)。

Chakrabarty, Dipesh. 2015. The Human Condition in the Anthropocene: The Tanner Lectures in Human Values, at Yale University, February 18-19. https://tannerlectures.utah.edu/_resources/documents/a-to-z/c/Chakrabarty%20manuscript.pdf(最終閲覧日：2024年1月5日)。

DeLoughrey, Elizabeth. 2019. *Allegories of the Anthropocene*. Duke University Press.

Eckermann, Ali Cobby. 2024. "Thunder raining poison by Ali Cobby Eckermann" Poetry Foundation. https://www.poetryfoundation.org/poetrymagazine/poems/89017/thunder-raining-poison(最終閲覧日：2024年2月7日)。

Harrison, Jane. 1998. *Stolen*. Currency Press.

Human Rights in Australia. 2013. Interview: Witness to our journey: Dione Joseph in Conversation with Yhonnie Scarce. http://rightnow.org.au/interview-3/witness-to-our-journey/(最終閲覧日：2024年1月5日)。

Ihimaera, Witi. 1987. *The Whale Rider*. Reed Books.

International Campaign to Abolish Nuclear Weapons. 2018. "Anointed (written by Kathy Jetñil-Kijiner)". https://www.youtube.com/watch?v=HuDA7izeYrk(最終閲覧日：2024年1月5日)。

Jetñil-Kijiner, Kathy. 2017. *Iep Jāltok: Poems from a Marshallese Daughter*. University of Arizona Press.

Kosugi, Sei. 2018. Survival, Environment and Creativity in a Global Age: Alexis Wright's *Carpentaria*. In Lynda Ng, ed., *Indigenous Transnationalism: Essays on*

Carpentaria. Giramondo, pp.135–158.

NGV Melbourne. 2017. Blood on the Wattle | Yhonnie Scarce. https://www.youtube.com/watch?v=dgD2zYqG2Wg（最終閲覧日：2024年1月5日）。

Nixon, Rob. 2011. *Slow Violence and the Environmentalism of the Poor*. Harvard University Press.

Rankin, Scott. 2012. *Namatjira & Ngapartji Ngapartji*. Currency Press.

Rust, Susanne. 2019. How the U.S. betrayed the Marshall Islands, kindling the next nuclear disaster, *Los Angeles Times*, November 10, https://www.latimes.com/projects/marshall-islands-nuclear-testing-sea-level-rise/（最終閲覧日：2024年1月5日）。

Spivak, Gayatri Chakravorty. 2012. *An Aesthetic Education in the Era of Globalization*. Harvard University Press.

第IV部

一人ひとりが
当事者として
核被災を引き受ける

第10章

ビキニ事件の「当事者」は誰か
分断を乗り越える大石又七の
思想を通して

市田 真理

1 | 核実験被害者・大石又七

> 私としては、やめてくれと言いたかった。こんなものを置かれたんじゃ、被爆者としての怯えを背負っているから。こんなもの置かれては困る、やめてくれというのが本音です。しかしそれはできない、消すことはできないんです。(第五福竜丸平和協会 2018)

　第五福竜丸の乗組員だった大石又七はこう語る。「こんなもの」とは、現在、東京都江東区夢の島にある都立第五福竜丸展示館[1]に保存展示されている木造船・第五福竜丸のことだ(図1)。
　こんなものを置かれたんじゃ困る——しかし、大石はやがて自分の体験を語り始め、いつしかせきたてられるように夢の島の展示館に出かけるようになる。核実験場となったマーシャル諸島(核被害の当事者/国)でも、米国(核開発の当事者/国)でも、命を削るように語り続けてきた。「当事者が言わないと、なかったことにされてしまう」とも言う。筆者は2001年から第五福竜丸展示館に関わるなかで、大石のそうした言葉をたびたび聞き、時には講演活動に同行してきた(図2)。自らの体験や思いをあえて語る元乗組員が少ないなかで、大石

は手記を刊行し積極的にメディアの取材も受けている。いわば「証言者」である。

第五福竜丸の被爆に端を発する一連の放射能被害は、のちにビキニ事件と呼ばれ、多数の日本漁船、貨物船等も同様に放射性降下物（フォールアウト＝死の灰）による被害を受けたことがわかっている。全国18港で全頭検査されたマグロ類からは放射性物質が検出され、水産関係の経済被害だけでも25億円を超えたと試算されている。また放出された「死の灰」は核実験場となったビキニ環礁を含むマーシャル諸島の島々や海洋を汚染し、微粒子のものは成層圏に達して世界中に拡散された。飲料水、農作物、海産物全般が放射能汚染されることを恐れ、憤り、原水爆禁止署名が各地で取り組まれ3200万を超える人が署名した。放射能汚染魚はその後もみつかっていたにもかかわらず、1954年12月末で港での検査は打ち切られ、翌年以降は漁獲物検査が行われることはなかった。世界を震撼させた「事件」はやがて「第五福竜丸の事件」として記憶されるようになり、現在に至る。

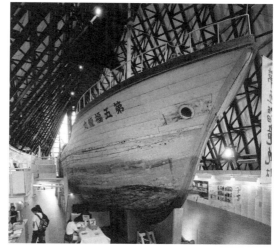

図1 都立第五福竜丸展示館
2019年6月（撮影 河田透）

図2 修学旅行生に語る大石又七氏（左）と筆者
2018年5月（撮影 河田透）

差別と偏見におびえ、大石又七は故郷を離れ東京の人混みに「隠れて」生きて

きた。その大石が「語る人」になっていくプロセスには何があったのか。人びとの生活の中に放射能汚染の脅威があり、その後も核実験の回数は増えてさえいったにもかかわらず、ビキニ事件が「わたしたちの事件」とはならず、「第五福竜丸事件」として語られるのはなぜなのか。さらに言えば「ビキニ事件」という呼称によって、線引きされ、こぼれ落ちてしまう当事者さえもいるのではないか。本稿では、こうした問題意識から、第五福竜丸乗組員・大石又七の言説を分析し、ビキニ事件における放射線影響の当事者性を考察する。

2 │ 先行研究からみえるビキニ事件

（1）大石又七をめぐる研究

　第五福竜丸乗組員大石又七が、自らの体験を言語化する「言葉」を獲得する過程と思想については、小沢節子のすぐれた論考が存在する（小沢 2014）[2]。ビキニ事件発覚直後から、23名の乗組員はメディアに囲まれることとなり、幹部であり年長者でもあった久保山愛吉無線長、漁船の実質トップである見崎吉男漁撈長、外傷が激しかったため他の乗組員より先に東大病院に入院した増田三次郎などのコメントが新聞、雑誌、ニュース映画に残されている。大石はそうした場面で手記を寄せるようなことはなかった。しかし前述のように1984年以降大石の証言活動は700回を超え、手記を刊行し、数多くの映像に証言が記録されている[3]。小沢（2014）は「ビキニ事件の当事者である大石が、どのようにして自らを核被害者＝「被爆者」として認識し、過去の体験を言葉（をはじめとする様々な表現）に置き換えていった」かを、読み解いていく。そして広島・長崎の原爆被害者＝被爆者の語り部活動との対比で「過去を物語ることによって、原爆で損なわれた人生を生き直し、自分をとりまく社会の在り方を見つめ直していくことを被爆体験の思想化というならば」、被爆者たちと大石とのあいだはそれほどかけ離れているのではないだろうと指摘する。

　乗組員を代表する形で元漁労長の見崎吉男は焼津の「3・1ビキニデー集会」で晩年まで挨拶を続けた[4]。元甲板員・半田四郎、元操機手・池田正穂も壇上に立った。また亡くなった久保山愛吉の妻・すずは、運動の分裂に翻弄されながらも集会や墓前祭にも参加し、東京と広島をむすぶ「国民平和行進」の挨拶をうけてもいた。「運動」が第五福竜丸と久保山愛吉のみをシンボリックに掲

げていたことは否めない。その後景で口をつぐんだ大石らがいた。「運動」は第五福竜丸を忘れはしなかったが、乗組員たちの苦悩に思いを馳せる運動であったとは言い難い。むしろ広島・長崎の原爆被害者に焦点が絞られ、核実験被害者の問題が重視されることはなかった。

　また1955年の退院以来、結婚や出産に際してもメディアに追いかけられた乗組員もいた[5]。東京に「逃げ出した」大石にしても、3月1日のいわゆるビキニデーが近づくと、報道関係者が接触してきたという。「ビキニ30年」を前にした1983年には、毎日新聞静岡版に「被爆30年第五福竜丸事件の周辺」が連載され、当時の存命者17人と3人の故人の声が紹介されている[6]。

　放射線／放射能の被害のなかでも、自らの健康不安はもとより、家族への影響とりわけ遺伝に関することが、常につきまとう。小沢節子は、大石がその思索と自分の居場所ともいうべき「書き言葉の世界」を獲得する過程で研究者やジャーナリストら他者と協働しながら分かち合ってきたことを指摘しつつも、放射能への恐怖を人とは分かつことのできない「苦しみ」であるとして、「1950年代の半農半漁の小さな町では、生殖能力の欠如や遺伝的な問題（が想定されること）は、『一人前の男がたどるべき』人生の進路としての結婚や『家』の継承においても大きな障壁とみなされたに違いない」と、その不安を読み解く。石崎昇子は小沢の論を引きながら、遺伝的影響に怯えるのは産み出す性の女性だけではなく「いのちの連関に責任をもち、心の傷と将来への不安を持つ、もうひとつの性として存在する」例として大石又七を紹介するが（石崎 2016）、こうした不安はロバート・リフトンや中澤正夫、濱谷正晴、肥田瞬太郎など原爆被爆者の心の傷と向き合う医師や研究者たち、日本被団協の調査によっても繰り返し指摘されていることでもある（リフトン 1971；濱谷 2005）[7]。

　大石は自らを「被爆者」と呼ぶ。水爆による被害者であるから、被爆者なのだと主張する。従来原爆被害者を「被爆者」、放射線に曝された核実験被害者らを「被曝者」と区別する語法がある。そのため大石が手記を出版すると主に出版関係者から「被爆者ではなく被曝者と表記すべきではないか」と指摘されることが多い。しかし、大石は後述するように「被爆者」と認められずに国家（法）からも社会からも切り捨てられる自分と仲間たちの苦しみは、核被害者＝被爆者のものであることを主張する。それは補償されたか否かで区分されるも

のではもちろんなく、広島・長崎の原爆被害者と核実験被害者とを分断する「線引き」を拒否するものでもある。

それゆえ大石は、第五福竜丸事件とは呼ばず、自分と仲間たちを苦しめたものを「ビキニ事件」と呼ぶ。また平和協会では核実験被害が放射線被曝のみにとどまらないことを念頭に〈被爆〉と表記している。本稿では原爆被害者と大石の言葉を引用する際にのみ〈被爆／被爆者〉と表記、放射線に曝された被害については〈「被曝」〉とし、引用も含めそれ以外では〈被爆〉と書き分けることとする。

（2） 被爆者はだれか

現行の「原子爆弾被爆者に対する援護に関する法律」で定義する被爆者とは、「1945年8月に広島市と長崎市に投下された原子爆弾によって被害を受けた被爆者（被爆者健康手帳所持者）で（1）直接被爆者、（2）入市者、（3）救護、死体処理にあたった方等、（4）胎児（上記1～3に該当した者の胎児）であると定められている[8]。

一方、原子力施設労働者、放射線業務従事者の被曝については、複数の法令によって定められており、放射線管理手帳により管理されていることになっている。つまり、核実験や原子力施設事故による被害者を「被爆者／被曝者」と認定し救済する法律は、いまだにないのである[9]。

1957年制定の原爆医療法は、援護の対象として1)昭和20年8月に広島市及び長崎市における原爆被災者（当時胎内にいた者も含む）、2)過去における水爆実験による被災者、3)将来における水爆実験等による被災者、4)これらの子孫と構想されていた。ところが自民党・社会党の共同提案のための法案検討の段階で、「（2、3、4の）全体を含めるということは成立が遅れる」との理由から見送られたともいわれている[10]。この法案成立の背景には、第五福竜丸の被害は国をあげて外交交渉が行われ補償金が出たのに、原爆被害者に国による補償がないのは本末転倒ではないか、との心情も作用していた[11]。

第五福竜丸の船体保存に尽力し、第五福竜丸平和協会（以下、平和協会）の専務理事を務めた広田重道は、第五福竜丸だけが核実験の被害者（当事者）ではないにもかかわらず、「第五福竜丸事件」という呼称は、その事実から目をそら

せ被害の矮小化に加担することになるのではないかと危機感を持っていた。第
五福竜丸展示館開館に先立ち刊行された『ビキニ水爆被災資料集』のタイトル
にはそうした問題意識を投影している（第五福竜丸平和協会編1976）。では「ビ
キニ事件」でいいのだろうか。

　ビキニ環礁の実験だったからビキニ事件。その呼称からは、もうひとつの核
実験場であったエニウェトク環礁の被害や、死の灰をあびたその他の環礁の被
害がすっぽりとこぼれ落ちてしまう。実験に従事した兵士や技術者の被曝もな
かったことにされてしまうかもしれない[12]。しかし、「第五福竜丸事件」とい
う呼称ではあまりにも多くの被害を切り捨ててしまう。被曝の自覚のないまま、
繰り返される核実験のさなかに操業し航海していた多数の漁船や貨物船の被害・
被災も遠景に追いやられてきた。名づけは線引きを意味する。

(3)　補償金をめぐる力学

　以上の問題意識を持ちながら、本稿では「ビキニ事件」と呼ぶこととする。
そもそもこの「事件」はいつ始まりいつ終息したのだろうか。

　1954年3月1日未明、核実験場東方160kmの海域で操業中、乗組員たちは空
一面にひろがる閃光を目撃し、およそ8分後に地鳴りのような轟音に襲われた。
その異常事態に、仕掛けた延縄を引き上げながらその場を離れていく。その作
業中、空は雲に覆われ荒天となり、雨が降ってくる。その雨に混じっていたのが、
後に「死の灰」と呼ばれるフォールアウト＝放射性降下物であった。乗組員た
ちの体には「死の灰」が付着し、甲板には足跡がつくほどであったという。直
後から頭痛、食欲不振などの症状が出始め、焼津に帰港するまでの2週間に皮
膚疾患（β線火傷）、脱毛などの急性放射能症とみられる症状があった。しかし
そのことは焼津の船主・西川角市には電信で伝えることはせず、3月14日帰港
後船主の勧めで全員が焼津共立病院で診察を受ける。大石はそのまま「お菜分
け」のマグロの切り身を持って、焼津からバスで1時間ほどの榛原郡吉田町の
実家に向かい、近所や親戚に配るとその日のうちにまた船に戻った。翌15日
は水揚げ。明けて16日読売新聞社会面に「邦人漁夫、ビキニ原爆実験に遭遇」
との見出しで大きな記事が掲載された。焼津市内はもちろん、魚市場やマグロ
の出荷先などが大混乱した。第19国会の会期中で、衆議院外務委員会、参議

院予算委員会で事実関係の説明を求める質問が出た。外務省はただちに駐日米国大使館に照会し、詳細な報告を求めた[13]。

「ビキニ事件」は、この報道から始まるかのように見える。水爆実験に遭遇し帰港するまでの2週間、治療も除染も行われず、救助要請もしなかったためだ。しかし、塩川孝信（静岡大学）らが第五福竜丸船内と乗組員をガイガー・ミュラー計数管（ガイガーカウンター）で計測すると、放射線を検知した。17日、東京から中泉正徳（東大病院・放射線）、三好和夫（東大病院・血液）、筧弘毅（アイソトープ研究所）が、京都から清水栄（京都大学）、18日には広島のABCCよりモートン所長が焼津を訪れ、焼津北病院に転院した乗組員の診察を行った。さらに大阪から西脇安（大阪市立大学・当時）が船内の計測を行った。西脇は大阪市場に入荷したマグロから放射能を検出していた。

ここで重要なのは、日本各地の港で、船体や漁獲物から放射性物質が検出されていることである。3月22には三崎港に入港した第十三光栄丸、3月26日塩釜入港の第五明神丸から検出された。4月6日東京入港の第五海福丸の漁獲物から検出され、廃棄処分させられている。第五福竜丸とすれ違うようにマーシャル海域に向かった第二幸成丸は4月15日に東京入港、操業海域は第五福竜丸と異なる第八順光丸（5月15日東京入港）からも検出されている。ビキニ環礁では3月27日（水爆ロメオ）、4月7日（水爆クーン）、4月26日（水爆ユニオン）と実験が続けられていた。これは死の灰＝放射性降下物による〈汚染〉が3月1日のブラボー実験によるものだけではないことを示唆する。〈汚染〉はこの年の12月末に検査が打ち切られるまで検出され続ける。その後このような水際での検査自体が行われていないため統計上の汚染はない。

第五福竜丸乗組員の治療、船体の調査などと並行して、補償をめぐる外交交渉が開始される。アリソン駐日米国大使は、米国に落ち度があれば補償するとの意思表示をした後、第五福竜丸の被害、つまり船体の汚染、漁獲物廃棄、乗組員の治療に関わることを「直接的被害」だとして、早々に被害額＝補償額を算定した。さらにこれは法的責任を伴う賠償ではなく、慰謝料[14]・見舞金であるとの姿勢を伝える。

ビキニ事件補償に関する米側提案の件　5月22日

米側はビキニ実験を国際法上の不法行為なりとする見解は絶対とりえないので、本件補償を不法行為に基づく損害賠償（リーガルライアビリティ）として支払うことはできず、日米行政協定の下における補償と同様、慰藉料（エクス・グラシア）として支払う建前をとりたい。（中略）日本側が米国政府の法律上の責任を追及されるのは自由であるが、米国政府はEx-gratiaとして一括支払いを行うこととなろう。尤も日本側が希望するならcompensationという語を使ってもさしつかえない[15]。(外務省1954)

　この直接被害のうち、乗組員と船体汚染に関して、日本側は乗組員の治療を米国人医師が行うことを拒否し、船体の除染処分の申し出も断ったのだから、そうした費用まで米側が賠償するわけにはいかないとされた。さらに、第五福竜丸以外の船が漁獲物を廃棄したのは核実験との因果関係は立証できないとの理由で、直接的な被害とは異なった「間接被害」と名づけられ一蹴される。
　日米両国政府が交渉を重ねるなか、8月末、無線長の久保山愛吉の容態が悪化し昏睡状態となる。両政府はこれより前に死者が出た際のことも念頭に交渉している。9月23日久保山氏死去。交渉中の補償とは別に弔慰金が支払われることが報道された。12月8日交渉当事者である吉田茂内閣が解散、交渉は第1次鳩山一郎内閣、重光葵外務大臣となる。米国側は鳩山——重光が反吉田路線であるということから、これまでの交渉金額では解決に至らないと判断し、200万ドル（約7億2000万円）を支払うことを決める。12月末で魚の放射能検査は打ち切られた。
　翌1955年1月4日、両国政府が交換公文を交わし、外交問題は解決がはかられたとされた。文書には「完全な解決」の文字が入り、日米間でのビキニ事件は終了する。
　ただちに日本政府に一括支払いされた「補償金」は、配分のための省庁連絡会議が設置され、呼称も「慰藉金」に変化した。関係省庁による駆け引きが続き、業界団体からは金額への不服が陳情され集会が開かれ抗議の声も上がるなか、4月28日配分額が閣議決定する。7億2000万円のうち5億8000万円が業界団体「日本鰹鮪漁業団体連合会（日かつ連）」に支払われ、一応の終息を迎えたかに見える。

ビキニ事件が見舞金による政治決着をみたことで、同じ核被害者でありながら「補償され決着したビキニ事件」と「心と体に原爆の傷を負い放置されてきた原爆被害者」とに分断され、「補償金」を受け取ったか否かで、核実験の被害者どうしが区分され、両者ともに沈黙するに至った。原水爆禁止運動は第五福竜丸を忘却こそしなかったが、核実験被害者の、被害の実情や苦悩は置き去りにされた。大石らは「被爆者」とは呼ばれなかった。

3 ｜ 語りえぬ被爆体験

（1）円満解決した事件として

　前述したように、第五福竜丸の被災とその後の外交交渉は、おびただしい報道として残されている。また乗組員たちに贈られた励ましやお見舞いの手紙、久保山愛吉氏遺族へのお悔やみや弔文、焼津市で盛大に行われた漁民葬などが逐次報道、記録されてもいる。入院中には乗組員本人のコメントが記事になり、新聞、雑誌、研究者の依頼に応じて手記を綴った者もいる。そこでは一貫して、「戦争が終わった世の中で」「水爆というとんでもないものに巻き込まれた」「将来に及ぶ健康不安」が語られ、米国のモルモット（実験材料）にはなりたくないと、米国からの治療の申し出を忌避する心情や怒りも発信された。

　当事者——乗組員と家族にとっての終息と、政治的解決は同時だったろうか。

　1955年5月20日、久保山愛吉の遺影と共に22名は全員が退院する。その後も結婚や出産といった個人的なライフイベントにもメディアがついて回り、周年毎に新聞で特集や連載が組まれ、テレビの特別番組になるのは現在もなお続いている。メディアへの露出は、周囲からの差別感情を増幅させもした。

　米国政府より支払われた7億2000万円のうち2547万円が「治療費」とされ、そのうち2486万円は第五福竜丸乗組員の病院での支払いとして支出されたほか、「傷病手当」5426万円のうち慰謝料として久保山愛吉550万円、他の乗組員22名に対する4400万円は年齢、役代に応じて傾斜配分され、一人平均200万円が支払われた。この金額は労働災害保険に基づいて算出されたものと考えられる（外務省アジア局第五課 1954）。

　こうした「補償金」（日本政府が配分した「慰謝料」と米国大使館からの弔慰金）を受け取ったことは、久保山愛吉の遺族である妻・久保山すずを生涯苦しめた。

「治療を受けたうえ、盛大な葬儀までしてもらったではないか」。戦争で身内を亡くした者や海難事故の遺族らから、すずに向けて送られた羨望嫉妬と怨嗟の言葉が、手紙として残っている。そうしたまなざしは、1955年5月全員一斉に退院し帰郷した乗組員らにも向けられた。

　退院を少しずつ実感するようになったころ、まわりに変な雰囲気があるのに気がついた。表面はあまり変わりないように見えるが、どうもしっくりしない。すれちがう人が振り返っていつまでも見ていたりする。道ばたの人は話をやめて、視線が俺を追う。浮き上がっている。
　近寄ろうとしても、何かそこには目に見えない一線があり、ねぎらいながらも、その言葉の奥にもらった見舞金へのねたみのようなものを、チラチラと感じた。今度の事件では日本中、どこの漁業関係者も少なからず被害に遭っている。しょっちゅう起こる海難事故、そんな家族もまわりにはたくさんいて、いろんな目で見られた。(大石 1991：122)

「補償金」が、第五福竜丸に集中して、各地の船主や末端の漁業者にはほとんど渡らなかったこと、長期にわたる健康追跡調査も第五福竜丸乗組員のみが対象であったことも大きかった。補償を求める動きには「あいつはアカだ」という圧力がかかる。補償されないとなると自ら被爆を主張するのは明日の仕事を失いかねない。だから沈黙していったのだろうと大石は推測する。

　あの手この手で圧力をかけても、被害が消えるわけではない。結局、立場の弱い魚屋や小さな漁業関係者にしわ寄せされ、多くの人たちが泣かされた。その不満はやがて形を変えて出てきた。「うちの人も灰をかぶってくれればよかった」「福竜に乗っててくれればよかったのに」「害を持ち込んで、金もらって、元気だ」。久保山さんのところには「無事に亡くなっておめでとう」「漁師が海で死ぬのは当たり前。見舞金なんて辞退すべきだ」という手紙まで舞い込んだ。(大石 2003：175)

大石はそうした声に耐えかね、家族を養うためにも新しい仕事をみつけるた

めに1955年11月「東京の人込みに逃げ」、漁師とはまったく異なる業種である
クリーニング業に就く。その後も国による年に一度の健康追跡調査は続き、医
学論文として発表された[16]。

　差別と羨望嫉妬、メディアからの注目が家族へ影響することを心配し、乗組
員たちは沈黙していく。大石もまた自ら名乗ることも語ることも避けた。

(2) 沈黙

　大石ら第五福竜丸乗組員が沈黙していったのは、「補償金」をめぐる妬みだ
けではなかった。退院から20年後の1975年に川島正義(47歳)、1979年に増田
三次郎(54歳)が亡くなる。大石は第一子の死産という悲劇にも見舞われていた。
　1980年代には鈴木鎮三(57歳)、増田祐一(50歳)、鈴木隆(59歳)、高木兼重(66
歳)、90年代には久保山志郎(65歳)、服部竹治(81歳)、安藤三郎(71歳)が亡く
なる(いずれもカッコ内は逝去時の年齢)。大石も1992年に肝硬変、C型肝炎感染
がみつかり、93年には肝臓ガンがみつかり手術を受ける。
　仲間たちの死に対して、水爆実験による「被曝」が原因ではなく、自分たち
の不摂生だ、飲酒のせいだという陰口がささやかれ、大石は放医研の医師から
「クリーニングの洗剤に何か悪いものがあるのではないか」と言われたという。
周囲の無理解と誤解の中で、医療補償のないまま闘病し、外部に援助を求める
こともないまま亡くなっていく。1998年小塚博の労災再適用申請と支援運動
で初めて第五福竜丸乗組員の「その後」を知った者も少なくないだろう(小塚
博さんを支援する会2002)。
　第五福竜丸以外にも被害を受けた漁船乗組員たちも、事件当初は決起集会や
抗議集会を各地で行った。しかしやがて沈黙していく。大石はこう分析する。

　　俺たちもそうだったが、自分から被爆の事実を隠しはじめたのだ。
　　当時乗組員たちには最低補償も労働組合もなく、貧しいその日暮らしだっ
　た。補償金が出ないとなれば働かなければならない。うっかり話でもしたら
　足止めされ、出漁もできなくなる。出漁できなければ、明日からの生活に困る。
　そのとき、体が動けば、自分から「被爆しました」などというばかはいない。
　　福竜丸のように騒ぎに巻き込まれれば、白い目で見られるうえに差別もさ

れる。それは船元も同じだった。多くの船子を抱え、船をあそばせておくわけにはいかない。事件の波紋が大きくなるにつれ、みんな恐れをなして自分から隠しはじめたのだ。(大石 2003：172)

大石は、漁師たちの沈黙の理由に理解を示しながらも、歯がゆい思いも吐露する。

　1000隻以上にも及ぶ船が被害をこうむり、被爆した者たちもたくさんいながら、乗組員たちは団結することも訴えることもしませんでした。むしろ自分から身を隠したのです。そしてビキニ事件という名前だけがあとに残りました。(中略)みんな、ただただ事件に関わりたくなくて口をつぐんでしまったのです。(被爆50年国際シンポジウム日本準備委員会 1996)

　1983年に発足した高知県幡多高校生ゼミナール(幡多ゼミ、第1章注参照)のメンバーと顧問団は、自分たちの「地元」に、核実験被害者が多く暮らしていることを突き止め、高校生たちは長崎でひらかれた全国高校生平和集会で「ビキニでの被災者は全国にいます！」と、各地域での調査を呼びかけた。このときの顧問の一人西村雅人は「第五福竜丸だけが被爆した」ことが常識であるとおもっていたと記している(西村 1987)。よびかけに応じた山形、宮城、沖縄などで調査がおこなわれた。

　この「第五福竜丸だけ」という文脈は、筆者も参加した被災者への聞き取り調査のなかで「第五福竜丸だけが補償された」「第五福竜丸の乗組員だけが治療をうけた」と繰り返し耳にした。なかには「第五福竜丸が周辺の船に危険を知らせなかったから被害がひろがった」との認識を示されることさえあった。

　同じ被害者のはずなのに、「第五福竜丸だけ」という言い方は、ともすれば大石を孤立させる。幡多ゼミ顧問の一人・山下正寿は筆者に「大石さんはいつも、たった一人で闘っているように見える。大石さんの背負っている緊張や重荷は、本来たくさんの被災者がともに抱えるべきものだ」と、分断よりも連帯をと説いた。

　しかし補償金をめぐる誤解や偏見は根深く、事件から30年以上たっている

にもかかわらず、仕事仲間から「あんた、アメリカから生活費もらってるんだって、いいなあ」という言葉をあび、「棒でなぐられたうえに、川の中へでも突き落とされたような思いがした。唖然として返す言葉ない」（大石 1991：192）。大石は、原水爆禁止世界大会に参加するために赴いた広島で、タクシー運転手から「被爆者の人たちは、被爆者手帳や、そのうえ月々三万円もの手当をもらい、積み立てて海外旅行に行っている」と言われ「運動が実らない理由の一つを見た思いがした」とつづる（大石 2003：149）。分断の種は、常に、金銭をめぐる羨望や情報不足からくる偏見が育ててしまう。大石はじめ乗組員たちが沈黙した理由にほかならない。

　1954年のビキニ事件後も米国はマーシャル諸島での核実験を継続させ、1958年まで合計67回に及んだ。水産庁ではそのつど漁船の被害額を算出しているが、日米外交交渉の俎上にあがることなく、補償の対象ではないとされた。各港での放射能検査は行われず「被災船」もなしとされたのだ。

　また、1957年にクリスマス島（現キリバス共和国）でイギリスが核実験を実施するという計画が明らかになると、塩釜、三浦、焼津、室戸、土佐清水の各漁協が核実験反対を表明し、出漁中の船からも「反対」の無線電信が港へ打電されるなどした。日かつ連はイギリス首相に抗議電報を、国連事務総長、日本の国連代表にも要請電報を打った。高知県では抗議船団の派遣さえもが提案された（小林 1995）。

　このように核実験への抗議行動が続けられたものの、こうした動きは出漁停止や危険区域の迂回に伴う損失などを動機としたものであり、「被曝」による健康被害や医療補償に目がむけられていたとはいいがたい。そしてすでに補償問題が解決したビキニ事件は、さらに遠景へと押しやられてしまう。

　「事件決着となれば、記録も意識もそこで止まり、そこから事件は過去のものになる。政府は事件をうまく消したつもりかもしれないが、俺の記憶まで消すことはできない」（大石 2003）と大石は憤るが、乗組員どうしで思いを同じくしているわけではなかった。漁船の生活は船元（船主）と漁撈長（船頭）を中心としたタテ社会である。さらに焼津特有の「一船一家主義」と呼ばれる血縁をベースにした上下関係は、「漁師たちはたとえ意見を持っていても、従う以外に道はない」という精神構造が、ビキニ事件以後も続いた。大石が怒りを表現

するにつれ、その姿勢を非難する声もあがった[17]。

（3）語り得ぬ思いを語る場　第五福竜丸展示館

　第五福竜丸の船体は米側から除染のうえ、米軍横須賀基地に沈めるという申し出などもあったものの、文部省予算2100万円で買い上げられ1954年8月22日東京に回航された。約2年間放射線の減衰観察が行われた後、三重県伊勢市の強力（ごうりき）造船所で改修され、東京水産大学（現東京海洋大学）の演習船「はやぶさ丸」として使用された。1967年3月老朽化のため廃船処分となり、廃品業者に払い下げられた後、当時ゴミ埋め立て地だった江東区・夢の島に放置されていたが、第五福竜丸保存の市民運動が展開され、1976年東京都立第五福竜丸展示館が開館した[18]。保存が決まるまでの道のりは平たんではなく、紆余曲折あったものの約10年に及ぶ保存運動はことあるごとにメディアに取り上げられた。太平洋核実験被害の生き証人として、第五福竜丸は再び象徴化されていく。

　東京でクリーニング業の修業を積み、自営店を開業していた大石又七も「他人には隠していても、体の中にへばりついていて消すことのできない」船名を新聞にみつける。「忘れたいと思っているのに、捨てられたと聞くとなんだかかわいそうな気もして、なつかしさまで感じる。複雑な気持ちになった」。やはり東京で暮らしていた乗組員仲間の鈴木隆を誘って夢の島に出かけ、船と対面する。沈みかけたその姿に「見捨てようとしていた自分の後ろめたさも手伝ってか、背中にすうっと寒いものを感じた」と振り返っている（大石 1991：142-143）。

　「最初はなくしちゃってくれと思っていた。名前が出ることでこっちが変な目でみられるし、隠れている犯罪者のようなもんだから。でも、落ち着いてみてここまで来れば、結果的に残ってよかったんでしょうね」。

　ビキニ事件30年を前にした取材で大石はこう答える。展示館が開館して7年が経ち、テレビの取材などで展示館にも時折訪れていたことが平和協会の機関紙「福竜丸だより」や第五福竜丸平和協会の会議録などに記録されている。

　1983年にはまた、NHKラジオ「夢の島から」と題した中継が行われ、船体保存運動の中心的活動を担った三井周（東京建設従業員組合）、筏師の島田轍之

助と共に出演し、被爆当時の状況を語った。その日近況報告を兼ねたエッセイを第五福竜丸平和協会事務局に手渡して帰っている。そこには核をとりまく現状へのいら立ちが綴られていた。欧州を中心に核戦争の危機が叫ばれていた時期である。

この年の8月には、NHK国際放送「ラジオ日本」へ送った投書が採用され、放送された。10月、和光中学校（東京・町田市）の生徒らに頼まれて体験を話す。その時の生徒たちとの交流がテレビに取材され、そこから先は学校、市民団体などからの依頼を「断れなくなった」大石は、証言・講話を続けていくこととなる。

大石が語り始めた姿に家族や親族は戸惑い、反対した。

「子どもがいて、私の弟の子どもも結婚しなきゃいけない。とんでもない。そんなこと自分から口に出して、うちの者が苦しむようなことするなと大喧嘩をした」。「しかし当事者である自分が声を出さないといけないのだと、家族を説得した」という。ボタンひとつで核戦争が起こりうる、そのことを世界の人たちが知らないのはビキニ事件のことが隠されて抑えられてきたせいだと大石は訴える（市田編 2019）。

　　俺の発言は平和運動とは違う。被爆のために死んでいった仲間たちが口を閉ざされ、小さくなって逝ったくやしさが、怒りを代弁することから始まった発言だ。
　　核兵器も世界中に増える一方、怒りも頂点に達して、俺は口を開かずにはいられなくなったのだ。家族からも自分から不利になることは言わなくても、と言われていた。それは俺にとって大きな壁だった。不利になろうと嫌われようと、本当のビキニ事件の真実を正確に伝えよう、そう思った。（大石 2011：201）

　　核兵器の恐ろしさを誰かが言わなければ、いつかきっと大変なことが起こる。それを知っているのは被害を受けた当事者、死の恐怖を身をもって体験してきた俺たち自身ではないのか。そんなふうに少しずつ思うようになっていた。

…忘れたい、いや伝えなければ。(大石 2003：117)

　大石は、最初の手記『死の灰を背負って』(1991)を上梓する。この手記をベースにしたテレビ番組『又七の海』が放送され、大石と仲間らの苦悩が全国に伝えられた。放送後番組の関係者からビキニ事件と原子力予算導入とのかかわりを知らされ(日本放送協会 1994)、ビキニ事件に関する外交文書が公開されると丹念に読み込み、そこから得た知見と思いを2冊目の手記『ビキニ事件の真実——いのちの岐路で』(大石 2003)に注いだ。歴史講座にも通うようになり、手記の刊行は4冊を数える。

4 ｜ 怒りを担保する正当性

　大石が書き言葉を獲得し、怒りを思想化していくことを小沢節子は、「文字の世界と無縁に暮らしてきた大石さんは、50歳を前にしてエクリチュール(書き言葉)の世界へと足を踏み入れていき、自らを苦しめてきた生の怒り、自己の尊厳が侵され続けてきたという感情を文字で表現するようになる。被爆体験を綴り、自分の人生のなかに位置づける作業を経て大石さんは自分が何者として語るのか、という問いに直面し、被爆者という当事者性を立ち上げていく」と指摘する(小沢 2012：3)。「大石さんの怒りは核権力への批判」であり「奪われた誇りを取り戻そうとする人の怒り」だという。

　では、そうした大石の怒りに触れた側は、大石の当事者性とどう向き合ってきたのだろうか。

　修学旅行で大石の講話を希望する学校、学校に招いて講演会をひらく学校など、20年以上にわたって大石とのつながりをもつ教員は少なくない。大石の体調不良がすすむにつれ、筆者は講演に同行してサポートを、現在は大石に代わっての講話を引き受けるようになった。そうした話者の変更があってもなお、修学旅行で第五福竜丸展示館を見学コースに組み込んでくれる学校は、公立・私立を問わずにある。

　三重県は全国でもっとも多くの学校が展示館を訪れている。四日市市のK教諭は、生徒を大石と出会わせるために1994年度の修学旅行では15時間の事前学習を準備した。大石に送られた指導計画や生徒の感想を見ると、大石の手記

やテレビ番組を活用し、広島・長崎の原爆死没者と久保山愛吉さんの死を敢えて対比させることで、「人の死の重みはみな同じである」ことや原水爆禁止運動や死を悼む手紙などの全国の反応は「原爆をうけた日本の怒りや悲しみの現れ（象徴）であった」ことなども考えさせたことがわかる。

　最初の授業で「戦争を体験したことないで、はっきりいって苦しみとか全然わからんし、重い病気にかかったことないし、正直別にどーでもええ」と言っていた生徒が、大石の番組を見た後、「久保山さん（が死んだ）時は日本中の人があんなに悲しんだり同情したりしたのに、大石さんが里に帰った時にはねたみとかあって、せっかく退院できたのにかわいそうだなと思った。大石さんはとてもつらい思いをしたから東京に出ていくのも無理ないと思う」。「私みたいな無関心で苦しみとかわかろうとしない人に、一番むかつくんだろうなあと思った。もっと被爆者の気持ちを考えなければならないことはわかっているんだけど、それでもまだ、心の底から考えることは私にはできない」「私は被爆者じゃないかわからない。こういわれるのが一番つらいのだなあと思った」との言葉が続く。

　乞われれば全国どこへでも出向き話す。時には早朝から夢の島の第五福竜丸展示館で何校にも講話し、修学旅行生の宿泊先で話す日もある。聞く者がいれば、そこは語り得ぬ思いさえも語れる場が生まれる。生徒たちはビキニ事件を通し、大石の生き方に触れる。

　一方、怒りの根底にある差別の経験に触れ、自らの体験を語り始めた人もいる。

　私は今まで、私が被爆者という事を誰にも知られないように日を過ごしてきましたが、やっと暗いトンネルから抜け出して、去る八月六日の広島原爆慰霊祭に生協平和代表団の一行に参加させていただきました。長崎や東京の慰霊祭はおろか、テレビの放映も一度も観たことはありませんでした。心を固く閉ざして、長崎の地を遠く離れたのも、皆さんにはご理解いただけると思います。その固い心の扉を開く「きっかけ」を作ってくださったのが元第五福竜丸乗組員の大石又七さんです。（中略）大石さんの話を聞き、ふっきれた私は、生協の勉強会で初めてあのむごたらしい惨状を話したのです。健康の許すかぎり、被爆体験を通して被爆者援護法、非核三原則に向かって行動

するのがせめてもの参加された方がたへの供養であり、鎮魂と思います。(第
五福竜丸平和協会 1987：2)

原爆被害者と核実験被害者を線引きする思いがうごめく一方で、大石の真摯
な怒りの持続が、分断ではなく連帯を生み出してもいるのだ。

5 ｜ 責任

高橋哲哉は、responsibility という英語から日本語の「責任」という言葉を
照射し、「応答可能性」としての責任を提示している(高橋 1991)。他者のよび
かけ(call)に対して応答(response)することで、他者の責任の内に存在すると
する。他者の呼びかけに応答しない、あるいは責任を果たさないという選択を
する自由がある。しかし他者からの呼びかけを聞いたら、応えるか応えないか
の選択を迫られるということにおいては、責任の内側におかれ、このことにつ
いては自由ではないと規定する。

忘れてほしくない、忘れてはいけないという大石の呼びかけに対し、「私た
ち」は応える責任があるのだ。少なくとも記憶し、その記憶を伝える責任があ
る。それはテッサ・モーリス＝スズキがいう「連累(implication)」[19]に置き換え
ていいのかもしれない。「私たち」は核実験を実行した主体者ではない、しか
し大石らの被害が現在進行形であり、その事実を語り継ぐ努力(例えば教育)を
怠っていること、その事実を是認してきたことへの責任がある。核実験被害を
第五福竜丸一隻だけのようにとらえ、被害を漁業被害だけに限定しようとする
「第五福竜丸事件」という呼称を無批判に使うことへの責任がある。

大石は30年以上にわたる「証言活動」「講話」のなかで、繰り返し責任につ
いて言及している。

責任をとってもらいたいというところまでは言いませんけどね。責任はあ
るのかないのか知りたいですよね。もしかしたら責任はないのかもしれない
けども、責任があるのかないのか、その答えだけくらいは聞かせてもらいた
いと思いますよね。やった側に責任があるのかないのかという、そういうこ
とすらも何も答えが出ていないままきちゃってますからね。どっちかという

と無視されてきてますからね。非常に不満ですよね。なんのための犠牲なの
か。そのへんのことも聞かせてもらいたい。誰かのためになったのかしら、
この犠牲は。本当の無駄の犠牲だったのか、なにかわけのわからない　うや
むやで消されてしまうような　そんなふうに感じますけどね。(日本放送協会
1992)

　ここで大石が問いかけた「責任」とは、記憶の継承や連累の自覚を促すもの
ではない。
　被災直後の入院中、乗組員のひとり鈴木鎮三は「この問題は加害国アメリカ
の責任であり、裁判でけじめをつけるべきだ」と訴え、他の乗組員から浮き上
がってしまったという。船上では船主や漁撈長が絶対であり、陸の上では漁協
や役所に黙々と従い、意見をいうことなどなかった時代で、「鈴木さんはおか
しいんじゃないか」と思っていたことを、のちに大石は反省する。そして1997年、
大石のよびかけで実現した乗組員の合同慰霊祭で「みなさんの不本意な死はこ
のままでいいのか。加害者の責任はどうなるのか。あらためて基本に立ち戻り
問い直す必要があります」と弔辞を読み上げる。
　筆者は大石の手記の編集にも携わってきたが、最後の本となった『矛盾――
ビキニ事件、平和運動の原点』(大石 2011)の刊行に際して、大石と何度も衝
突した。本人の体験に基づく内容に絞るべきだという筆者の意見に対し、大石
は「人類の起源から説き起こさないと意味がない」と、頑として譲らず、なぜ
戦争がなくならないのか、なぜ核兵器を作るのかという大きな問題を、読者が
自分のこととして考えることができないと主張した。
　この本の初稿の校正をしているさなか、2011年3月11日東日本大震災が発生、
東京電力福島第一原子力発電所の事故が始まった。急遽差し替えた「あとがき」
には「原発が今、牙をむいている。利便さも人を堕落に追い込んでいると思う」。
「活断層が網の目のように走る地震大国の日本列島には54基もの原発がのっか
っている。俺はその怖さを言い続けてきた。そして今、そのことが現実のもの
となって襲いかかってきたのだ」と、怒りの言葉が続く。そしてストーリーテ
ラーに配した熊さん、八つぁんにこう言わせる。「日本に原発が導入された原
点はビキニ事件だよね。原点に立ち戻って見つめ直させなけりゃあ、今起こっ

第Ⅳ部
第10章 ビキニ事件の「当事者」は誰か

ている難問の答えはでないと思うよ」。そして戦争の準備である核保有は、人類の驕りにほかならないと説く。

この年3月20日に予定されていた作家・大江健三郎との対談が原発事故で5月に延期となった。船の甲板で対面した大江に、大石はこう問いかけた。

　いつも疑問に思っていてわからないのは、太平洋戦争を経験、戦争中を育ってきました。
　あれだけの軍国教育をうけましたよね。戦争が負けて終わりましたよね。指導していた人たちが責任をとらない。はっきりと責任があるということを見てきていますよね。
　今度の福島の原発事故でも、あれだけの大きなことがもちあがった。しかし導入した者や推進してきた者は一切顔を出さないで、責任をとらないで、たとえば現政権を批判したり足ひっぱったり批判したりしていますよね。
　一般の国民として、これをどのように受け止めて理解したらいいのか。責任のある人たちが、世の中で良い位置に居座って、大きな顔をしているのか、わたしはそれががまんならないんですよね。(日本放送協会 2011)

大石の苛立ちを後目に、メディアの多くはこの原発事故を広島、長崎に次ぐ「第三の核被害」だと報じ、チェルノブイリ原発事故と対比した。ビキニ事件を想起する媒体は皆無に近かった。しかし第五福竜丸展示館には「子どもを屋外で遊ばせてもいいか」「放射能について知りたい」といった問い合わせや来館者が増え、大石・大江対談のテレビ放送後には、大石への講演依頼もさらに増えた（図3）。

大石は、「これまで自分

図3　大学生に語る大石又七氏
　　　2017年12月（撮影 河田透）

197

の体験を言葉や文章にしてきたが、元漁師の洗濯屋が言うことには振り向いても
らえなかった。しかし、福島の事故が起こってからは『他人の哀れな話』で
はなくなったのです」「福島の人たちに対する国の対応の鈍さを見聞きすると、
過去の被爆から得た教訓を生かそうとしない限り、私たちが歩んできた苦難の
道が繰り返されるのではないか」(毎日新聞 2012：22) と取材に応えている。

　そしてこの取材から2カ月後、大石は脳出血で倒れた。右半身麻痺の後遺症
が残ったが、リハビリを重ね、2013年1月から証言活動を再開させた。そして
「ビキニ事件は終わっていない」「死んでいった仲間のためにも、闘い続ける」
と繰り返し訴えた。

　2018年1月12日、都内の私立中学校で大石はこう語った。

　　ビキニ事件の被爆者は、広島長崎の人たちのように焼かれることはありま
　せんでしたが、静かな被爆に今も苦しめられています。私は最初に授かった
　子どもを死産で失いました。私自身も病気になり、いまも30種類以上の薬
　を服用する生活です。しかし不思議なことに何度も死にそうなっても生きて
　います。そうできなかった福竜丸の仲間たち、ビキニ事件のあとにも放射能
　のある海で働いた漁師の仲間たちの苦しみや悔しさを考えると、私はビキニ
　事件を伝え続ける使命があるのだと思っているのです。

　大石の闘いを知り、責任について問われた時 response すべきなのは誰なの
か。被爆の当事者性を獲得すべきは誰なのか。ビキニ事件を「わたしたちの歴
史」として繰り返し問いかけ、問い直し、忘却に抗い続けることでしか責任＝
responsibility は果たせないのではないか。

　筆者は、2001年から第五福竜丸展示館に関わることで大石又七を身近に見、
修学旅行生らに館内で語る大石の講話をたびたび聴いてきた。また手記の編集
にも携わってきた。2012年大石が脳出血で倒れ、2013年1月から講演活動を
再開するにあたり、そのサポートを担い、2021年3月に大石が死去するまでの
足掛け8年「共に語る＝コラボ講演」を行ってきた。

　「責任」に関して具体的に話した記憶は、実はない。ただ2013年に北朝鮮が
核実験を行った際、不安を口にした筆者に対して「北朝鮮が核実験をするよう

にしむけているのは、核保有国の方でしょう。それなのに北朝鮮に対して怒ったり恐れたりするのは、おかしいよ」といなした。さらに「核を使ったらどうなるかということを、世界の人に知らせてこなかった責任が、誰かにあるんじゃないか」と語ったことを記憶している。

2011年3月11日、東日本大震災とその後の東京電力福島第一原子力発電所事故のときにも「だからわたしが警告してきたでしょ」とにべもなかった。「本気で真剣に原発のことを恐れてこなかったのに、事故が起きてから怯えるのは本末転倒」だとも叱られた。震災の2週間前、2月26日に行われた第五福竜丸平和協会主催「3・1ビキニ記念のつどい」に挨拶にたった大石は、「日本全国に存在する原発が1基でも事故を起こしたら、私たちは大変なことになる、いま幸せに暮らしていると思い込んでいるのだろうけれど、私たちは危険ととなり合わせにいる」と、語気を強めて憤った。それがまるで予言のようだったと振り返る私に、「予言ではなく警告だ」とも話した。

残念ながら以上の会話は、録音などの記録はなく、ただ筆者の記憶のなかにだけある。しかし、大石又七という被爆者の、生きる原動力は核に対する怒りであり、分断などしている場合ではないのだという苛立ちだった。

「当事者性」が、被害者としての正当性であるとするならば、大石は明解にそのことを意思表示し、その正当性に基づいた発言を重ねてきた。当事者無きいま、その信念に裏打ちされた哲学ともいうべき当事者性を受け止めることで、非当事者の筆者にも当事者性が宿るのではないか。その試行錯誤が続く[20]。

【注】

1. 都立第五福竜丸展示館は、東京都からの委託事業として公益財団法人第五福竜丸平和協会によって管理・運営がなされている。筆者はこの財団の職員で、第五福竜丸展示館の学芸員である。

2. 小沢については大石の生い立ちとビキニ事件、その後の人生については小沢（2011）を参照してほしい。

3. 大石又七の手記は大石（1991；2003；2007；2011）などがある。筆者は大石（2003）では資料整理を、大石（2007）ならびに大石（2011）では編集のサポートをした。

4. 1955年3月17日「ビキニ被災1周年記念、原子戦争準備に反対するつどい（東京）原水爆禁止署名運動全国協議会主催、1956年「ビキニ2周年・原水爆実験禁止の集い（東京　原水爆

禁止日本協議会主催）と58年まで東京での開催、59年焼津、と集会を重ね、63年の焼津集会中止を経て、1965年「3・1ビキニデー」の名称で大会が開催されている（実行委員会主催）。

5. 入院中には、取材に対して見崎吉男、筒井久吉、小塚博らのほか、家族のコメントや座談会なども企画されその心情が掲載された。ファンティ（1957）では髙良とみ参議院議員の案内で東大病院を見舞った折、ファンティより要請され山本忠司、安藤三郎、髙木兼重、増田三次郎、見崎吉男、鈴木鎮三と国立東京第一病院に入院中の池田正穂が手記を寄せている。吉田勝雄は退院後半年の1955年10月に結婚。新婚旅行や出産の際にも記者がおしかけ、メディアスクラムによる精神的な負担を感じる者もあったようだ。

6. 連載終了後、川井・斗ケ沢（1985）としてまとめられている。

7. これらの文献のほか、筆者が直接男性被爆者からその不安をたびたび聞いてもいる。

8. 被爆者の定義は、1957年「原子爆弾被爆者の医療等に関する法律（原爆医療法）」での定義が現行法である「原子爆弾被爆者に対する援護に関する法律」に受け継がれ、その第一条で「この法律において「被爆者」とは、次の各号のいずれかに該当する者であって、被爆者健康手帳の交付を受けたものをいう。」とされる。したがって本人が申請し手帳の交付を受けて初めて法的に「被爆者」となる。もちろんこうした規定からこぼれ落ちてしまう被害者も多数存在し、現在も係争中である者もいる。さらにいえば、こうした法によって「線を引く」ことで、原爆被害＝放射線被害をうけた生存者という行政の規定のみが強調され、財産や家族、コミュニティを破壊された空襲被害の側面は切り捨てられている。直野章子は「『被爆』が元来有していた意味が忘れられ、原爆被害と空襲被害の連続性がみえづらくなった」ことの起因として、ビキニ事件で放射線による身体的被害に注目が集まったためだとしている（直野 2015）。

9. ビキニ事件の際、漁獲物や人体の放射能汚染を測る基準は、米国商務省連邦標準局（The National Bureau of Standards, U.S. Department of Commerce）が定めた通称「Handbook 52」に記載されたものが用いられた（日本放射性同位元素協会 1954）。

10. 「原爆障害者援護法案」（1956（昭和31）年）の経過等、中島竜美氏より大石又七に提供されたもの。中国放送制作「補償なき半世紀」のための取材によるメモ（第五福竜丸平和協会所蔵非公開資料）。

11. 久保山愛吉死去後の中国新聞（1954年9月26日）は「果たしてこれでいいのか、久保山さんの死とヒロシマ」「割り切れぬ市民の感情」との見出しで広島県知事、広島市長をはじめとしたコメントを収録している。檜山袖四郎広島県議会議長は「久保山さんの丁重な扱いにひき比べ広島はどうしてくれるんだ」と述べ、原爆障害者治療対策協議会の松坂義正副会長は、久保山さんのような事例は広島ではあまたあるが「これまで全く投げやりにされ」、「現在苦しみもがいているような人たちでさえ何らの救いの手が差しのべられていない」と嘆いている。

12. マーシャル諸島をフィールドとする竹峰誠一郎は、「米国の核を抱きしめた日本と米国の核開発の母胎となったマーシャル諸島の関係性は問われることなく、『被爆国』日本の戦後の『平和』は語られてきました。『第五福竜丸事件』は認識されることはあっても、第五福竜丸の後ろ側にいる、現地住民への想像力は乏しかったと言わざるを得ません」と指摘する（竹峰2024）。また、「太平洋核実験の被害」という視座にたち結成されたのが「太平洋核被災支援センター」（2011年発足）であるといえるだろう。

13. 外交文書C'.4.2.1.5C-0003、外務省外交史料館、以下同。昭和29年3月16日　岡崎外務大

臣発　在米井口大使宛　第180号（1991年開示「第五福竜丸その他原爆被災事件関係一件」、以下同）ほか。外交交渉に関しては市田（2014）を参照のこと。

14. 慰藉料とも表記する。

15. 下田記（極秘扱い）。核実験の被害と補償を日本政府がどのように規定していたかに関しては、市田（2022b）にまとめた。

16. 放射線医学総合研究所（放医研）による健康追跡調査はKumatori et al.（1965）ならびにKumatori et al.（1980）に提示されている。

17. 退院以後も乗組員のゆるやかな親睦が続いていたが、「福竜丸」という名称での組織が作られ、元漁撈長・見崎吉男の手作りの会報が郵送されていた。大石を名指すことはないが、事件の責任や補償をめぐる言説に対する批判が綴られている（第五福竜丸平和協会所蔵非公開資料）。

18. 船体保存の取り組みと展示館開館に至る経緯については、広田（1981）、第五福竜丸平和協会編（2014）ほかを参照してほしい。

19. モーリス＝スズキは、戦争や植民地支配といった過去の出来事に直接関与していない世代でも責任があるという概念を提示し、これを「連累」と述べた（塩倉2015）。

20. 大石又七氏は2021年3月7日、誤嚥性肺炎のため87歳で死去した。筆者による大石又七の〈継承〉については市田（2022a）を参照してほしい。

【参考文献】

石崎昇子 2016「被爆と男性――ビキニ被爆者・大石又七の軌跡」『原爆と原発、その先――女性たちの非核の実践と思想』御茶の水書房。

市田真理 2014「外交文書にみるビキニ事件をめぐる日米交渉」第五福竜丸平和協会編『第五福竜丸は航海中』現代企画室。

市田真理（編）2019『核と現代〜アトミック・カフェの世界』（立教大学社会学部2018年度フィールド実習報告書）。

市田真理 2022a「記憶をつなぐ船・第五福竜丸――被爆者大石又七との協働を通して」『戦争社会学研究』第6巻、163–180頁。

市田真理 2022b「太平洋核実験による被害と補償の考え方――外交文書を中心とした整理」立教大学社会学部編『応用社会学研究紀要』（64）、231–238頁。

大石又七 1991『死の灰を背負って――私の人生を変えた第五福竜丸』新潮社。

大石又七 2003『ビキニ事件の真実――いのちの岐路で』みすず書房。

大石又七 2007『これだけは伝えておきたいビキニ事件の表と裏――第五福竜丸・乗組員が語る』かもがわ出版。

大石又七 2011『矛盾――ビキニ事件、平和運動の原点』武蔵野書房。

外務省アジア局第五課 1954「第五福竜丸事件に関する中間補償要求の件」（4月8日）。

外務省1954「ビキニ事件補償に関する米側提案の件」（5月22日）。

川井龍介・斗ケ沢秀俊 1985『水爆実験との遭遇——ビキニ事件と第五福竜丸』三一書房。

小沢節子 2011『第五福竜丸から「3・11」後へ——被爆者大石又七の旅路』（岩波ブックレット）岩波書店。

小沢節子 2012「大石さんの怒りと誇り——ブックレットを書き上げて」『福竜丸だより』No.367（1月1日）、3頁。

小沢節子 2014「大石又七の思想——『核』の時代を生きる」赤澤史郎・北河賢三・黒川みどり編『戦後知識人と民衆観』影書房。

小塚博さんを支援する会 2002『ビキニ水爆被爆者——小塚博さんの闘いの記録』自費出版。

小林徹編 1995『原水爆禁止運動資料集 第4巻』緑蔭書房。

塩倉裕 2015「戦後生まれの戦争責任は——豪の歴史学者 テッサ・モーリス゠スズキさんに聞く」『朝日新聞』（12月25日、朝刊30面）。

第五福竜丸平和協会 1987『福竜丸だより』114号（10月15日）。

第五福竜丸平和協会 2018「大石又七さんからのメッセージ」『第五福竜丸展示館内上映用映像』。

第五福竜丸平和協会編 1976『ビキニ水爆被災資料集』東京大学出版会。

第五福竜丸平和協会編 2014『第五福竜丸は航海中』現代企画室。

高橋哲哉 1991『戦後責任論』講談社。

竹峰誠一郎 2024「『第五福竜丸』の後ろ側で被曝を生き抜いてきた人びと」（『マーシャル諸島 終わりなき核被害を生きる』紹介文）、新泉社ホームページ、https://www.shinsensha.com/books/732/（最終閲覧日：2024年1月13日）。

直野章子 2015『原爆体験と戦後日本——記憶の形成と継承』岩波書店。

西村雅人 1987「核の海をゆく I マグロ漁船員の航跡を追って」（高知県ビキニ水爆被災調査団・調査中間報告）『蒼』No.5、ローカル通信舎、22–57頁。

日本放射性同位元素協会 1954『人体内の放射性同位元素の最大許容量と空気および水の中の最大許容限度』（原題 U.S. Department of Commerce (National Bureau of Standards) 1953 "Maximum Permissible Amounts of Radioisotopes in the Human Body and Maximum Permissible Concentrations in Air and Water"）。

日本放送協会 1992「又七の海」（テレビ番組：『NHK スペシャル』4月19日）。

日本放送協会 1994「原発導入のシナリオ——冷戦下の対日原子力戦略」（テレビ番組：『NHK 現代史スクープドキュメント』3月16日）。

日本放送協会 2011「大江健三郎・大石又七　核をめぐる対話」（テレビ番組：『ETV特集』7月3日）。

濱谷正晴 2005『原爆体験——6744人・死と生の証言』岩波書店。

被爆50年国際シンポジウム日本準備委員会 1996『被爆50年国際シンポジウム報告集』

広田重道 1981『第五福竜丸保存運動史』白石書店。

ファンティ、S．G. 1957『現代人は狂っている』（宮城音弥訳）毎日新聞社。

毎日新聞 2012「ザ・特集：福島第1原発事故11ヵ月 「死の灰」の教訓、どこへ 大石又七さんに聞く」（2月16日朝刊）22頁。

リフトン、ロバート 1971『死の内の生命——ヒロシマの生存者』朝日新聞社。

Kumatori, Toshiyuki, Takaaki Ishihara, Toshio Ueda, and Kazuo Miyoshi. 1965. *Medical Survey of Japanese Exposed to Fallout Radiation in 1954 A Report after 10 years.* National Institute of Radiological Sciences.

Kumatori, Toshiyuki, Takaaki Ishihara, Kunitake Hirashima, Hajime Sugiyama, Seiji Ishii, and Kazuo Miyoshi. 1980. "Follow-up Studies over a 25-Year Period on the Japanese Fishermen Exposed to Radioactive Fallout in 1954." *The Medical Basis for Radiation Accident Preparedness,* Eds. Hubner, K. F and Fry, S. A, pp.33–54, Elsevier North Holland, Inc.

第11章

核実験の被害を解き明かす
マーシャル諸島ロンゲラップの人びとは
なにを被害として語るのか

中原 聖乃

1 │ はじめに

　マーシャル諸島クワジェリン（Kwajalein）環礁メジャト島（Mejatto）には、1954年3月1日に米国により実施された水爆実験ブラボーで被害を受けたロンゲラップ（Rongelap）コミュニティの人びとが集団避難している。ロンゲラップコミュニティとは、マーシャル諸島北部に位置するロンゲラップ環礁、ロンゲリック環礁、アイリングナエ環礁を生活圏とする人びとのまとまりを指す（図1）。この島には、水爆実験から70年を経た現在、水爆実験の生き証人はだれもおらず、その子孫や血縁関係者、そしてその家族が暮らしている。

　筆者がメジャト島で調査を開始した20年前は、子供たちの服装や食事などを見ても、核実験で被ばくの難を逃れたそのほかの多くの離島のコミュニティに比べて、生活にゆとりがあることは見て取れた。当時のメジャト島は、自然環境から得られる恵みを活用するよりも、米国の補償金や食糧援助に頼る割合が多く、マーシャル諸島の2つの人口集中地、クワジェリン環礁イバイ島や首都マジュロのような暮らしぶりに近かった。米国への移民も多く、避難島メジャト島の暮らしは、これからも米国化していくと筆者は予想していた。

　しかし予想は大きく外れた。2013年に11年ぶりにメジャト島を訪問した筆者の目に飛び込んできたのは、青い空に向かって伸びるココヤシの林、気持ち

第 IV 部
第11章 核実験の被害を解き明かす

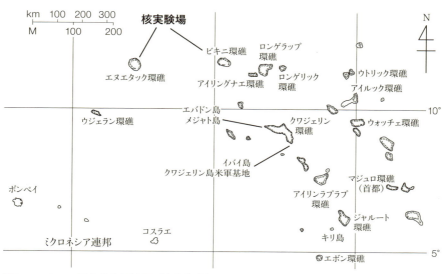

図1 マーシャル諸島共和国地図（筆者作成）

の良い風が吹き抜けるタコノキ林、そしてそこここを歩き回る豚の親子であった（図2）。この間に人びとが植林したものが見事に成長し、豚・鶏が繁殖していた。人びとは、豚や鶏にココヤシの果実を与え、様々な保存食を作り、海洋資源からは魚の干物を作っていた。そして、そうした保存食をマーシャル諸島の都市部や海外に住む親族に送っていた。また、関係のあまりよくなかった隣のエバドン島とは、頻繁に行き来する間柄になっていた。

なによりも違いを実感したのは、人びとの話題と表情であった。20年前人びとは、米国に対する不満を語り、怒りややりきれなさが顔に表れていた。人びとが語るのは、補償金の少なさと米国の嘘やずるがしこ

図2 緑が増えたメジャト島　2013年（筆者撮影）

205

さであった。ロンゲラップの人の中には、人体も環境も放射能の影響を受けた自分たちが、なぜ核実験前に故郷から避難させられたビキニ環礁の人びとよりも、補償額が少ないのかと筆者に訴えてきた人も多かった。しかし、2013年の調査以降は、笑顔で保存食の作り方や漁について語る人が圧倒的に多かった。ロンゲラップの人びとには、米国に被害を訴え、より高額の補償金を得るという道も残されていたが、人びとはそれとは別の道を選択した。

　ロンゲラップ環礁からメジャト島に集団避難して、2022年で37年。この間、メジャト島の自給自足率は大きく変わり、近隣や都市部在住の人びととの関係も大きく変わった。

　本章では、1954年の水爆実験ブラボーにより被ばくした、マーシャル諸島ロンゲラップ環礁の人びとの被害について、現地社会に暮らす被害の「当事者」としてのコンテクストから読み解ける被害を明らかにする。インタビューに加えて、被ばくを研究するためにインタビューをすることとは別の、普段の日常的な会話の中で、ポツリ、ポツリと語られる言葉の中に、そして冗談めかした投げやりな言葉のなかに、可能性を見出したい。本章はそうした現地調査の日常生活の中から得られた「語り」から「当事者」の被害を描き出していく。

2 ｜ ロンゲラップの被ばく経験

　米国は、1946年から1958年まで当時国連信託統治領であった今のマーシャル諸島共和国のビキニ環礁とエヌエタック環礁を核実験場として、67回の核実験を実施した。全67回の総威力は、広島型原爆の6000倍以上であった。なかでも、1954年3月1日に実施された水爆実験ブラボー（Bravo）は、マーシャル諸島に甚大な放射能被害をもたらすとともに、世界中に放射能を拡散させた。この水爆実験は、マーシャル諸島の北部に位置するロンゲラップ環礁とアイリングナエ（Aelongnae）環礁にいた人びとに急性放射線被害をもたらすとともに、ロンゲラップ生活圏全体に対する深刻な放射能汚染をもたらした。ここでいうロンゲラップ生活圏とは、ロンゲラップ、ロンゲリック、アイリングナエの3環礁で構成される一つのまとまりのある生活圏を指している。本章では、このロンゲラップ生活圏に何らかの土地利用権を持ち、またそこに愛着を抱く人びとをロンゲラップの人びとと呼称する。ロンゲラップの人びとは、ブラボー水

爆実験の3日後にロンゲラップから救出され、クワジェリン環礁のクワジェリン米軍基地に収容され、米国原子力委員会の監視下のもとで3カ月を過ごした。その後、現在の首都マジュロ環礁の無人島であったエジット（Ejit）島に収容され3年を過ごしたのち、1957年、故郷であるロンゲラップ環礁に帰島を果たした。この時、被ばく者に加え、学業・結婚・仕事などでロンゲラップにいなかったロンゲラップ出身者もロンゲラップ帰島に加わり、251名がロンゲラップでの暮らしを再開した。

　この間、原子力委員会の官僚は、「ロンゲラップには放射能はあるが、体には影響はない[1]」という姿勢を崩さなかったが、米国人労働者が被ばくする可能性については強く懸念を示していた。1977年6月27日、当時ロンゲラップの小学校で働いていた米国平和部隊の隊員の体内からセシウム137が検出されていた（Johnston and Barker 2008：131）。このことは、現地の人びとにはもちろん、マーシャル諸島の外に発信されることはなかった。この間、人体への様々な影響が表れ、信託統治領役人や国連視察団にも訴えたが、事態は好転することはなかった。

　1982年、米国エネルギー省（旧原子力委員会）は、マーシャル諸島北部における放射線の汚染レベルに関するレポートを発表した。この報告は、ロンゲラップ環礁の住民が年間400ミリシーベルト（Sv）の内部被ばくを受けていることを明らかにし、それは統計上233人中0.1〜0.6人の死亡率をもたらす数値であった。このレポートは、ロンゲラップ環礁の放射線量は核実験場であるビキニ環礁と同じであることを示していた（U.S. Department of Energy 1982：39）。このことがきっかけとなり、ロンゲラップの人びとはロンゲラップ脱出を真剣に議論し始めたのである。

　ロンゲラップの人びとは、

図3　住民がいなくなったロンゲラップ環礁のラグーン 2002年（筆者撮影）

環境保護団体であるグリーンピースに援助を求め、1985年ロンゲラップ環礁からクワジェリン環礁メジャト島に集団避難を果たした。以来現在に至るまで、メジャト島を中心的コミュニティとして、避難生活を継続している。

1998年より、ロンゲラップ環礁を除染し、帰島するためのロンゲラップ再定住計画工事が始まった。2024年現在、居住地区の除染も終了し、住民の家屋やインフラも整えられたと住民は述べている。しかしながら、プロジェクト開始から20年を経た現在も、避難島からの避難民の帰還は果たされていない（図3）。

筆者によるロンゲラップの人びとへのインタビューでは、「帰りたい」「みんな帰りたいに決まっている」という語りが多く聞かれるものの、実際に故郷に足を踏み入れるのは、再定住計画工事とそれに伴う観光産業計画や養豚産業などの小規模事業に従事する男性とその家族が一定期間滞在することに限られている。

3 │ 生業への打撃

1957年に帰島して1985年にメジャト島に避難するまでの28年間、人びとはロンゲラップで魚介類や植林したココヤシやタコノキなどの植物を利用する生業活動を中心として生活を営んできた。帰島直後から約5年間は、米国から軍隊向けの配給食糧「C-レーション」が援助されており、1970年代に台風の災害時に米国農業省の援助食糧（USDA FOOD）の配給があったという。これらの援助食糧の配給は、人びとが必要とする食料のすべてを賄うわけではなく、人びとは核実験前に営まれていた生業活動を再開していた。

マーシャル諸島の北部に位置するロンゲラップは、降雨量が少ないため、暮らしにくい場所とされている。それでも人びとはロンゲラップに特別な愛着を持ち、ここに住むために様々な暮らしの工夫を施してきた。土地は住むために必要な場所であるが、それ以上の役割を果たしていることを、1957年から1985年までのロンゲラップの暮らしぶりを通して確認しておこう。

人びとが居住していたのは、ロンゲラップ環礁の中のロンゲラップ本島であり、ロンゲラップ環礁のそのほかの小島、アイリングナエ環礁、ロンゲリック環礁は食料や生活に必要な資源を調達するための島であった。

ここでは食料を中心にみていこう。陸地資源のうち植物は、ココヤシ、タコノキ、アロールート[2]、バナナなどがあった。これらは野生の植物の採取ではなく、植林栽培を通じた農業である。降雨量が少ないため、バナナ、タロイモ、パンノキはほとんどなかったが、ココヤシ、タコノキ、アロール

図4　タコノキで作る保存食ジェンコン
　　　2013年（筆者撮影）

ートはよく育った。3つの環礁の大きな小島では、ココヤシやタコノキの林が形成され、そのほかの小さな小島では、ココヤシからココナッツオイルの原料となる輸出用のコプラ生産が行われ、タコノキから食料としての保存食を作った。とりわけ、ロンゲラップの人びとが重要だと考えていたのが、他の地域ではほとんど見られなくなったタコノキの実から作られる保存食ジェンコン（図4）とアロールートの保存食マクモクである。降雨量の多いマーシャル諸島南部地域では、数種類の果物やタロイモの栽培が可能なため、ジェンコンの生産は廃れてしまったが、干ばつが多く発生する北部環礁では、近隣に助けを求めるために航海術が不可欠であり、そのための携行食としても欠かせなかったのである。

　また、多くの島で鶏、豚、七面鳥の繁殖やアロールートの栽培が行われ、野生の鳥、鳥やカメの卵、ヤシガニ、カニなどの採取が行われた。これらの食料の調達と、コプラ生産は環礁内の別の島で行われることが多かった。

　鳥をとるのは簡単さ。夜に木に寝ている鳥に懐中電灯を当てると、驚いて落ちる。それをとるだけ。卵も簡単。エネアエトック島[3]に着くと、そこら中に鳥がいて、そこら中に卵があるので、袋を持って行って、卵を集めて入れて、ロンゲラップに持って帰るだけだ。ロンゲラップに着いたら、ゆでて終わり。私たちはお金を使わなくても生活できた。クリスマスもお金を使わなくて済んだ。1000パーセント帰りたい。(60歳代男性、2016年12月27日)

婚姻関係や友人関係により、実際の採集、農耕、生産活動は、ほぼすべての土地を利用することができたという。ロンゲラップの人が口をそろえて言う言葉「ロンゲラップは一つの家族だよ」は、このように土地利用される状況からも人びとが実感しているロンゲラップのまとまりを示している。

　放射能は、海洋・陸地資源を基本とする生業活動に深刻な被害を与えた。

ロンゲラップで採れるものは、最初は、みんな食べていたよ。アメリカ人たちは禁止しなかったからね。いろいろなものが（採っていなかったので）大きくなっていた。ヤシガニ、魚、、、最初はみんな大喜び。とくに太ったヤシガニ。でもしばらくすると口が腫れて、口の周りにできものができた。子供たちも舌や口の中にできものができた。（米国）エネルギー省は後になってから禁止したんだ。そのあとで、みんなやっぱり「毒がある」と考えるようになって、食べ物を食べるのが怖くなったんだ。ジョブ（仮名）も子供のころ咳をよくしていた。たぶん、放射能のせいだわ。（60歳代女性、2016年12月23日）

　ヤシガニや魚を食べて体調に異変を感じるという「語り」は多くの人が語った。低レベルの放射線の影響は人体が知覚しないからこそ危険であるはずなのに、どうして体調異変が起こるのだろうか[4]。この語りは、米国からより多くの補償を得られるように誇張されているものである可能性もあるだろう。例えば、毒魚被害に関して、マーシャル諸島の首都マジュロの記念病院の外来患者の記録からは、1955年から57年までの3年間で、魚のシガテラ毒と考えられる胃腸の疾病が2〜3倍に増加している（Ruff 1989：202）。従来、ロンゲラップの人びとは、魚のシガテラ毒に対する知識を世代を超えて継承してきたのでこれほど多くの人びとが疾病に苦しむことは考えられない。核実験による海底の自然環境の変化がそうした毒魚の状況を変えたとも指摘されている（Ruff 1989：204）。放射能が及ぼす自然環境への間接的な被害は未知の部分が多い。人びとはこうした未知の被害を生きているのである。

　二股に分かれている奇形のココヤシが確認されているが、その数については、100本は見たという話から、2、3本しか見なかったという話まで様々である。また、地元の食材を食べて嘔吐した人と全くなにも感じない人まで様々であった。た

だし、個人的に見たり感じたりというこうした危険は、当時ロンゲラップコミュニティ内で、積極的に語られたわけではなかった。影響はありそうなのに、その度合いは人によって様々であるために、「みんなで」話し合うということはほとんどなされなかった。

図5 ロンゲラップ環礁の奇形のココヤシ
2002年（筆者撮影）

（枝分かれしている）奇形のココヤシは2回見た。ロンゲラップにいるときは別に怖いって思わなかった。他の人が奇形のヤシの木について話をしているのを聞いたことがなかった。こぶが生えている魚も見たことがある。魚釣りをしていて。ロンゲラップにいたときはだれも放射能の危険については教えてくれなかった。危険性について話すようになったのは、メジャト島に来てからだよ。(50歳代男性、2016年12月27日)

ほとんどの人が、魚の奇形やココヤシの奇形を目にしている(図5)。また、アロールートが小さくなり数も減ったことを認識していた。多くの人が、魚、ヤシガニ、アロールートを食べてしびれを感じ、湿疹、嘔吐を体験した。それでもこっそりと食べる人は後を絶たなかった。禁止されている環礁北部の食料だけではなくロンゲラップ本島で採られたヤシガニやアロールートでも異変を体験した。生業活動は、楽しみやアイデンティティの保持の意味も持っているため、それは生業を超えた、精神的よりどころへの打撃ともなったのである。

4 | 災害支援ネットワークの機能不全

マーシャル諸島で生きるにあたっては、海の知識は特に重要である。とりわけ干ばつが頻繁に起こるロンゲラップでは、災害時に外部に救援を依頼する必要があることから、航海のための知識は欠かせないものとなっている。暗

礁、潮の流れ、気候、気象、風、星。ある環礁に行く際にどの星を目印として行くのかは、起点となる環礁ごとに異なる。そしてこれらの知識は主に一人から一人へと伝承されるものとされ、島の全員が獲得できる知識ではない。コミュニティの「航海技術と星の専門家のほとんどは著名な人物」であり（Erdland 1961：101）、一定の尊敬を集めることになる。筆者が、マジュロにあるロンゲラップの地方政府庁舎で知人と話していた時に、ロンゲラップで最後となる現役のナビゲーションスキルを有している人が建物内に入ってきた。その時人びとは、「キャプテンだ」といい、彼に顔を向け、敬意を払っていることが、筆者にも伝わってきた。

> ジョー（仮名）はすごかった。彼は海を見なくても、カヌーの船底で寝ているだけで、男たちに指示をだした。カヌーの船体に当たる音を聞いて、むくっと起きだして、ちょっと方向を変えてくれ。こんな風に指示して、また寝るんだ。（60歳代女性、2016年12月23日）

カヌーによる航海は過酷であった。1880年にジャルートからエボンに向けて50人を乗せた7隻のカヌーが出発したが、途中で漂流し、12人が飢餓と疲労で亡くなったという（Spennemann 2005：41）。マーシャル諸島の人びとは、航海の危険性を十分に認識しているため、マーシャル諸島での航海技術を有していることに誇りを持っていた。

しかし1954年のブラボー後には、ロンゲラップのカヌーについての知識は次第に姿を消していった。一部のロンゲラップのナビゲーターたちは1957年にロンゲラップに戻ったが、ブラボー実験により隣のビキニコミュニティは全島避難したため無人となり、ロンゲラップの航海士は航海先を失ったのである。航海術はその場所だけで成立するのではなく、その航海術を必要とする複数のコミュニティの存在が不可欠である。知識はそれ単独で存在意義があるのではなく、関係性の中で意味を持つものである。

近隣の環礁の人びととの関係は、マーシャル諸島の災害に対する救助システムにとって重要であった。トビンは、マーシャル諸島のリネージとクラン[5]を社会保障の単位と見なしており（Tobin 1967：7）、マーシャルの人びとは同じ

リネージとクランメンバーに対して援助する義務を有している（Tobin 1967：90）。こうした人びとが会う機会を生み出すカヌーの重要性は高い。

　しかしながら、この災害ネットワークは、放射能汚染によるコミュニティ全体への災害に対しては根本的な被害を解決することはできなかった。多くの人がロンゲラップの被ばく者らを支援するべく、避難先やロンゲラップに救援に入るが、その後も、流産や死産は相次ぎ、甲状腺の障害、ガン、白血病、そのほかの不調は続き、救援に入ったひとにも放射能の影響が表れた。被ばくし病気になる妻を前に「陰で泣いた」という人もいる。

　　私は、1979年にロンゲラップに住み始めたけど、それまでには多くの問題
　　が出ていた。違う感じの子供が生まれた。グレープのような子供。頭が、、、
　　脳が頭の外についている子供。顔がない子供もいた。こんな赤ん坊は見たこ
　　とがない。年の割には背が低い子供もいた。6、7人ぐらいいたと聞いている。
　　何がおかしいのかよくわからなかった。子供は背が50センチくらいで頭だ
　　けが大きくなった。2000年にはもっとたくさんの問題が出てくるに違いない。
　　（40歳代男性、1998年9月10日）

　　○○も○○も○○も○○も、、、、被ばくしていないのに、甲状腺の病気になった。
　　エミイ（仮名）の子供は（被ばく者でもないのに）、死産だった。ボレット（仮名）
　　の子供は、歩くことも考えることもできない子供だった。どうしてこんなこ
　　とが起こるんだろう。被ばく者の孫にも障害を持つ子供がいる。○○夫婦も
　　○○夫婦も被ばく者ではないのに、それぞれの子供が背が低い。両親とも被
　　ばく者ではないのに、おかしい。実験の前はこんな子供はいなかった。（60
　　歳代女性、2012年8月4日）

　また、ロンゲラップの伝統的首長（地方政府の長であるメイヤーとは異なる）であるイロージの助けが及ばなかったという声が多く聞かれた。イロージは移住後のロンゲラップやメジャト島を訪れており、食料も持参していたが、こうした食料は、深刻な放射能被害や全島避難を前にして、あまり意味のないものとなった。一方でイロージの中には、米国との交渉を行う必要性を考慮し、自身

図6 集うことで結束力を高めるロンゲラップの
　　女性たち　1999年（筆者撮影）

の留学先のハワイで親交のあった米国人弁護士を紹介しており、食料の再分配という従来の役割を超えて、米国との関係性を見据えながら新たな方法での人びとの救済を模索している人もいた。

　マーシャル諸島は、標高が1～2mと低いために、いったん干ばつや台風などに見舞われると、その被害は甚大なものになる。その被害に対しては、防波堤や高台を作るといった予防的・工学的な対処ではなく、被害後の復旧を見据えた広域な人的ネットワークの構築を行ってきた(図6)。台風やその他の災害が発生したとき、彼ら被害者は、かつて自身の親族らを助けたその子供たちによって助けてもらえると考えている(Rynkieswich 1972)。こうした仕組みは、これまでの自然災害の復興には生かされてきたが、長期にわたって、汚染の除去のできない放射能被害については短期的な食糧援助だけが行えることであり、問題の根本的解決はできなかった。

5 ｜ 生業活動のための伝統的知識の価値の喪失

　生業活動のためには、資源利用のための知識が必要である。知識にはマーシャル諸島全土に適用できる一般的な知識と、天然資源の採取場所、潮の流れ、地下水の状況など、特定の地域や環礁だけで通用する知識がある。マーシャル全土に通用する知識であれば、避難先でも活用できるが、その土地固有の知識は、とりわけその土地で生業活動を行う際に重要となる。それでは、地域固有の知識がどのように無意味化していったのか見てみよう。

　第一に、核実験により生態系が変わることでの変化があげられる。多くの人が魚を食べてしびれを感じたり、嘔吐したりしたが、それは放射能が直接影響

したというよりも、放射能が環境を変え、水爆実験後にそれまで毒魚ではなかったものが毒魚になった可能性があることについては第3節で触れた。その変化は今現在でもロンゲラップで続いている。

> ジャブア（仮名）は昔、ロンゲラップに行ったとき魚を食べて吐いたことがある。自分も1994年に魚を食べて、毒にあたって動けなかった。（40歳代男性、2016年12月27日）

　人びとが世代を超えて継承してきた毒魚に関する情報は、核実験後も刻々と変化していると考えている人が多い。

　第二にメジャト島に移住したことによって、ロンゲラップで受け継いできた特有の知識が役立たなくなることである。家屋を建設するのに適した場所、木を植えるのに適した場所、船を停泊させるのに適した場所というのは、環礁の島ごとに存在する。家屋や植林の場所は、高波が襲って来ないところ、地下水層が充実しているところにすべきなのである。また、船の停泊場所は、深さだけではなく潮流も考慮するべきである。そうしたその島特有の知識が移住直後はよくわからなかったために、当初定めた停泊場所が適切ではなく、流されて死んだ人がいる。

　またメジャト島に移住したばかりのころは、場所の知識がなく、不都合なことが多く起こった。植林したライムの木が高潮で流されそうになったため場所を移したり、トイレ小屋が高波で流されたこともあった。また、干ばつが続いた際には、適切な場所に植林していなかった木は、みるみる枯れていった。こうした土地と海に関する知識を、人びとは経験を通して一つずつ記憶しなおしていく必要があった。

　また、人びとが「デーモン」と呼ぶ、多数の霊的存在も重要である。そうした霊は伝承上の人物ではなく、系譜を明確にたどることの可能な数世代前の祖先であることもある。ある霊はロンゲラップの伝承によれば、チャボワン（地名）という場所にいる幽霊で、恐れられる存在でありながらも、ロンゲラップの人びとにパワーを与える存在でもあるという。こうした複数のデーモンは決して人びとに災いを与えるだけの存在ではなく、時に人びとに力を与える存在とし

て敬愛の対象となっている。このようなデーモンもメジャト島にはいないのである。

　自分たちが住んでいる土地に対しては、資源や仲間たちとのつながりだけではない。その土地には様々な物語が埋め込まれている。

　これらの知識は人びとの記憶から失われたわけではない。しかしながら、これらのロンゲラップに特有の知識の大半がメジャト島の生業活動では役立てられない状況にある。それは知識の価値の喪失と言える。

6 ｜ 避難地メジャト島での困難

　1998年8月の夕食後の夕暮れ、私はメジャトに滞在して調査をしていた。ロンゲラップ議会の評議員と一緒に、私は濃い青灰色のラグーンを望む庭に座っていた。ロンゲラップの人びとがメジャト島に避難したとき、事故について話をしてくれた。

　ロンゲラップ環礁にいたすべての居住者がここ（メジャト島）に引っ越す前に、何人かのロンゲラップの若い男性によって作られた先発隊が避難の準備のためにここに来たんだ。彼らは子供たちと女たちが寝るための集会所を建てていた。それは昼間は学校になり、日曜日は教会になった。大きな補給船が彼らが働いていた海岸から1キロの地点に停泊していた。当時、海は本当に荒れていて、流れは速かった。建設資材と食料を得るために、小さな船が補給船までいって、メジャト島に少しずつ運んでくることになっていた。一日待ったが、海は荒れ続けていた。メジャト島の食料はなくなりつつあった。ある若い男は言った。「おれが泳いで取りに行く」エバドンから私たちのサポート役としてメジャト島に滞在していたが、彼は若いその男に叫んだ。「行くんじゃない。ここは危ない！」しかし、彼は耳を貸さなかった。そして彼は海に向かって泳いだ。しかし、彼は溺死し、補給船にたどり着くことはなかった。私たちは何日も彼を探した。ついに私は彼を海の下で見つけた。長い髪がサンゴに絡まり、彼は水の中をゆっくりと動いていたんだ。（40歳代男性、1998年）

メジャト島で溺死した先発隊の青年について、メジャト島を所有するエバドンの人びとは危険な地域であると彼に話したが、若者やメジャト島に移住した人びとは、波を見て問題ないと判断したということであった。事故の後、人びとは、最初に停泊した場所は大きな船には適していないことを知り、停泊に適切な場所に移動した。初めてこの話を聞いた時、悪天候による不幸な事故だと私は考えたが、このような事故はロンゲラップでは起こらなかったと多くの人が証言した。

図7 漁の知識は世代を超えて受け継がれる 2018年（筆者撮影）

　ロンゲラップの人びとは、1957年にメジャト島に避難する際、その名前だけを知っていて、避難する前にメジャトがどのような場所にあるのか知らなかった。メジャトは小島であると考える人もいれば、メジャトはエバドン島の一部の地名であると考える人もいた。住民の一斉避難の前に先発隊として赴いた男性は、危険な地域の情報を伝統的な知識として持っていなかった。例えばそれがロンゲラップであれば、危険な海域や危険な気象状況を示す民俗知識があり、人びとはそれに従い、その海域で海が荒れると積み荷をデーモンに捧げたりする。危険な地域や現象は伝承とセットになっているからこそ人びとはそれに従う。しかし、ロンゲラップの誰もがメジャト島周辺の状況を、自然知としても伝承としても知らなかった。

　潮の流れとサンゴの自然環境を知らないことは、また別の問題を引き起こした。第一に、彼らは魚や貝をどこで捕まえるかを初めはわかっていなかった。ロンゲラップの人びとは当初はほとんど漁撈活動ができなかった。

　第二に、有毒な魚についての知識のあり方が、ロンゲラップとメジャトでは異なることである。毒魚の分布は生息地によって異なる。例えば、エバドン島の人びとが安全だとロンゲラップの人びとに言った魚は、実際には100匹のう

ち1匹は、毒魚であった。このように毒の度合いについて、ロンゲラップの人とエバドン島の人の間には隔たりがあった。豊富な魚を有していたロンゲラップでは、わざわざ毒魚を食べる必要がなく、それよりも魚の少ない地域では、多少リスクがあっても食べざるを得ないのかもしれない。いずれにしても、どの程度の毒で毒魚と認定するのかは、環礁ごとに異なる（図7）。

　第三は、土地についての知識である。無人島であったメジャト島には、ココヤシ、パンダナス、パンノキなどの植物はほとんどなかった。そのため、彼らは、藪を切り開き、植林する必要があった。植林後、成長して収穫できるようになるには10年以上かかった。この間に、伝統的な保存食を果物で作る方法に関する知識は、ほとんど失われていった。

　果樹の育成に苦労しても、植林に適した場所がわからず、枯れてしまった木もあった。地下水[6]が簡単に乾くか、塩水と混ざってしまう場所がいくつかあった。しかし、通常、適切な場所がどこにあるのかを理解することは困難である。人びとはロンゲラップ環礁の地下の状況を知っていたかもしれないが、メジャト島についての知識はなかった。

　彼らはロンゲラップ環礁に居住していた時は、ロンゲラップの知識は有していたが、現在の状態については知識を持っていない。彼らはロンゲラップの環境についての伝統的知識を失ってはいないが、それは、今は役に立たなくなっているのである。

7 | おわりに──
生活圏のなかの一人ひとりの被害

　放射能の被害者と現地に住む人びとの声をもとに構成している本章に対して、感情的過ぎると受け取られることもあるかもしれない。しかし筆者は本章を通じて、人びとの生活圏で培われた文化の中で生きている人が、どのように感情を掻き立てられるのかを考える必要があると感じている。本論は、現地に住む人びとの感情が単なる「感情論」ではなく、自然環境や社会生活に及ぼす核実験の影響を彼らの語りから解き明かしたものである。

　核実験はある種の文化的知識の喪失をもたらした。ジョンストンは、「ロンゲラップ、ロンゲリック、およびアイリングナエの人びとは、他のマーシャル

人と同様に、地域の環境条件、資源、および生態系の動態について鋭い理解を有していた。生態系の知識は生存に不可欠であった。環礁の資源から、水、食品、建築材料、道具、輸送、薬、玩具、および儀礼に必要な用具が生み出されていった」と述べる（Johnston and Barker 2008：74-75）。自給自足社会は、援助食糧のような、生存のために汚染されていない食料を与えるだけでは十分ではないことを理解する必要がある。人びとは美味しく安全な食を食べられることという条件だけで生活圏で生きているわけではなく、美味しく安全な食を作るプロセスを楽しみそれを生み出したものを他者と交換することで、自身の存在意義を感じるのである。

ジョンストンは伝統的な知識について次のように述べた。

　資源へのアクセスと使用の伝統的なパターンについての聞き取りの際、聞き取り対象者は、隔絶された環礁で、生存に必要な情報とスキルを若い世代に教える能力に強い不安を訴えた。情報提供者が次世代に引き継ぐことが重要であるとした知識には、生存と自給率、持続可能性、資源の貯蔵と保存、資源の共有、医学、フォークロア、航海術および飢饉、干ばつ、およびその他の危険に戦略的に対処する情報が含まれている（Johnston and Barker 2008：75-76）。

　一般的に社会は、個人の安全と都市の効率性を特徴とするライフスタイルに移行すると、自然環境に関する伝統的な知識を失う。ただし、この説明は問題の一面にすぎない。医療や放射線の観点からだけでなく、失われた知識や失われた知識のネットワークの観点からも、核実験の影響を考慮する必要がある。

　人びとは土地、食料、健康だけでなく、土地、食料、健康を支える知識やネットワークも失った。しかしながら彼らは、特定の土地に関する知識を再び獲得し、特定の土地で生産された資源を親戚や友人と再び共有することにより、生活を取り戻してきた。それは、先進国とは異なる、困難を乗り切るための別の方法である。

　マーシャル諸島のような自然に依存する度合の多い人びとの被害は、先進国の私たちからは不可視化されている。たとえば、先進国に住んでいる多くの人

びとは、天気に関する情報を得ようとするとき、新聞購読やテレビの視聴など
お金を払って得ている。しかし、ロンゲラップ環礁の人びとは、風の方向と強
さ、そして空と雲の状態から天気を推測していた。放射線影響が長くて広いの
で、その間に知識が無意味になり、贈与関係が壊れてしまった。これはロンゲ
ラップ環礁の人びとにとって大きな被害であるが、先進国の人びとから見ると、
すぐに被害と認識できないのである。

　これまで多くの放射線影響に関する研究調査が行われていたが、これは主に
動植物、土壌への影響に関するものであった。これまでの研究では、実際の社
会における個々の被害はあまり考慮されていなかった。

　本章は、被ばくの被害について質問するという形式をとってインタビューし
たものではなく、私自身がマーシャル諸島で日常の生活を営むなかで、昔話を
聞いたり、ある人について尋ねたりした際に語られた言葉である。これまで、
放射線影響に関する研究分野は、人への影響を考えることから始まった。自然
科学的アプローチだけでなく、社会学、民俗学、文化人類学などの生活や個人
に焦点を当てた研究アプローチから放射線影響研究を検討する必要がある。

【注】

1. マーシャル諸島の複数の人から聞き取り。

2. 熱帯植物の地下茎から得られるデンプンのことである。日本の葛のように粉末にして熱湯
   で溶かして食べることが多い。

3. エネアエトック（Eneaetok）は、ロンゲラップ環礁の中の小島の一つである。

4. 福島原発事故以降、研究会でこの人体影響について話すと、この低レベル放射線の影響が
   人体に表れるのはおかしいのではないか、という指摘を受けることが多くなった。

5. リネージとは血縁関係のわかる親族集団のことである。クランは、血縁関係が分からなく
   なったがクラン名によって何らかのつながりを有しているであろうと考えられる集団のこ
   とである。マーシャル諸島ではリネージもクランも、母系的なつながりによって形成され
   る。

6. この地下水とは、低島サンゴ島に特徴的なもので、島に降った雨水が島のサンゴの岩盤に
   しみこみ、島の側面からしみこんだ海水の上にレンズ状にとどまっているものである。人
   びとは、雨水がしみこんだ層まで穴を掘って井戸を作る。

第Ⅳ部
第11章 核実験の被害を解き明かす

【参考文献】

Erdland, August. 1961. *The Marshall Islanders; Life and Customs, Thought and Religion of a South Seas People. Anthropos Bibliothek Ethnological Monographs* Vol. II No.1, (August Erdland, Die Marshall-Insulaner, Leben und Sitte, Sinn und Religioneines Sudsee-Volkes, Anthropos Bibliothek Ethnological Monographs Vol. II, No.1.1914.)

Johnston, Barbara R. and Barker Holly M.. 2008. *Consequential Damages of Nuclear War: The Rongelap Report.* Left Coast Press, Inc..

Ruff, Tilman A. 1989. Ciguatera in the Pacific: A Link With Military Activities. *The Lancet.* pp.201–204.

Rynkiewich, Michael. 1976. Adoption and Land Tenure Among Arno Marshallese. In Ivan Brady (ed.). *Transactions in Kinship: Adoption and Fosterage in Oceania.* Honolulu: The University Press of Hawaii, pp.93–119.

Spennemann, Dirk HR. 2005. Traditional and Nineteenth Century Communication Patterns in the Marshall Islands. *Micronesian Journal of the Humanities and Social Sciences.* pp.25–52.

Tobin, Jack A.. 1952. Land Tenure in the Marshall Islands. *Atoll Research Bulletin* 11, The Pacific Science Board, National Academy of Sciences-National Research Council.

Tobin, Jack A.. 1967. *The Resettlement of the Enewetak People: A Study of a Displaced Community in the Marshall Islands,* Ph.D. dissertation. University of California, Berkeley.

U.S. Department of Energy. 1982. *The Meaning of Radiation for Those Atolls in the Northern Part of the Marshall Islands that were Surveyed in 1978.*

第 **12** 章

被爆者と核兵器禁止条約

林田 光弘

1 | はじめに

　広島・長崎の原爆投下から76年目の2021年1月22日、核兵器禁止条約が発効した。条約発効日、被爆地長崎では原爆が投下された11時2分に合わせて平和記念像前で集会が開催された。集会のなかで、6歳の時に被爆した城台美弥子は「76年目にしてやっと、覆われていた雲の間から暖かい日差しが射してきました」と喜びを語っている（西日本新聞 2021）。

　本章では、ヒバクシャ国際署名（正式名称：ヒロシマ・ナガサキの被爆者が訴える核兵器廃絶国際署名）のキャンペーンリーダーを務め、核兵器禁止条約交渉過程から発効まで被爆者とともに活動を行った立場から、被爆者にとってこの条約がどのような意味を持つのかについて整理してみたい。

2 | ヒバクシャ国際署名活動発足

　2016年3月23日、日本被団協（正式名称：日本原水爆被害者団体協議会）を中心とした国内外9名の被爆者の呼びかけによりヒバクシャ国際署名がスタートした[1]。署名は「核兵器を禁止し廃絶する条約をすべての国に求める」もので、多言語化され海外でも呼びかけられた（図1）。

　署名活動は被爆者にとって自分たちのルーツとも言える活動である。1954

年のビキニ事件を発端に、母親や女性たちが中心となって行われた原水爆実験中止を呼びかける署名活動が全国的に広がった。署名活動がきっかけとなり翌年広島で「第一回原水爆禁止世界大会」が開催され、ビキニ事件によって水爆実験の犠牲となった第五福竜丸の無線長久保山愛吉の妻である久保山すずをはじめ、広島被爆者の高橋明博、長崎被爆者の山口みさ子が核被害者を代表して登壇した。被爆者の発言は、多くの国民にとって衝撃を与えた。

図1 ヒバクシャ国際署名 街頭署名の様子
（写真 ヒバクシャ国際署名提供）

この世界大会をきっかけにして、広島・長崎の被爆者に対する注目は一気に高まり、全国で被爆者発掘運動が起こる。そして翌年の1956年8月、長崎で開催された「第二回原水爆禁止世界大会」の最中に、被爆者の全国組織として日本被団協が結成されたのである。

戦後、社会のなかで孤立し「見捨てられた10年」[2]を過ごしていた広島・長崎の被爆者たちの状況を変えたのが、署名活動だったのである。ヒバクシャ国際署名の発足時、当時日本被団協事務局長であった田中熙巳は「集める署名数が大事なのはもちろんだが、署名を集める過程で被爆者や原爆について対話が生まれ、世論形成されることがなにより重要」であると語ったが、それもこうした背景によるものであった。

3 | 被爆者の危機感

被団協が結成時に掲げた宣言「世界への挨拶」は、被爆者の核兵器に対する姿勢を示した重要な決意である。被爆者たちは今なおこの誓いを大切にしており、ヒバクシャ国際署名に記した「被爆者の訴え」の中にも引用されている。

「自らを救い、私たちの体験を通して人類の危機を救おう」と誓い、世界に

向けて「ふたたび被爆者をつくるな」と訴えつづけてきました。被爆者の心からの叫びです。(ヒバクシャ国際署名 2024)

図2 コロナ禍で行われたオンライン被爆証言会
　　（提供 ヒバクシャ国際署名）

核兵器の被害を知る自分たちが生きている間に核兵器廃絶を実現しなければ、核兵器の使用の恐ろしさを知らない誰かがいつか核兵器を再び使用するかもしれない。平均年齢80歳を超えた被爆者が新たな取り組みを開始したのは、こうした強い危機感からであった（図2）。

　ヒバクシャ国際署名の呼びかけ人の一人であり、「赤い背中の少年」として長崎の被爆者の象徴であった谷口稜曄は2017年7月の条約成立直後、病床で動画によるメッセージを発信した。動画のなかで谷口は条約の誕生を喜びながらも、後半に「私たち被爆者がもし一人もいなくなったときに、どんな形になっていくのか、それが一番怖い」と語っている（長崎原爆被災者協議会 2017）。動画を撮影した翌月、谷口は2017年8月30日に亡くなった。

4 │ 被爆者の国際的な影響力

　ヒバクシャ国際署名の活動は反核団体から労働組合、生活協同組合（生協）、宗教者組織など48の団体と、26都道府県で結成された地域連絡会によって行われ、海外展開は48団体がそれぞれに持つ国際的な繋がりのなかで行われた。活動発足時は全く想定していなかった状況ではあるが、活動期間（2016-2020年）は、核兵器禁止条約の交渉開始から成立、条約誕生までの過程と重なっていた。5年間の活動のなかで集められた署名総数は1370万2345筆で、署名は活動期間中に行われた8つの国際会議で目録が提出されている。

　核兵器の非人道性をベースに誕生した核兵器禁止条約を推し進める上で、「被

爆者が集めた1000万人を超える署名」は国連をはじめ条約を推進する各国大使から歓迎された。コロナ禍によって直接の署名提出が叶わなかった2020年の国連総会での署名目録提出後、国連の中満泉軍縮担当上級代表から被爆者へ動画によるメッセージが届いた。動画では、被爆者が果たしてきた国際的な役割とその影響力の大きさが端的に示されている。

> 皆様の人生は核兵器の危険性に対する警鐘であり、人の精神の勝利の模範であり、何世代もの外交官と核兵器廃絶を求める運動家に深く響き渡りました。皆様の証言は、国連やその他の場での数え切れないほどの核軍縮の会議において役立っております。この目録にある素晴らしい署名の数は、皆様のメッセージの強さを示していると言えます。被爆者の方々は核兵器禁止条約の支援に特に積極的に声をあげられ、2017年の交渉の会議とその後の各国の批准プロセスにおいてとても重要な役割を果たしました。（ヒバクシャ国際署名 2020）

　被爆者の存在の大きさは、条約にも明記された。条約の背景と趣旨が記された条約前文では、核兵器の使用は壊滅的で非人道的な結末をもたらすものであり、再び使用されない唯一の方法は廃絶することであることが掲げられ、「ヒバクシャ（Hibakusha）が受けた容認し難い苦しみ及び害並びに核兵器の実験により影響を受けた者の容認し難い苦しみによるものであることを留意」することが示された[3]。条約そのものに「ヒバクシャ」が言及されたということは100年先に条約を読んだ人も、広島・長崎の被爆者の存在が条約誕生に影響を与えたことを知るということである。

5 ｜ 被爆者にとっての核兵器

　核兵器廃絶のための手段は核兵器禁止条約に限られたものではない、核不拡散条約（NPT）や包括的核実験禁止条約（CTBT）、核兵器の先制不使用宣言、非核兵器地帯の創設など世界には核軍縮にむけたアプローチが複数存在する。しかし、そのなかでも被爆者が核兵器禁止条約の意義を強調するのは、条約が核兵器の非人道性を根拠にしているからである。

被爆者が原爆の被害について語る際、「原爆は人間として生きることも、死ぬことも許さない」という表現がよく用いられる。地獄絵図と表現される投下直後の状況や、放射線が幹細胞を破壊することによる生涯にわたって持続する健康被害とそれに伴う不安（Tomonaga 2019）、そうした被害によって引き起こされる差別や偏見などの社会的な被害など、原爆の被害は明らかに非人道的なものである。しかし、このような実相はこれまで十分に世界に周知・議論されていなかった。

　核兵器禁止条約の交渉過程と成立による明文化は、核兵器に対する視点を大きく転換させた。すなわち、これまで兵器としての威力と安全保障のための道具としてでしか見られなかった核兵器が、禁止条約誕生によって非人道性や残虐性に目が向けられるようになったのである。

　被爆者の生活史調査を行い、生涯被爆者と行動をともにした社会学者の石田忠は、体・心・暮らしの人間存在の全面的に及ぶ原爆の被害によって、被爆者が被爆者として生きることそのものがいかに過酷なことであるのかを示したうえで、その被爆体験を抱えながら「ふたたび被爆者をつくらせない」と行動し続けること[4]こそ原爆の反人間性の根拠であり、この立場は「核の時代に生きる私たち」も同様でなければならないと語っている。

　禁止条約成立後、筆者と被団協の木戸季市事務局長（2021年現在）との雑談のなかで、木戸がこうした石田の思想に触れながら「核兵器がいかに反人間的であるのかという被爆者の訴えで、核兵器禁止条約を成立させたということは、原爆から奪われた人間性を取り戻したような気持ちだ」と語ってくれたのが深く印象に残っている。木戸たち被爆者にとって、核兵器廃絶に向けて行動することは原爆に奪われた人間の尊厳を取り戻すための行為なのである。だからこそ、非人道性（反人間性）を持って、核兵器を禁止することにこだわるのだ。

6 | 被爆者の思想の継承

　ヒバクシャ国際署名の活動では、生協の組合員の主婦や、平和活動を行うサークルの大学生など様々な立場の人びとが街頭に立ち署名を訴えた。署名を集める側になった人びとは、活動のなかで「なぜ核兵器を禁止しなければならないのか」という問いに直面し、その問いと向き合う過程のなかで人間の視点

で核兵器の非人道的な被害を学び、反原爆の思想へとたどり着く人と何人も出会った。こうした視点でヒバクシャ国際署名の5年間の活動を振り返ると、署名活動は被爆者のこうした思い、すなわち核兵器を人間の視点で捉え、核兵器廃絶の必要性を訴える人びとを世界へ広げるための重要な機会であった（図3）。

図3 国連に署名目録を提出する関係者［2018年10月国連総会時］（提供 ヒバクシャ国際署名）

2021年現在、条約の批准国は56カ国[5]、核兵器保有国とその同盟国（以下、まとめて「核依存国」と表現）は参加していない（国際平和拠点ひろしま 2024）。核依存国は、核抑止力を必要とする現在の安全保障情勢を考慮しておらず、核軍縮を進める現実的な方法ではないと条約を否定している。米国の核の傘に守られる日本は「保有国が参加しない枠組みでは意味がない」と条約を否定し、条約発効から1年後に開催予定の締約国会議のオブザーバー参加についても、否定的な立場を示している状況である（外務省 2021）。しかし、核兵器の誕生によって、核兵器の非人道性や残虐性に対する視点はもはや不可逆的なものになった。新型コロナウイルスの影響によって、2020年のNPT再検討会議と2021年の核兵器禁止条約の締約国会議はたびたび延期されているが、条約誕生後初となる国際的な核軍縮会議はこれまでと全く質の異なるものになるだろう。

核兵器の非人道性や残虐性に対する視点は、ジェンダーなどまだまだ明らかになっていない点も多く、国際世論への周知にも課題が残っている。ヒバクシャ国際署名の活動は2020年で終了したが、被爆者の取り組みが終わったわけではない。被爆者と、そしてその思いを継ぐ人びとによる核兵器廃絶へむけた動きは、これからが正念場である（原稿執筆2021年5月、最終確認2024年10月）。

【注】

1. 署名を呼びかけた時点では、核兵器を禁止する条約への期待が高まっていたものの、同年の国連総会で条約交渉会議の開催が採択されることは誰も想定していなかった。しかし、署名はもともと「核兵器を禁止し廃絶する条約をすべての国に求める」ことが趣旨であったことから、核兵器禁止条約（TPNW）を後押しするための署名として広く呼びかけられた。

2. GHQの圧力もあり、被爆者に対して調査は行われても治療は行われず、プレスコードによって報道もされなかったことで社会的な認知も得られなかった。そんな中でも被爆者は病気と貧困のなか生き抜かなければならなかった。

3. 日本反核法律家協会による2017年7月20日現在暫定訳（日本反核法律家協会 2017）。

4. 石田はこれを「反原爆」の思想と定義した（石田 1983：8-9）。

5. 2024年1月15日現在、条約の批准国は70カ国となった。

【参考文献】

石田忠 1973『反原爆——長崎被爆者の生活史』未來社。

石田忠 1983『原爆と人間——被爆者援護法とはなにか』機関紙連合通信社。

外務省 2021「林外務大臣会見記録（令和3年11月16日（火曜日）10時58分　於：本省会見室）」https://www.mofa.go.jp/mofaj/press/kaiken/kaiken24_000077.html（最終閲覧日：2024年1月20日）。

川崎哲 2018『核兵器はなくせる』岩波書店。

国際平和拠点ひろしま 2024「核兵器禁止条約の署名・批准の状況」https://hiroshimaforpeace.com/status-tpnw/（最終閲覧日：2024年1月20日）。

長崎原爆被災者協議会 2017「長崎の被爆者・谷口稜曄のラストメッセージ」https://www.youtube.com/watch?v=usZUdyvKP0U（11月16日）（最終閲覧日：2024年1月20日）。

中村桂子 2020『核のある世界とこれからを考えるガイドブック』法律文化社。

西日本新聞 2021「『76年目　雲間から日差し』核禁条約発効に被爆者ら喜び」（2021年1月23日）https://www.nishinippon.co.jp/item/n/683961/（最終閲覧日：2024年1月20日）。

日本原水爆被害者団体協議会 2009『原爆被害者の基本要求——ふたたび被爆者をつくらないために』日本原水爆被害者団体協議会。

日本原水爆被害者団体協議会 2018『日本被団協60年の歩み』日本原水爆被害者団体協議会。

日本原水爆被害者団体協議会 2021『被爆者からあなたに——いま伝えたいこと』岩波書店。

日本反核法律家協会 2017「核兵器の禁止に関する条約（核兵器禁止条約）採択：2017年7月7日（ニューヨーク）」（2017年7月20日暫定訳）https://www.hankaku-j.org/data/01/170720.pdf（最終閲覧日：2024年1月27日）。

ヒバクシャ国際署名 2020「中満泉 国際連合事務次長よりヒバクシャ国際署名へのメッセージ」（10月26日）（引用は本サイト内のYou Tube動画音声）https://hibakusha-appeal.net/news/un_nakamitsu/（最終閲覧日：2024年1月20日）。

ヒバクシャ国際署名 2024「ヒバクシャの訴え　SIGNATURE」https://hibakusha-appeal.net/
signature/（最終閲覧日：2024年1月20日）。

Tomonaga, Masao. 2019. The Atomic Bombings of Hiroshima and Nagasaki: A Summary
of the Human Consequences, 1945–2018, and Lessons for Homo sapiens to End
the Nuclear Weapon Age. *Journal for Peace and Nuclear Disarmament* 2 (2),
pp.491–517.

核問題の「当事者性」
関係年表

1895年11月8日	ドイツのヴィルヘルム・コンラート・レントゲン、X線を発見
1903年10月	アーネスト・ラザフォード、原子エネルギーの可能性に初言及
1924年ごろ	時計などの文字盤の蛍光塗料を塗る業務に携わるダイヤル・ペインターと呼ばれる職種で、骨肉腫や貧血で死亡する人が増加
1938年	アルベルト・アインシュタインの「特殊相対性理論」で予測されていた核分裂を、オットー・ハーンとリーゼ・マイトナーが確認
1942年8月28日	米国、核爆弾製造計画「マンハッタン計画」に着手
1945年6月23日	沖縄戦が終結し、米国施政下へ
1945年7月16日	米国、ニューメキシコ州アラモゴードで核実験「トリニティ」実施
1945年8月	米国、広島（6日）と長崎（9日）に原爆投下
1946年3月7日	米国、マーシャル諸島ビキニ環礁住民167名をロンゲリック環礁に強制避難
1946年7月1日	米国、マーシャル諸島ビキニ環礁で核実験開始
1947年7月18日	国連太平洋諸島信託統治領（米国が施政国の「戦略的統治領」）開始
1947年12月21日	マーシャル諸島エヌエタック環礁住民145名、米国によりウジェラン環礁に強制避難
1948年3月14日	マーシャル諸島ビキニ環礁住民、ロンゲリック環礁からクワジェリン環礁米軍キャンプに強制移転
1948年4月15日	米国、マーシャル諸島エヌエタック環礁で核実験開始
1948年11月2日	マーシャル諸島ビキニ環礁住民、クワジェリン環礁米軍キャンプからキリ島に再度移住
1953年12月8日	ドワイト・アイゼンハワー米国大統領、国連総会で原子力の平和利用を訴えた（アトムズ・フォー・ピース演説）

230

核問題の「当事者性」関係年表

1954年3月1日	米国、マーシャル諸島ビキニ環礁で「ブラボー」水爆実験実施（日本の漁船「第五福竜丸」等も被ばく）
1954年3月19日	沖縄の新聞でマーシャル諸島の核実験に関する記事掲載を開始、以後同年12月24日まで継続
1954年4月20日	マーシャル諸島住民、核実験中止を求めて国連信託統治理事会に請願書提出
1954年9月23日	第五福竜丸の久保山愛吉無線長死去
1954年12月28日	日本政府、太平洋のマグロ汚染調査打ち切り
1957年5月15日	イギリス、現キリバス共和国モールデン島で核実験開始
1957年6月27日	マーシャル諸島ロンゲラップ環礁住民、ロンゲラップ環礁に帰還（1985年まで）
1957年11月8日	イギリス、現キリバス共和国クリスマス島で核実験開始（1958年まで）
1958年8月19日	米国、マーシャル諸島での核実験終了
1960年2月13日〜1966年2月16日	フランス、フランス領アルジェリアで核実験実施（大気圏内核実験4回、地下核実験13回）
1962年1月1日	西サモア（現サモア独立国）独立（以後、1970〜90年代に太平洋諸島で脱植民地化が進む）
1962年4〜7月	米国、現キリバス共和国クリスマス島で核実験実施（2カ月半で24回実施、同年終了）
1962年9月21日	アルジェリアの独立により、フランス、ムルロアとファンガタウファ両環礁に核実験場整備開始
1963年から	マーシャル諸島ロンゲラップ環礁の被ばく者への調査で、甲状腺障害が顕在化
1966年7月2日	フランス、ムルロア環礁で核実験開始

231

1966年7月19日	フランス、ファンガタウファ環礁で核実験開始
1971年8月5日	南太平洋フォーラム設立
1972年11月15日	マーシャル諸島ロンゲラップ環礁出身者レコジ・アンジャイン、白血病で死去
1973年はじめ	マーシャル諸島ビキニ環礁住民の一部、ビキニ環礁に帰還
1973年6月23日	フランス領ポリネシア・タヒチ島のパペーテにて核実験反対のデモ行進
1975年4月1〜6日	フィジーの首都スバで非核太平洋会議開始
1976年6月10日	東京都立第五福竜丸展示館開館、市民運動を受けて第五福竜丸の保存展示開始
1978年8月31日	マーシャル諸島ビキニ環礁に帰還した住民、米国による調査で危険性が指摘され、再避難要請(マジュロ環礁エジット島などへ移住)
1979年3月28日	米国スリーマイル島で原発事故発生
1980年代〜2000年	フランス領ポリネシア・ハオ環礁で黒真珠養殖事業実施
1980年4月8日	マーシャル諸島エヌエタック環礁住民、エヌエタック環礁に帰還
1981年1月1日	パラオ共和国、非核憲法発効
1981年5月18日	グアム副知事と北マリアナ諸島知事、日本の放射性廃棄物の海洋投棄計画中止を求める要請書を科学技術庁長官に提出
1983年7月	マーシャル諸島アマタ・カブア大統領、日本に対して、核実験により汚染された島を、低レベル廃棄物一時保管場所として提供できると提案
1983年8月3日	ビキニ水爆実験の漁船への影響調査を行う、高知県幡多高校生ゼミナール(幡多ゼミ)設立
1985年5月19日	マーシャル諸島ロンゲラップ環礁住民、ロンゲラップ環礁からクワジェリン環礁メジャト島に移住開始。4往復で移住完了
1986年4月26日	ソ連(現ウクライナ)でチェルノブイリ原発事故発生
1986年10月21日	マーシャル諸島、米国との自由連合協定発効と同時に独立

	核問題の「当事者性」関係年表
1986年12月11日	ラロトンガ条約（南太平洋非核地帯条約）発効
1987年6月4日	ニュージーランド、非核法成立
1996年12月5日	広島平和記念碑（原爆ドーム）、ユネスコの世界遺産リストに登録
1996年1月27日	フランス領ポリネシアにおける核実験終了
1997年10月13日	第1回太平洋・島サミット開催（以後3年ごとに開催）
2000年10月	南太平洋フォーラムから太平洋諸島フォーラムへ名称変更
2006年	キリバス人300人、英米核実験の被害を訴える請願書を欧州議会に提出
2009年1月8日	フランス領ポリネシア・ハオの核実験関連施設の解体作業と廃棄物の撤去作業発表。4月作業開始
2010年8月1日	マーシャル諸島ビキニ環礁核実験場、ユネスコの世界遺産リストに登録
2011年3月11日	東日本大震災で、福島第一原発事故発生
2014年4月24日	マーシャル諸島、国際司法裁判所に核保有国9か国に対して核拡散防止条約違反として提訴
2016年3月23日	ヒバクシャ国際署名開始
2016年5月27日	バラク・オバマ米国大統領、現職大統領として初めて広島訪問
2017年12月10日	核兵器廃絶国際キャンペーン（ICAN）、ノーベル平和賞受賞
2020年3月30日	第五福竜丸以外のビキニ環礁核実験被災船の元船員と遺族、全国健康保険協会船員保険部と国に対して提訴
2021年1月22日	核兵器禁止条約発効
2023年5月19〜21日	G7広島サミットで、首脳ら原爆資料館訪問
2024年12月10日	日本原水爆被害者団体協議会（日本被団協）、ノーベル平和賞受賞

おわりに

　この本を最後まで読んでくださってありがとうございます。この本のある「思い」についてお話ししたいと思います。

　私（中原）は、1997年、31歳の時に、マーシャル諸島の被ばくの現状を学ぶために文化人類学専攻の社会人大学院生となりました。当初、周囲の教員や大学院生からは、「82人しか被ばくしていないことを研究テーマにするのは難しい」とか、「核問題は注目度が低いから開発学はどうか」「核問題はむしろ政治学だろう」などのアドバイスを受けました。

　しかしながら、私はすでに、マーシャル諸島には、50年以上経過しても故郷に戻れない人びとがいること、なんども流産を繰り返した人びとの話を聞いていました。そのため、米国の核実験で被害を受けたマーシャル諸島について、国際関係学や政治学ではなく、生活者一人ひとりがどのような状況下にあるのかを知ることが必要で、人びとの暮らしの側面から核被災について考えたいと文化人類学を専攻したのです。このことが私の研究のスタートラインであり、この思いは四半世紀にわたり研究を続けてきた今も変わらない思いです。

　放射能の被害に対しては、難しい課題だからと「聞かなかったこと」にしたり、あるいは「急進的な政治活動」という印象を抱いてしまったりして、問題として議論することを避ける傾向にありました。こうした先入観を拭い去り、遠い昔に核被災を受けた地域や人びとの現状を知る必要があると、私は考え続けてきました。

　このような思いを抱いてきた私に対して、国立民族学博物館の林勲男教授（当時、現名誉教授）が「中原さんが代表となって研究会を組織してみないか」とお声をかけて下さいました。2015年に林教授に受け入れ教員となっていただき、私の専門を軸とした「核問題」のテーマで同博物館の共同研究プロジェクトに応募し、採択されました（「放射線影響をめぐる『当事者性』に関する学際的研究」）。ここで実施された共同研究会では、研究者、芸術家、学芸員、医師、NPO代表など多様なバックグラウンドを持つ参加者が意見を交わし、多様な立場と視

おわりに

座があることを共有でき、刺激を与えあいました。共同研究のメンバーは、新井卓、市田真理、岡村幸宣、越智郁乃、聞間元、桑原牧子、小杉世、島明美、関礼子、中原聖乃、西佳代、根本雅也、三田貴、吉村健司、林勲男、楊小平でした（敬称略、五十音順）。

　この本は、この研究会での議論を軸にしながら、のちに黒崎岳大、林田光弘も加わり、さらなる議論を重ねて一つの成果物として出版したものです。この本につながる研究を行うきっかけを作ってくださった林先生、研究会の場を与えてくださった国立民族学博物館、この研究テーマに真摯に向き合ってくれた研究会メンバーの皆さんに感謝いたします。それとともに、執筆者一人ひとりの研究・実践活動に根気強く関わってくださったフィールドの皆さんには感謝の気持ちでいっぱいです。

　この本の執筆にあたり私たち編者の間で大切にしたいと考えた思いが二つあります。一つは、「核の問題を、執筆者それぞれが『当事者』となって一緒に考えたい」。もう一つは、「当事者として議論を交わしながら互いの考えを共有し、『一つの成果物』として世の中に送り出したい」。この二つの思いを尊重し、粘り強く支えてくださったのが泉町書房の斎藤さんです。青森県という原子力問題の最前線の土地に生まれ、核をめぐる問題を肌で感じながら育ってきた斎藤さんだからこそできる優れたアイデアや的確なアドバイスばかりでした。このほかにも本書の完成に至るまでには、ここに記しきれなかった多くの人びとの協力がありました。改めて感謝いたしたいと思います。

　本書の出版に当たっては、金沢星稜大学の2024年度研究成果出版助成を得ました。

＊　＊　＊

　いま、学術の世界（大学や研究者の世界）では、一般市民や行政とともに社会

の問題を解決しようという研究が進められています。こうした流れは、これまで研究者が論文を書いて終わり、としてきたことの反省からきています。核開発に携わったがその後その使用に対して疑念をいだいた研究者ロバート・オッペンハイマーに関する映画が日本でも公開されました。オッペンハイマーのみならず、核兵器開発に携わった研究者の中には、核兵器の存在に疑問を持ったり、さらに多くの市民と協力し進んで平和運動に身を投じた研究者もいます。私は、もっと市民や行政が社会問題に対し、研究や実践という形で参画しやすくなり、その成果をみなで共有していけるようになれば、と考えています。

　核問題は過去の被害と加害を考えることなしに解決はありません。しかしそれだけでは不十分です。そのためこの本では被害者／加害者と単純な二項対立で考えるのではなく、核問題に関係する人を広く「当事者」と捉える視点を用いることにしました。当事者は放射線の影響を受けた直接的な被害者に加えて、間接的な影響を受けた人をも含む概念として用いました。本書では、核との様々な関係性を持った人を描きましたが、核問題に対する新たな視座を提示することはできたのではないかと考えます。

　この本の出版直前に日本原水爆被害者団体協議会（日本被団協）がノーベル平和賞を受賞するというニュースが届きました。このことは、核の問題は世界にとって重要な課題であるということを改めて私たちに示しています。日本被団協をはじめこれまで多くの人びとが取り組んできた核の問題を、私たち一人ひとりが自分事として引き受ける時代がやってきたのではないでしょうか。そのために、自分は核とどのような関係性を持っているのか、どのような引き受け方をするのかを考える必要があります。この本を、この新しい時代に、よりよい世界を創るための一つの材料にしてもらえることを願っています。

2024年11月

中原聖乃

謝辞

本書の刊行にあたって、下記の研究助成の成果を活用しました。

- 国立民族学博物館共同研究「放射線影響をめぐる『当事者性』に関する学際的研究」（2015-2018年度、代表：中原聖乃）
- 一般財団法人沖縄美ら島財団による助成事業（「沖縄県におけるカツオ文化の維持・継承のためのアーカイブ作成に向けた海洋民族学的研究」（2016年度、代表：吉村健司）（6章）
- 科研費基盤研究（C）16K03241「核実験被害賠償交渉における相互理解の動態に関する実証的研究」（2016-2018年度、代表：中原聖乃）（11章）
- 科研費基盤研究（B）20H01410「仏領ポリネシアとマーシャル諸島の核実験後の地域再建―身体実践の民族誌を使って」（2020-2024年度、代表：桑原牧子）（2・8・11章）
- 科研費基盤研究（B）20H01245「環太平洋圏における核と原爆をめぐる想像力と植民地主義の研究」（2020-2023年度、代表：松永京子）（3・9章）
- 科研費基盤研究（B）21H00501「放射線防護体系に関する科学史・科学論的研究から市民的観点による再構築へ」（2021-2024年度、代表：柿原泰）（7章）
- 科研費基盤研究（C）22K00427「人新世の共生をめぐる文学―太平洋島嶼部の先住民・移民文化とグローバリゼーション」（2022-2025年度、代表：小杉世）（3・9章）
- 科研費基盤研究（B）23K21925「豪マイノリティ作家の21世紀の課題解決に向けたネオ・コスモポリタニズム文学研究」（2022-2025年度、代表：加藤めぐみ）（3・9章）

編著者

中原 聖乃（なかはら さとえ）

金沢星稜大学准教授（文化人類学）。夜間の社会人大学生になったとき、マーシャル諸島の被ばく問題を知り、国際関係や政治学とは異なる暮らしの視点から核問題を考えることを決めた。以来マーシャル諸島の核被害を経験した人びとに25年間インタビューを続けている。現在はマーシャル諸島デジタルアーカイブ作成に取り組んでいる。

三田 貴（みた たかし）

京都産業大学国際関係学部教授（政治学）。非核憲法を持つパラオに子供の頃に住んで以来、同国と40年以上の関係を持つ。チェルノブイリの事故がきっかけで原発に疑問を持ちはじめ、高校生のときには反原発市民運動に参画した。福島の原発事故以降、大学での教育実践を通して、福島の原発事故や若狭湾の原発立地地域の問題を学生に問うてきた。

黒崎 岳大（くろさき たけひろ）

東海大学観光学部准教授（文化人類学）。在マーシャル日本大使館専門調査員として現地に赴任して以来、マーシャル諸島および太平洋諸島の国際関係についての研究に取り組んだ。この間、ビキニ環礁から強制移住した人びとへの現地調査に取り組む。外務省と国際機関太平洋諸島センターでの勤務経験から、日本側と太平洋諸島側の両政府の内情に通じた日本で数少ない太平洋諸島の専門家である。

著者

聞間 元（ききま はじめ）

生協きたはま診療所所長（医師）。職業的自由度が高いという理由から医師の道を歩み、静岡の原爆被爆者医療に関わった。旧ソ連の核実験場を訪問し放射性降下物の影響を知ったことをきっかけとして、1995年から第五福竜丸元乗組員の健康調査に取り組んできた。1996年にビキニ被災事件静岡県調査研究会を発足させ、2度のマーシャル諸島調査を実施した。

小杉 世（こすぎ せい）

大阪大学大学院人文学研究科教授（言語文化学・環境人文学・オセアニア研究）。マオリ語をワイカト大学で学んだ。ポストコロニアル文学、オセアニアの先住民および移民の文学・演劇、先住民言語教育、核および環境問題に関する文学やアートに関心をもつ。研究を進める過程で、キリバス共和国クリスマス島における英米核実験への関心が高まり、現地に赴き、人びとの記憶をめぐる語りを収集してきた。

島 明美（しま あけみ）

「市民生活環境を考える会」代表・福島県伊達市議会議員。東京電力福島第一原発事故の発生後、放射能汚染の実態や、社会に広まる情報のギャップ、政策の方向性に疑問を持ちつづけ、研究者・教育者・ジャーナリストと協働して、市民の立場から問題を追及している。情報公開制度を活用して、伊達市民の被曝データを用いた「宮崎早野論文」を科学者とともに検証してきた。現在は伊達市議会議員として、行政を動かす活動を続けている。

桑原 牧子（くわはら まきこ）

金城学院大学文学部教授（文化人類学）。フランス領ポリネシアを調査地として25年間にわたってタヒチ島をはじめ、マルケサス諸島、ツアモツ諸島、ソサエティ諸島においてフィールドワークを行い、イレズミ、トランスジェンダーなど、身体と社会の関係を研究してきた。社会変化が人びとの身体にいかに影響を与えるかを考えるなか、フランスの核実験によるフランス領ポリネシアの社会及び人びとへの影響にも関心を持ち、調査研究を行っている。

吉村 健司（よしむら けんじ）

東京大学大気海洋研究所特任研究員（生態人類学）。南西諸島や三陸沿岸の漁業研究に従事している。2005年より沖縄県本部町にてカツオ漁の研究を始めた。戦後の沖縄漁業史について調べるなかで、太平洋における水爆実験に関する新聞報道に関心を寄せる。2017年からは岩手県を拠点にサケやイルカなどを中心に漁村地域の暮らしや文化を研究してきた。また、小中学校等で地域の漁業文化を伝える活動を行っている。

市田 真理（いちだ まり）

都立第五福竜丸展示館学芸員・公益財団法人第五福竜丸平和協会事務局長（歴史学）。書籍編集者、市民運動事務局等を経て核問題や平和教育と向き合ってきた。米国の水爆実験で被災した木造船「第五福竜丸」の保存・展示を担う。展示館内外で、所蔵資料をつかったワークショップ等の教育・普及に力をいれている。

林田 光弘（はやしだ みつひろ）

長崎大学核兵器廃絶研究センター（RECNA）特任研究員・一般社団法人「Peace Education Lab Nagasaki」代表理事。長崎・浦上に生まれ育つ。中学3年生で「高校生一万人署名活動」に参加して以来、平和活動を続けている。2016年から2020年にかけて世界で1370万人の署名を集めた「ヒバクシャ国際署名」のキャンペーンリーダーを務める。現在は、RECNAで被爆者の実相を伝えるデジタルアーカイブと教材づくりに取り組んでいる。

核問題の「当事者性」
時間と場所を超えた問いかけ

2024年12月2日　初版第一刷発行

編著者　中原 聖乃・三田 貴・黒崎 岳大

発 行 者　斎藤信吾

発 行 所　株式会社 泉町書房
　　　　　〒202-0011 東京都西東京市泉町 5-16-10-105
　　　　　電話・FAX　042-448-1377
　　　　　http://izumimachibooks.com
　　　　　contact@izumimachibooks.com

組版・装丁　小林義郎

印刷・製本　モリモト印刷

© Satoe Nakahara, Takashi Mita, Takehiro Kurosaki
ISBN 978-4-910457-07-9